U0529794

吴仰荣 叶舒雯 著

XIAMEN
KANGRI ZHANZHENG
JIANSHI

厦门抗日战争简史

厦门市档案馆 编

海峡出版发行集团 | 鹭江出版社

《厦门抗日战争简史》编委会

主　任：赖朝晖

副主任：林黎明　欧明丽　刘　飙

委　员：吴仰荣　李沁园　程卫华

　　　　王　欢　朱燕秋　李　磊

前　言

在中国人民抗日战争暨世界反法西斯战争胜利80周年之际，我们编写了《厦门抗日战争简史》。

近代厦门长期遭受日本帝国主义的侵略和欺凌。在抗日战争期间，日本帝国主义侵占厦门，厦门是福建被日军长期占领并统治的城市之一。

1895年甲午战争后，日本强迫清政府签订《马关条约》，侵占我国台湾，包括台湾全岛及所有附属各岛屿、澎湖列岛等。厦门与台湾隔海相望，两岸同胞血脉相亲、骨肉相连，地理和人文联系紧密。侵占台湾后的日本侵略者很快就把侵略的魔爪伸向厦门。1897年，日本在厦门强划虎头山为专管租界。1900年，日本策划"东本愿寺事件"，并以此为借口调兵遣将，企图占领厦门。20世纪一二十年代，日本驻厦领事馆在厦门非法设立警察署，配备警察，公然行使警察权……日本凭借其强大的武力，不断对厦门进行挑衅、侵略。1937年7月7日，日本制造"卢沟桥事变"，发动全面侵华战争。1937年9月3日，日本飞机、军舰轰炸、炮击厦门，开始对厦门进行武装侵略。1937年10月26日，日军进攻金门，当天，金门沦陷。1938年5月10日凌晨，日军对厦门发起军事进攻，于五通沿海登陆。厦门军民奋起反击，与日军血战三天，终因实力悬殊，不敌日军。1938年5月13日，日军攻占厦门全岛，开始了对厦门长达7年多的殖民统治，厦门也陷入近代史上最黑暗的时期。日本侵略者在厦门杀人、放火、强奸、抢劫，政治上残酷镇压，经济上疯狂掠夺，思想上野蛮奴役。厦门人民陷入水深火热之中。

从1896年到1945年的50年间，日本帝国主义对厦门的侵略行径从未停止，且步步升级。面对日本帝国主义的侵略，厦门人民的反抗斗争始终不屈不挠，英勇无畏，以行动谱写了一曲曲抗日英雄赞歌，用鲜血绘制出一幅幅反帝反侵略爱国画卷：有虎头山上反抗划界的呼声，有大同路上游行队伍中"抗日救国"的横幅；有中共厦门工委高举抗日民族统一战线旗帜领导抗日救亡团体持续深入开展抗日救亡，有国民党第七十五师将士和厦门义勇队员在硝烟弥漫的战场上奋勇杀敌；有7岁儿童背井离乡辗转万里为抗战宣传募捐，有19岁中学生投笔从戎，随军征战日寇；有爱国女华侨捐献嫁妆慰劳抗日将士，有古稀老人送儿参军杀敌报国；有前线将士顽强作战不惜流血牺牲，有后方志士杀敌除奸不畏艰险；有华侨捐款捐物支持祖国抗战，有台胞同仇敌忾投身抗日复土救亡……在50年反抗日本帝国主义侵略的过程中，特别是在抗击日本进攻的厦门保卫战中，许许多多的抗日英雄付出了鲜血甚至生命，为厦门抗战胜利、为中华民族独立作出杰出贡献。

80年过去了，抗日战争的硝烟已然消散。但是，我们不能忘记那段刻骨铭心的历史伤痛，更不能忘记那些前赴后继、英勇无畏反抗日本侵略的英雄和烈士。

谨以此书纪念反抗日本侵略的厦门英烈和厦门抗日战争胜利80周年。

目 录

第一章　侵华野心不断膨胀　厦门沦为寇图之的
- 第一节　海岛地理位置重要　日本觊觎由来已久 /4
- 第二节　日本以台湾为据点　渗透培植侵略势力 /15
- 第三节　强划租界擅设警署　屡屡侵犯我国主权 /43
- 第四节　日方频繁制造借口　实施军事挑衅恐吓 /58

第二章　抗日救亡运动高涨　保家卫国万众一心
- 第一节　日本侵略得寸进尺　反抗斗争不屈不挠 /73
- 第二节　抗日救亡运动兴起　民众抗日情绪高涨 /83
- 第三节　有钱出钱有力出力　同心共志抵御外敌 /92

第三章　日本撤离驻厦领事　厦门部署抗战防御
- 第一节　日本驻厦领事撤离　厦门局势骤然紧张 /103
- 第二节　日军发起武力袭击　厦门军民奋起反抗 /109
- 第三节　进入战时紧急状态　厦门开展动员部署 /120
- 第四节　政府消极应对抗战　部署战时撤退工作 /138

第四章　英勇抗击日军入侵　军民浴血保卫厦门
- 第一节　金门失守屏障破　厦门危急旦夕忧 /148
- 第二节　军民浴血齐奋战　共卫厦门志如钢 /155

第三节　处心积虑谋租界　日军占领鼓浪屿 / 174
第四节　以厦门为前沿基地　日军轰炸闽南沿海 / 181

第五章　中共组织坚持抗战　发动群众救亡图存
第一节　建立广泛的抗日民族统一战线 / 189
第二节　战火中诞生的厦门青年战时服务团 / 196
第三节　厦门儿童救亡剧团万里抗战救亡 / 200

第六章　鹭岛沦陷七八载　暗无天日锁全城
第一节　日寇烧杀奸淫　百恶俱全难掩 / 209
第二节　强化军警特务机构　实施法西斯式统治 / 216
第三节　汉奸浪人群魔乱舞　日伪政权粉墨登台 / 224
第四节　日寇施暴政　疯狂掠资源 / 236

第七章　爱国志士杀敌锄奸　厦门军民痛击侵略
第一节　热血英雄舍身歼敌　日寇汉奸闻风丧胆 / 255
第二节　抗敌者袭扰连连　侵略者防不胜防 / 266
第三节　华侨展现赤子之心　积极支援祖国抗战 / 269
第四节　两岸同胞同仇敌忾　团结抗日救亡图存 / 277

第八章　抗战胜利　厦门重光
第一节　日寇战败　厦门光复 / 291
第二节　追悼英烈　惩治汉奸 / 301

后　记 / 312

第一章

侵华野心不断膨胀　厦门沦为寇图之的

日本是太平洋上的一个海岛国家，与中国隔海相望。在漫长的历史进程中，中国长期处于东亚文化圈的中心，国力强盛。古代日本曾与中国建立朝贡关系，向中国朝廷进献方物。特别是隋唐以后，两国交往频繁，睦邻友好，中国文化对日本产生了深远的影响。元末明初以后，随着中日两国实力的消长，以及日本倭寇对中国沿海的侵扰，两国原有的带有朝贡性质的官方往来逐渐走向终结。明朝开始，为防止外来的袭扰，朝廷实施严厉的海禁政策取代了此前的开放政策，中日两国的交流交往受到限制。

日本地处海中，国土面积狭小，自然资源相对匮乏，经济发展因此受到一定限制。在日本明治维新之前，日本统治者为维持统治，推行闭关锁国政策，结果造成日本国内政局不稳，经济发展水平落后，以对外掠夺为生存手段的倭寇大量出现。倭寇主要由日本海盗、武装商人、游民等组成，以劫掠中国东南沿海及朝鲜沿海地区为目标。在13世纪到16世纪的300多年里，来自日本的倭寇不时袭扰我国沿海，特别是在明朝，倭寇作乱，严重影响当时社会的稳定，给沿海百姓造成重大人身财产损失。朝廷为清剿倭寇，付出了大量的人力、物力和财力。虽说倭寇大多来自日本民间，但当时的日本政府出于国内经济发展的需要，也或明或暗地支持这些倭寇，这也是日本倭寇长期为害、屡剿不绝的重要原因之一。出于转移国内矛盾和掠夺资源的需要，16世纪末，日本当权者丰臣秀吉两次妄图入侵中国，但都被明政府打败。1868年，日本维新势力推翻了德川幕府封建政权，建立了以明治天皇为首的新政权。新的统治者实施了一系列改革措施，使日本走上了资本主义发展道路。通过这次变革，日本社会经济得到显著发展，但国内资源缺乏与经济发展之间的矛盾也日益凸显。在此背景下，对外发动侵略、从海外掠夺资源，便成为日本政府解决国内问题的重要手段。

清朝政府因长期推行闭关锁国政策，加上朝廷日益腐败，国家逐渐走下坡路。鸦片战争以后，大清王朝国势渐衰，内忧外患加剧，虽仍维系统治，但已无力有效控制和保护藩属国。而日益强盛的日本，出于扩张野心，将对外侵略的目光锁定在中国和朝鲜。

日本明目张胆地对中国发动军事侵略始于19世纪70年代。当时，日本政府借口琉球渔民被台湾居民杀害，派兵侵略我国台湾。虽然由于台湾人民的英勇抵抗，日本这次侵占台湾的图谋没有得逞，但软弱的清政府还是被迫与日本签订条约，向日本赔款。

1887年，日本军方参谋本部制定了"清国征讨政策"。这一政策后来逐步发展为以侵略中国为中心的"大陆政策"。日本实施"大陆政策"的目标是称霸世界，其步骤为：第一步攻占台湾，第二步吞并朝鲜，第三步进军蒙古，第四步灭亡中国，第五步征服亚洲。

在"大陆政策"的引导下，以国家名义对外侵略成为近代日本的常态。日本首先侵占了朝鲜。随后，在中日甲午战争和八国联军侵华战争中，日本又从清政府手中攫取了巨大的利益。侵略战争中尝到的甜头，不仅增强了日本国力，更激发了其侵略野心与扩张欲望。清政府的懦弱、北洋政府的混乱无能，以及后来蒋介石政权的消极抗日，不断助长了日本侵略者的野心。1931年，日本制造九一八事变，出兵占领我国东北三省；1937年，又策划七七事变，向中国发动全面侵略战争。

在疯狂侵略中国东北、华北、华东的同时，日本侵略者也把魔掌伸向了厦门。1937年9月3日，日军首次对厦门进行炮击和轰炸。1938年5月10日，日本侵略者进攻厦门；5月13日，日军占领厦门，直至1945年10月3日，对厦门实施7年多的殖民统治。面对日本的侵略和占领，厦门人民和全国人民一道，义无反顾投入保家卫国的抗战行列中，英勇无畏，不怕牺牲，最终取得抗日战争的伟大胜利。

第一节　海岛地理位置重要　日本觊觎由来已久

1894年，中日甲午战争爆发，清政府战败。1895年，清政府被迫与日本签订《马关条约》，将台湾全岛及所有附属各岛屿、澎湖列岛割让给日本，令宝岛台湾沦陷于侵略者的统治之下，大批民众惨遭屠杀。这不仅是对中国领土主权的严重侵犯，更是给台湾人民带来了深重灾难。

日本帝国主义侵占我国台湾后，其侵略扩张的野心没有得到满足，而是将台湾当作向外侵略扩张的跳板，按照既定的"大陆政策"，继续推行逐步蚕食中国的策略。后藤新平[①]曾大言不惭地说："占领台湾仅是得一适当的'殖民站'，若欲完成中国南部、南洋诸岛人民亦能沐浴帝国恩泽之宏图，则切望早日速速采用愚见且决行之。"[②] 在这种背景下，台湾因其特殊的地理位置，成为日本西进侵略中国和南下侵略南洋群岛的跳板。后藤新平曾为日本描述了这样一幅对外侵略的蓝图："在此跳板之上凝神眺望：西方为南清（大清国南方，下同）广阔沃野，南方漂浮于云波上的是南洋诸岛。于台湾岛短暂停留休整鲲鹏之翼，终有一天翱翔于此片大陆和汪洋顶上之日必将到来。"[③]

福建与台湾隔海相望。日本侵占台湾之后，便将目光盯上了福建，福建随即成为日本侵略中国的下一个重要目标。日本政府认为，"福建省与台湾、澎湖为一水之隔，倘被他国割夺或租借，则不仅有碍日本对于中国之发展，必有危及台湾、澎湖之虞"[④]。日本觊觎福建，一是由于福建与台湾在地缘、人缘等方面关系密切。历史上大量福建移民迁居台湾，两地经贸文化交流频繁，福建对台湾的影响非常大。在日本帝国主义者看来，如果不控制福建，就不利于其稳固对台湾的殖民统治，因此企图通过对福建施加影响以强化对台湾的掌控。二是日本欲通过对福建的渗透，为侵略中国华南地区做准备。日本最终的目标是侵占包括福建在内的整个中

---

① 后藤新平，日本首屈一指的殖民地经营家，因屠杀抗日人士、掠夺资源受到日本政府奖赏，曾任台湾总督府民政长官，辅助台湾总督儿玉源太郎统治台湾。台湾总督府是日本占领台湾后，由日本在台湾设置的最高统治机构。总督是日本天皇任命的台湾地方最高长官，集行政、立法、司法等大权于一身，是日本政府统治台湾的工具和代表，在殖民台湾和对外侵略扩张上有重要的话语权。

② 陈小冲主编《厦台关系史料选编（1895—1945）》，九州出版社，2013，第9页。

③ 陈小冲主编《厦台关系史料选编（1895—1945）》，九州出版社，2013，第2页。

④ 中国人民政治协商会议厦门市委员会文物委员会、厦门市博物馆筹备处编《厦门史料辑录》第二辑，1961，第15页。

国，并将势力扩张至西南太平洋地区。1896年，时任台湾总督的桂太郎在其施政意见书中写道："台湾之设施经营非限于台湾之域，更应策划对外进取才是。"其"对外进取"的第一步就是"经营对岸"，并使之成为日本南进政策的根据地，理由是"台湾（岛）夹澎湖列岛与南清沿岸相望，且与要港——厦门相互交通，以与南清一带保有密切关系。往南连接南洋诸岛，远制南海……将来若不南进压制中国海，密接南清沿岸，同南洋列岛交通往来且据台、澎地势大大伸张国势，恐将遗为百年憾事"。他还认为，大清王朝已经老朽积弊，无法长久维持版图，西方列强却如狼似虎，侵略图谋蓄积已久，"当此时，我帝国（指日本——编者注，下同）究竟应出何策？……若欲乘风云图谋伸张国势则须事前有所准备。而所谓'准备'者无他……（中略）即着手同厦门密接交通，于福建一带积蓄我帝国潜藏势力"，"南清各港，尤以厦门，近处隔澎湖列岛而与台湾相望，即便非巨船、大舶犹能数小时内渡海抵台，故而素来便为彼此交通要冲。观其现状，台湾之货物以厦门为集散地然后外输四方。故厦门日后作为我国（指日本——编者注）风土教化及货物流入之新门户，为我政治、贸易上最为重要之枢要区域。……据此考之亦可察，（厦门）不论人心倾向、地势枢要，正是扶植培养我帝国势力之要地"[1]。第四任台湾总督儿玉源太郎延续了桂太郎治理台湾与"经营对岸"的策略，并更加具体化：要在厦门设立台湾银行支行、特务机构及开设日语学校，要探查福建的矿山，等等。儿玉源太郎提出："为收统治本岛岛民之全效，不应仅将重心置于镇压岛内、收揽民心。亦应采取注意对岸福建尤其厦门之民心，察其归向，反过来谋图岛民安心，以达统治目的之方针。"他还公然提出要把厦门港"附属于台湾岛，使之成为东洋屈指可数之良港"[2]。

在台湾总督看来，厦门对于台湾的稳定、发展，对于日本侵略中国战略的实施，都有非常重要的意义。

从地理位置上说，厦门地处我国东南沿海，北联津沪，南联粤港，与台湾隔

---

[1] 陈小冲主编《厦台关系史料选编（1895—1945）》，九州出版社，2013，第2—4页。
[2] 陈小冲主编《厦台关系史料选编（1895—1945）》，九州出版社，2013，第5页。

海相望，面向东南亚。凭借得天独厚的地理位置和深水良港，16世纪以来，厦门逐步成为我国对外贸易的重要口岸和国内物资的重要转运站。《署商部右丞左参议王奏考察闽粤沿海各埠商务情形折》指出："伏查闽粤商务，以厦门、广州为最巨，厦门一埠航路交通转输便利，出口土货以红茶、蔗糖、纸货、竹木材料为大宗，岁值银六七百万两。"[1] 厦门重要的地理位置是日本看上厦门的原因之一，而更重要的原因，还在于厦门与台湾的人文关系。

就人文关系上说，厦门、台湾一衣带水，分处海峡两岸，自古以来就有"台即厦，厦即台"之说。在历史上，大批包括闽南人在内的大陆民众前往台湾，参与台湾的开发和建设。宋元时期，两岸已有船只往来。到明朝时期，两岸交流日渐频繁，厦门与台湾之间也有了相对固定的航线。明末清初，郑成功收复台湾后，台湾成为包括厦门在内的闽南民众出洋谋生的一个重要目的地，大批大陆民众前往台湾拓荒垦殖、创业发展。厦门与台湾的关系也更加密切，人员往来更加频繁，经贸联系更加紧密，交流领域更加广泛。厦门不仅有很多本地人前往台湾谋生创业，而且也是大陆民众前往台湾的主要出发地。"崇祯朝，巡抚沈犹龙招之降，会闽大旱，芝龙言于巡抚熊文灿徙饥民数万往耕，泉漳人趋之如归市。"[2] 清康熙二十二年（1683），清政府收复台湾，实现了全国统一。次年，清政府在台湾设一府三县，隶属福建省。同时，设台厦兵备道，管辖厦门、台湾两地，台、厦各设一海防同知。康熙六十年（1721），清政府改设分巡台厦道，管理厦门、台湾事务。雍正五年（1727），清政府单独设立分巡台湾道，兼辖澎湖，厦门、台湾自此分开管理。因地缘、血缘而产生的广泛而深入的交流交往，对厦门、台湾两地社会经济发展起到了重要的作用。

在经济和政治方面，厦门对台湾的影响也是日本盯上厦门的重要原因之一。厦门不仅是中国东南沿海的重要港口城市、福建的重要经济中心，而且与台湾和东

---

[1] 厦门总商会、厦门市档案馆编《厦门商会档案史料选编》，鹭江出版社，1993，第3页。
[2] 李向群主编《近代厦门历史资料汇刊：申报纪闻》第二册，厦门大学出版社，2020，第187页。

南亚的关系非常密切。从厦门着手，对福建、中国华南地区甚至南洋各国进行侵略，在日本政府看来是非常理想的选择，也是其走向世界必须实施的策略。

在经济上，由于厦门是福建的重要港口城市，既与台湾一水之隔，又是我国东部沿海航线的中点，地理位置十分重要。日本如果控制厦门，优良的港口条件及厦门与台湾密切的经贸关系，能为日本获取巨大的经济利益，这是日本从经济层面看上厦门的一个重要因素。鸦片战争后，日本和其他西方国家一样，在厦门开设了许多洋行，从事资本输出和原材料掠夺。日本侵占台湾后，这一趋势进一步加剧。台湾总督府为巩固其对台湾的统治、向中国大陆渗透，采取诸多措施进行干预，其中经济措施是重要组成部分。

厦门是著名的侨乡，也是华侨出入中国的门户，每年有数量庞大的侨汇进入厦门。这些侨汇不仅支持了厦门及闽南地区的经济社会发展，也对平衡国家进出口贸易、弥补贸易赤字发挥了重要作用，还引起了日本政府的高度重视。在日本政府看来，如果能控制厦门的侨汇，不仅可以为其侵略活动积累资本，战时还能严重打击中国经济。"厦门港是上海至香港航线的中心点，因为距离台湾和南洋诸岛很近，清道光二十年依《南京条约》成为沿海五大通商口岸之一……虽号称进口口岸，其比贸易更重要的却是与汕头一样，是向南洋移民的出港地，每年输出5万移民。由于有华侨汇款，金融业异常繁荣，国民政府为了弥补战时财政亏空，频出政策鼓励华侨汇款。我军（指日本军——编者注）占领厦门后，可截断汇款通道，这对国民政府是一个严重打击。"[①]

在政治上，多次经历列强入侵的厦门人民，对日本帝国主义的侵略行径有着清醒认识，始终以坚决态度进行抵制。日本占领台湾后，大批台湾同胞不愿接受日本统治，纷纷回到大陆。厦门是台胞进入大陆的第一站，许多人选择在此定居。他们痛恨日本的侵略行径，渴望祖国收复台湾。众多爱国台胞以厦门为据点，面向台胞及大陆民众开展反对日本殖民统治、呼吁收复台湾的宣传活动。这些行动

---

① 李向群主编《见证：1938厦门——日寇入侵厦门前后报刊史料汇编》，厦门大学出版社，2015，第134—135页。

被日本帝国主义视为"反日""排日"行为，日方认为这会严重影响其对台湾的殖民统治，对此无法容忍。

厦门东本愿寺火灾发生后，1900年9月1日，日本驻美公使高平小五郎在《帝国于厦门遣兵撤兵始末之通牒及美国舆论对此通牒之报告》中说："帝国派遣海军登陆厦门乃是因为厦门港及其附近地方因近接台湾，已成清人计划对台岛实行不义举动之根据地，加以近来排外运动于各地蜂起，该地愈加动乱，竟至暴徒纵火寺院之地步。有念于此，帝国政府为保我领事馆及一般外国人之安全，遂遣海军若干登陆厦门。"[1]

10月22日，日本驻厦领事馆派驻福州办理公使室田义文在《适当督促道台缉拿焚毁东本愿寺犯人及妨碍我台湾施政之赖阿乾等匪徒之禀申》中说："……割让台湾之时，从台岛逃至厦门之人或素来便居于厦门附近之清国人时常放出排斥日本或收复台湾之谣言，又同台湾匪徒串通一气或让其抵抗我帝国于台湾施政……"[2]

"厦门排日风潮，视汕头、广东、香港各处尤盛。过市街，有小儿辈骑竹马，见一行之游览员过，以竹扛肩上，曰：'铳击日本。'小儿尚如是，况其他乎？闻今次菊池驻厦领事最公正，不肯妄阿庇籍民，以侵害中国人福利。公会会长及役员亦经新选敦厚确实之人以当，故此种排日之风潮渐熄，洵可贺也。昔燕昭王师事郭隗，天下贤士闻之曰：'是能尊重贤士。'乐毅、剧辛之徒自各国驰往。今政府以一视同仁待台民，而盈盈带水对岸之厦门尚唱排日，不可怪耶？按排日之原因种种，一为日本之留学生，二为个人之利益冲突，三为在中国各国势力经营之暗斗。日本留学生最知日本事情，夫人类莫不有察己暗责人明之共同性质。彼利用其观察，而故为吹大，借以明自己之非日党，并足以投大众之嗜好。个人利益冲突，事虽甚小，匹夫匹妇之心不得，王者自惭。彼其扩张口碑广告之力甚大，此其所以酿成也。各国势力暗斗外似平和，其中之伏机百出，欧美各国莫不皆然，

---

[1] 陈小冲主编《厦台关系史料选编（1895—1945）》，九州出版社，2013，第100页。
[2] 陈小冲主编《厦台关系史料选编（1895—1945）》，九州出版社，2013，第140页。

近今美之行动尤为显著。"[1]

1915年3月27日《申报》报道："日人电称，上海排日风潮甚烈，日政府决调现在新加坡财部中将所率各舰赴沪保护，如不敷，再由佐世保舰队中添派数艘。现在准备中。日人似最注意于沪宁、宁波、厦门等处。"

厦门人民爱好和平。自日本侵占我国台湾后，其进一步侵略厦门的企图和阴谋日益暴露，这引起厦门人民的高度警惕。厦门人民的反日活动，针对的是日本军国主义的侵略行径，并非反对日本人民，也绝非盲目"反日""排日"。然而，厦门人民对日本侵略行径的警惕，却刺痛了日本侵略者的神经。针对厦门人民的反对日本侵略活动，为麻痹厦门民众，缓和"排日"气氛，日本采取了一系列的措施。在经济上，日本进行大规模资本渗透，大量输出商品；在政治上，强化所谓中日"和平""亲善"宣传，大力培植亲日势力，鼓吹"中日要团结一致""共同对付欧美对亚洲的侵略"等论调；在外交上，日本向中国政府施压，要求压制反日宣传和民间抗日活动。在20世纪二三十年代，日本驻厦领事馆多次就厦门《江声报》等报刊刊登"不利"于日本的涉日消息向厦门政府当局施压、抗议，要求取缔刊登涉日负面消息的报刊，并责令其向日本驻厦领事馆道歉。面对日本的强势要求，软弱的中国政府，包括厦门地方当局，只能对日本侵略者低声下气。在此情况下，抗日言论遭到限制，抗日人士受到打击，抗日气氛被压制，日本侵略气焰因而愈发嚣张。

除地理、人文、政治、经济等因素外，日本对福建（尤其是厦门）的侵略图谋，也与当时中国所处的国际环境以及被西方列强侵略瓜分的现实分不开。

进入近代以后，通过工业革命逐步强大起来的西方资本主义国家走上了对外侵略掠夺的道路。此时，大清王朝却因腐败无能走向衰落，成为西方列强侵略掠夺的目标。西方列强凭借坚船利炮，通过侵略从中国攫取了巨大利益。日本同样觊觎瓜分中国的机会，在西方列强瓜分中国的狂潮中，除了在中国其他地方获取

---

[1] 李向群主编《近代厦门历史资料汇刊：申报纪闻》第四册，厦门大学出版社，2020，第442—443页。

利益，还将侵略的魔爪伸向了福建。

日本占领台湾后，一直将侵略乃至占领厦门作为目标。在尚未为大规模侵华做好准备时，日本不敢公然出兵厦门。即便如此，日本政府侵占福建的图谋始终没有改变，且愈发不加掩饰。一方面，日本高调宣称其他国家不得染指厦门，俨然将厦门视作自己的势力范围；另一方面，为在厦门陈兵，日本处心积虑地寻找借口、制造事端，如1900年厦门日本东本愿寺火灾事件、1924年"台探事件"发生后，日本均借口保护日台侨民，调派军舰驶入厦门港，并派兵登陆厦门市区。日本此举，表面上打着"保护日本侨民"的幌子进行武力威胁，实际上却做好了两手准备：一旦时机成熟，便会乘势占领厦门。

日本驻福州领事丰岛舍松毫不掩饰地把厦门乃至福建全省视为其势力范围，时刻防范其他西方列强。1900年9月3日，丰岛舍松在《向清官阐明帝国遣兵厦门真意之报告》中提到，"如帝国政府确有目的，至少应保留驻厦领事馆之海军，恳切说明东西现状，言明英国派遣印度兵登陆平稳无事之上海以显其在扬子江岸势力范围之实，帝国登厦之举乃列国所示之同样措施"，"帝国政府乃可向他国显示帝国从未放松对福建之警惕"。[①]

如果其他列强染指福建或者厦门，日本帝国主义不会容忍。1900年9月17日，丰岛舍松在《闽浙总督及福州将军意向之情报》中指出，"原本厦门便有别于福州，其过半为外来人民，素有排日念想。日前划定专管租界之时，便伤我驻当地领事馆馆员二名……终派遣若干海军登陆厦门"，"我帝国政府对贵邦绝无包藏祸心，对此想必贵将军早已了解。只是万一其他列国染指厦门自不待言，如若其染指福建某部之时，为维持亚洲大局及台湾形势，帝国政府将不能坐视不管而必然采取防御之策，对此亦望将军同样予以了解"。[②]

1915年，日本强占中国青岛，胁迫袁世凯政府签订"二十一条"，其中规定：中国政府不得将沿海地区租借或割让他国；福建兴办铁路、矿山及引入外

---

① 陈小冲主编《厦台关系史料选编（1895—1945）》，九州出版社，2013，第103页。
② 陈小冲主编《厦台关系史料选编（1895—1945）》，九州出版社，2013，第121页。

资时，须先与日本协商。日本此举旨在从军事、经济上控制福建。

对于日本帝国主义的图谋，许多有识之士看得非常清楚。1934年5月1日《申报》以《日本侵华声东击西》为题报道："日本近来利用宣传华北事件，暗中进行企图扰乱华南，行将在台湾召集福州、厦门、上海、汕头、广东等各地日领事，举行所谓'对岸会议'，作切实谋乱之策动。此种极明显举动，果堪注意。但目前利诱失意政客，收买汉奸，确颇积极，复派出训练有素之日青年，深入福、厦、汕、粤诱惑无知农民、商民，加入新在台湾组织之所谓东教会，利用领事裁判权，教唆抗捐拒税，以市惠愚民，扰乱治安。证之福、厦、汕、粤等处，洋牌商店之日增，与日台浪人之四出活跃，益为可信。尚有收买溃窜华封、龙岩交界深山中著匪吴赐福，亦为其企图扰乱中国策略之一。总之，日本声东击西，图攘华南之野心，形迹益加暴露云。"

1934年8月出版的《新兴的厦门》一书，作者茅乐楠在书中第一章第一节"对日地位上的重要"中指出："谈到厦门对外关系，最密迩的要称是日本。自甲午一役，台湾被夺，于是台厦一水相望，彼此关系，更加逼近了。由厦门至台南的安平，仅一百四十七里；其距台北的淡水，也不过二百二十里。日人自得台岛后，借地势之利，谋我益亟，近且以之为南进政策的根据地，观其与我所订'福建不得割让与他国'之约文，其野心已可想见。前年'九一八'沈阳事变，东北四省又沦敌手，厦门与日实逼处此，此后当更岌岌可危。假若中日战事，一旦爆发，日本的兵舰只要两小时，便可直到厦门。"他呼吁政府保持警惕。

1935年，日本政府制定对华作战方案。根据该方案，"中日两国一旦开战，必要时，使用约一个师团的兵力，占领福州及厦门。同时，日方亦有计划地利用籍民进行间谍及分裂活动"[①]。

随着日本帝国主义对中国侵略活动的不断升级，对厦门的侵略企图也日益明显。但是，为了掩人耳目，日本当局仍大谈"中日亲善"老调。1936年2月，日本大将松井石根窜访厦门、汕头。在厦门期间，松井极力鼓吹"大亚细亚主义"，

---

① 周子峰：《近代厦门城市发展史研究（1900—1937）》，厦门大学出版社，2005，第281页。

声称"东亚人须自觉，须弃尽嫌隙，努力远东和平，达共存共荣"，还妄言"日本并非欲侵略福建，乃欲以台湾为楔子，图中日两国民族之亲善提携"。

1936年3月5日，松井由厦门前往福州，召集日籍台民开会，要求他们在驻闽领事的领导下，认同其所提倡的"大亚细亚主义"，并切实向福建民众宣传，使福建民众"大亚细亚主义"化。①其目的就是想通过宣传让福建"日本化"。

七七事变后，日本开始全面侵略中国。厦门在其实施对外扩张战略及对中国的军事进攻过程中，地位愈发重要。1938年5月12日，日军还在进攻厦门的过程中，《台湾日日新报》就以《占领厦门是必须的》②为题发表评论。评论称，尽管厦门岛仅是一个方圆四十里的海岛，但它隔着内港有一个公共租界鼓浪屿，东面海上有金门岛，是中国南部海岸要冲和海港。由于中国"海上被我海军封锁，断了物资输入通道，除了利用粤滇铁路外，还企图利用厦门输入物资，很多迹象显示他们利用第三国船只偷偷避开封锁线，所以该岛不能再放任不管了"。此外，厦门岛"是南洋华侨的出入口岸……他们在南洋抵制日货……还对国民政府进行资助，所以必须坚决堵住这个出入口"。最后特别强调，中国大陆与台湾一衣带水，"从国防上看，不能轻视对岸的动向……（台湾）老百姓信赖台湾的防卫，非常放心，但离敌方基地那么近，对国民总是有害无益。总之，占领离台湾最近的福建省要港厦门，杜绝以此为中心的各种策动，是帝国的必然措施。从国防上和作战上看，也是必须的"。这一评论揭示了日本极力占领厦门的原因。

由于厦门与台湾距离近，攻占厦门对日本帝国主义具有重要的军事和战略意义。一方面，攻占厦门可增强台湾的安全感，在军事上确保台湾的安全；另一方面，随着日本开始全面侵华，攻占厦门有助于其推行向外侵略的国家战略。日本占领厦门后，可在当地建设海军基地，与台湾相呼应——向北可切断海上交通，向南可为侵略中国广东、广西做准备，亦可配合日本"南进政策"，为侵略东南

---

① 参见洪卜仁主编《厦门抗战岁月》，厦门大学出版社，2015，第18页。
② 参见李向群主编《见证：1938厦门——日寇入侵厦门前后报刊史料汇编》，厦门大学出版社，2015，第132—133页。

亚打通南下交通线。

确定把厦门作为侵略目标后，为培植侵略势力、为日后军事入侵厦门做准备，从20世纪初开始，日本派遣大批日籍浪人进入厦门。这些浪人打着各种旗号，遍布厦门各行各业，从事特务间谍活动，收集政治、经济、军事情报，破坏当地社会秩序。在日军入侵中国后，这些人更是明火执仗、有恃无恐。

面对日本帝国主义的侵略行径，厦门人民始终高举抗日旗帜，积极投身反抗日本侵略的斗争。他们抵制日货、倡用国货，有钱出钱、有力出力，有力打击了日本侵略者的嚣张气焰。厦门也因此成为福建抗日的策源地，是福建抗日救亡运动的中心。对此，日本侵略者难以容忍。据史料记载，日本侵略者称，七七事变前，厦门长期受抗日分子宣传鼓动；"事变"后，这里成为广东军盘踞之地，是武器输入和对日作战的重要根据地。他们还表示，不管是中国北方，还是中部和南方，只要是反日抗日根据地，日军都要予以打击。[①]

1937年7月，抗日战争全面爆发后，为防守厦门，国民党第一五七师于8月22日进驻厦门。该师来自广东，以抗日意志坚强著称。第一五七师进驻厦门后，积极开展战备，大张旗鼓地打击汉奸、间谍和特务，一批汉奸被惩处，一些数典忘祖的日籍浪人也被正法。这些都引起日本侵略者的极大不满，占领厦门成为他们的首要目标。

日本发起全面侵华战争后，我国北方多数港口被日军占领，厦门成为中国开展对外贸易的主要港口。广大海外华侨通过厦门口岸，源源不断地支援祖国抗战。同时，厦门也是当时外来武器弹药等军需品的重要输入口岸，对抗日作战起着重要作用。为打击中国的对外贸易、切断外来军事援助，在日本看来，攻占厦门也是必要的。1938年5月11日，在日军进攻厦门的过程中，日军发言人对记者称："今晨厦门情形于日军有利。此次向厦门进攻，因该地驻有粤军，为反日活动之中心，中国军火亦由此而入内地。故厦门地位显极重要，惟该地有台湾侨民三万人，日

---

① 参见李向群主编《见证：1938厦门——日寇入侵厦门前后报刊史料汇编》，厦门大学出版社，2015，第155页。

军应负保护之责。"①日军发言人此时已公开说明了日本侵略者侵占厦门的理由。

帝国主义发展过程中自身不可调和的矛盾及日本对外扩张的野心，是日本发动侵略战争的根本原因；厦门优越的地理位置及其与台湾的特殊关系，是其成为日本图谋侵占目标的重要因素；厦门人民对日本侵略的不屈抵抗，以及日本侵华战争战场局势的变化，促使日本加快了侵占厦门的步伐。

第二节　日本以台湾为据点　渗透培植侵略势力

1840年，英国作为侵华先锋发起鸦片战争，开启了西方列强侵略中国的百年历史序幕。1842年，清政府被迫与英国签订我国近代史上第一个不平等条约——《南京条约》，上海、广州、福州、宁波、厦门被迫开辟为通商口岸。1843年，厦门正式开埠。此后，西方列强纷至沓来。作为在华利益的象征和代表，英国、美国等西方列强先后在厦门鼓浪屿建立领事馆。1875年，通过明治维新走上资本主义道路的日本，也在厦门设立领事馆，馆址设在厦门鼓浪屿协和医院附近。

1896年3月7日，日本驻厦领事馆在原馆舍附近兴建新领事馆。1897年，新馆舍落成。②1928年，日本驻厦领事馆对馆舍进行扩建，新建两幢大楼。与一般领事馆不同，日本驻厦领事馆自设立起，便秉承其帝国政府的侵略旨意，将侵略厦门作为首要任务。该领事馆设立之初，就在馆内设立警察署、监狱和拘留所，非法行使警察权。警察权属于国家主权范畴，在他国领土私设警察机构，是对他国主权的严重侵犯，但日本驻厦领事馆对此行径丝毫不加掩饰。在1928年扩建

---

① 李向群主编《近代厦门历史资料汇刊：申报纪闻》第十册，厦门大学出版社，2020，第32页。
② 参见中国人民政治协商会议厦门市委员会编《厦门的租界》，鹭江出版社，1990，第7—8页。

的两幢大楼中，一幢专门作为警察署，内设刑讯室、监狱，另一幢作为领事馆及警察署人员的宿舍。在日本帝国主义侵华期间，众多厦门抗日志士和无辜群众在此遭受迫害。1936年11月1日，为与其他西方国家驻厦领事馆争夺鼓浪屿公共租界工部局的控制权，日本外务省将驻厦领事馆升格为总领事馆，其驻厦总领事随后如愿以偿成为租界工部局领袖领事。1937年5月17日，其总领事山田芳太郎将驻厦领事馆事务移交该馆副领事高桥茂。七七事变后，厦门局势日益紧张，8月28日，日本驻厦总领事馆撤离厦门，并在台北设立日本驻厦总领事馆办事处。

日本驻厦领事馆是日本侵略厦门的大本营。在其近代存续期间，该领事馆打着外交机构的旗号，大肆搜集情报，培植侵略势力，策划、组织并实施了一系列侵略活动。

搜集情报、开展特务活动是日本驻厦领事馆持续性的日常活动。日本驻厦领事馆自成立之初，就将收集厦门情报作为重要任务。据上海《申报》报道："日本奸细在各口无不严防踩缉，厦门则否。地方有司官咸谓此时北洋虽已见仗，而南洋倭奴不敢犯顺，未经戒严，仍安升平无事之天。即所招团练勇丁，亦未闻有练习枪炮者，仅每月给口粮洋银两元，于夜间赴各宫庙分投住宿而已。日前，有倭人西洋装束者四人，至鼓浪屿升旗山顶升报轮船入口处，用千里镜窥看海面之船只后，复携镜赴狮山火药局炮台一带遥望。迨去后，始悟此四人系倭人，恐属日本之细作。然地方官既未禁拿，居民自不敢过问也。"[1]

"日本政府于中国各口内地官商民情无不留心访察，探听通报其国王、大臣。厦门一隅，派正、副二领事专收渡台华人入口路照经费。近复由台北桦山遴派一日官往厦门，探访官商两途，随时呈报，名为坐探委员，即前年在厦暗探信息之福州人黄某也。因此，厦门一举一动，日本无不知之。"[2]

为便于开展间谍特务活动，日本驻厦领事馆在厦门设立众多情报机关，进行

---

[1] 李向群主编《近代厦门历史资料汇刊：申报纪闻》第二册，厦门大学出版社，2020，第368页。

[2] 李向群主编《近代厦门历史资料汇刊：申报纪闻》第二册，厦门大学出版社，2020，第223页。

情报搜集。这些情报机构或公开或隐秘，有的隐匿于旅馆、客栈，有的以饭馆、酒楼为幌子，有的借助社团名义作掩护，间谍特务渗透到各行各业，令地方军政当局防不胜防。《全闽新日报》便是典型例证。《全闽新日报》是1907年由日籍台人江蕴鎏在厦门创办的报纸。起初该报以促进两岸交流为宗旨，因其由日籍台人创办且有一定的影响力，创办不久后便被日本驻厦领事馆掌控，成为该馆的机关报。日本驻厦领事馆利用该报"探求或调查当地外交上的秘密"，为日本政府实施"大陆政策"和"对岸政策"服务。[①]随着日本帝国主义侵华政策的推进和"南进政策"基调的不断强化，台湾总督府对《全闽新日报》的作用也越来越重视。台湾总督府的间谍特务通过利用该报社工作人员，接近厦门地方军政机关及团体负责人，打探、搜集各种情报。全闽新日报社由此成为日本驻厦领事馆和台湾总督府设于厦门的情报特务机关，报社记者也沦为日本和台湾总督府的间谍特务。与众多间谍特务机构相匹配的是大批间谍特务人员。在军事侵略厦门之前，日本帝国主义培养了一大批"中国通"充当间谍，如泽重信之流。这些"中国通"深入调查研究中国历史文化、国情国力，透彻了解中华民族的性格特征。对日本政府而言，这些人不仅便于向中国渗透，在开展间谍活动时，也更容易麻痹中国人。

为达到长期占领厦门的目的，日本政府实施了一整套全方位的侵略政策，从政治、经济、军事、文化等方面多管齐下进行渗透和侵略。经济上，通过与福建，特别是厦门开展通商贸易，输出商品与资本，掠夺资源，以扩张日本帝国势力；文化上，通过教育、文化、宗教等领域的渗透，灌输日本帝国主义的文化观与价值观，培养亲日势力；军事上，以"交流""访问"等名义，不时派遣军舰到厦门沿海耀武扬威、恐吓威胁，甚至直接派兵登陆厦门。

具体而言，在政治上，日本一方面公开宣传所谓的中日"和平""亲善"，由领事馆官员出面，采用威胁利诱的手段，拉拢厦门各界负责人，与厦门各界建立所谓的"良好"关系，妄图营造日本对厦门没有恶意、中日双方"睦邻""友好"

---

① 参见洪卜仁主编《厦门旧报寻踪》，厦门大学出版社，2010，第86—97页。

的假象，借此日本驻厦领事馆培植了一批汉奸。另一方面，日本驻厦领事馆密切关注厦门民间和社会舆论对日本的态度，一旦出现对日本不利的情况，便立即出面干涉，要求厦门市政府"取缔"相关言论并"道歉"。

在经济上，厦门与台湾向来交往密切。日本侵占台湾后，以台湾为据点对厦门进行经济入侵，并采取了一套有计划、有步骤的措施。1897年，为推广日本商品，日本农商务省在厦门设立日本商品陈列所；为掌控厦门的经济命脉，日本通过设立各种名目的公司、商行对厦门经济进行控制。其中，台湾总督府第四任总督儿玉源太郎的做法最具代表性，他在经济方面对厦门进行系统的渗透。儿玉源太郎特别将在厦门开设台湾银行支行视为"帝国南进之先锋"。儿玉认为，开设台湾银行厦门支行后，可以"掌握厦门同其他各地方间之汇兑权，且蓄积清人存款于此银行之时，清人必将自然增加与帝国共有利害之念，如此一来，帝国威信先是加于厦门，而后反射波及至台湾，治台之效倍增将成必然结果"[①]。在他的力推下，1899年，日本在台湾设立台湾银行；同年10月，赤羽定教被派往厦门筹办支行。1900年1月，台湾银行厦门支行正式成立。其业务包括内外汇兑、企业投资、发放贷款、调查福建各地经济情况等。此外，该支行还擅自发行票面额为1元、5元、10元和50元的四种银券。日本不仅企图通过银行控制厦门的金融，还企图借助银行贷款控制地方经济，甚至干涉地方政治。例如，当时的福建省政府向该行借款时，该行要求以福建全省茶叶税收入作为担保。

明确提出把经济渗透作为侵略厦门手段的，并非只有儿玉源太郎一人。日本袋江生在谈及经营福建的策略时说："所谓经济上经营，通商贸易者盖欲益固南清贸易之基础，而广其势力范围者，则经营福建为最要之急务。我国（指日本——编者注）于福建已下手经营之事业，有大阪商船、台湾银行、三井物产、三五公司等。其未下手而最为紧要者，则宜于福建全省枢要之都会置设日本商品陈列所。""故欲实行我政府（指日本——编者注）之事业，必待战捷平和克复之后，择于全省区要之各府会，设置规模宏大之商品陈列所，一以供福建通商贸易扩张

[①] 陈小冲主编《厦台关系史料选编（1895—1945）》，九州出版社，2013，第6页。

之资，一以作战捷之纪念，使福建人知我光荣，而益倾心以向我，此策为最得机宜。至若关于设置之各种计划及设置几处、经费几何，再当相机详考，容续述之。"①

根据1917年的统计，厦门较大的由日本人或日籍浪人开设的公司有三五公司、三井物产公司、台华殖民合资会社、柏原洋行、久光堂、日龙公司、旭昇洋行、永昌洋行、祥记洋行、南国公司、丸一洋行、日东洋行等数十家，经营范围涉及汇兑、水产、谷物、棉布、药材、杂货等领域。这些由日本人或日籍浪人在厦门开办的企业，是日本侵略厦门的先锋队。通过厦门的日台各类公司，大量日台商品进入厦门，并经厦门倾销到内地。日本和厦门的经济交往因此日益密切，贸易日渐频繁。据统计，日本向厦门出口方面，1899年出口货物187836吨，1914年出口货物589241吨，1921年出口货物710269吨，1930年出口货物890298吨，达到最高值，在当时，仅次于英国，居第二位。日本从厦门进口方面，1919年进口总值为1 624 432元；1935年进口总值2 159 163元，均比英、美两国多；1936年，进口总值占第二位，仅次于德国；1937年，进口总值占第二位，仅次于我国香港地区。由于日本与厦门贸易往来频繁，大量日货充斥厦门市场。20世纪二三十年代，被日籍浪人控制的厦门市区思明西路一带，成为销售东洋货的中心。

除经济贸易外，日本还盯上了福建的矿山与铁路，企图夺取福建的矿权和路权。日本帝国主义很早就提出开辟福建铁路和海上航线的计划。1900年3月，日本拟在中国福建、江西修筑铁路，并派遣工程人员侨本大尉、武内少佐前来查勘。按日本人的计划，铁路线由厦门经福州至南昌，再经九江抵达汉口。1900年5月，《天津国闻报》报道："日本大阪商船会社拟开辟中国海程，分为三路，其一，从台湾安平港抵厦门、汕头、香港各埠，计划于阳历本月为始，每旬往回一次；其二，从台湾淡水港抵厦门、福州两埠，自本年十月一日为始，每月往回

---

① 李向群主编《近代厦门历史资料汇刊：申报纪闻》第三册，厦门大学出版社，2020，第105页。

三次或四次；其三，往回福州及兴化府，每一礼拜二次或三次，亦自本年十月为始。"①1900年12月，日本驻厦领事馆特派公使室田义文在《清国出差复命书》中说："想来，厦门一带地方与我台湾相对，二者关系甚为密切已自不待言。如若本邦（指日本——编者注）人欲开拓南清贸易，则必先于此地求得立足之地。且台湾统治秩序已与厦门地方之治乱盛衰实有莫大关联。但查居厦之本邦人经营事迹，乃感其愈加忸怩……""于厦开办商店之本邦人仅有九名……而居厦开店之台湾人则有八十余名，其资本总额约为七十五六万元。""……无论福建全省抑或厦门全岛，如欲收之于我帝国（指日本——编者注）版图，则首先应投其财力，并于商业交通之上树立帝国势力，而后再行慢慢计划。"②1903年1月，《香港循环日报》报道："日本驻华使臣内田氏归国后，日本外务省大臣问：中日之交，当以何者为最要？内田氏谓中国铁路之权皆为西人所握，我日本若不要索福建铁路，恐不能与欧西各大国争衡。今者，中国倚我日本甚重，若以此事向索，必能如愿以偿。鄙意拟将福建全省作为干路，其支路分而为三，一由福建沿闽江入江西，经抚州、南昌，以达九江；二由建宁经浦城入浙江，沿钱塘江至杭州；三由福州、泉州至厦门。大约一经停妥，即须向中国外务部陈词。"③同年3月，上海《申报》报道："广州安雅书局世说编云：日本铁路工程师小川资源、井上清界二人奉政府之命，特来中国考察筑路基址。由福州经延平，出九江，东入浙江，下钱塘，过宁波，北至上海；往厦门过漳州，入潮州，至汕头，然后由潮阳，经海丰、陆丰，至惠州而入广东省城。二人之言曰：此路甚长，需款颇巨。其中，由福州至九江一路，于兵事实有裨益，而无益于经商。至厦、潮、惠、广一路，则兵、商两事皆无所用。然苟中国能自行兴筑，则其利益亦不赀也。"④1914年

---

① 李向群主编《近代厦门历史资料汇刊：申报纪闻》第三册，厦门大学出版社，2020，第92页。

② 陈小冲主编《厦台关系史料选编（1895—1945）》，九州出版社，2013，第150页。

③ 李向群主编《近代厦门历史资料汇刊：申报纪闻》第三册，厦门大学出版社，2020，第99页。

④ 李向群主编《近代厦门历史资料汇刊：申报纪闻》第三册，厦门大学出版社，2020，第99页。

12月6日《申报》报道："据《华字报》载称：近有大批日人入闽，若辈显多列名豫（预）备兵，借其志何在，殊为可疑。各报现信日本拟由福州筑造铁路，取道厦门，通至漳州。上年，日本曾索此路权，中政府未允。各报现信日本将不待中政府之许可而径自开筑。"①

到20世纪二三十年代，出于加强对福建、厦门的影响，为侵略活动积累资本的目的，日本帝国主义及台湾总督府采取了更多侵略措施。一方面，通过唆使日籍浪人在厦门经营烟、赌、娼等不正当行业掠夺资本；另一方面，扶持、鼓励日籍浪人从事走私、贩私活动。台湾总督府驻闽特派员桑原义夫曾召集全闽新日报社社长松永荣、厦门博爱医院院长小林义雄等召开联席会议，专门研讨走私问题，决定切实扶助走私活动，以为政治夺取之张本。为达成这一目的，台湾总督府制定计划：通过开通台湾与福州、厦门的定期航班掌控航权；通过威胁中国政府获得福建矿产开采权；以台湾为中心设立大规模信托公司，控制矿产、渔业、土地等权益，从而扩大私货倾销范围。正是台湾总督府的这些行径，致使20世纪二三十年代厦门妓院林立、烟毒肆虐、走私猖獗，并由此引发诸多社会问题。

在文化上，日本政府企图通过教育、宗教领域的渗透，向中国人灌输日本帝国主义的文化观和价值观。

1898年，在台湾总督和日本驻厦领事的支持下，厦门部分绅商以宣传日本文化、"培养亲日之人民"为目的，创办了厦门东亚书院。台湾总督府不仅为该书院的创办捐赠1万元，还对其进行控制。时任台湾总督的儿玉源太郎明确指出：设立该书院的目的是让厦门"地方绅士接近帝国"，而"并非播撒恩惠之地"。② 后来，由于资金缺乏，该书院划归日本企业三五公司接管。

1908年，日本驻厦领事濑川浅之进鉴于在厦日籍台湾人懂日语的较少，特地与厦门台湾公会会长施范其商议，在公会内组织国语研究会，以此培训日籍台民的日语能力。

---

① 李向群主编《近代厦门历史资料汇刊：申报纪闻》第五册，厦门大学出版社，2020，第14页。

② 陈小冲主编《厦台关系史料选编（1895—1945）》，九州出版社，2013，第47页。

厦门旭瀛书院是由厦门台湾公会出面创办的一所学校，表面上是为了解决在厦日籍台湾人子女的教育问题，实则是日本对厦门进行文化渗透的工具和文化侵略基地。1910年，厦门旭瀛书院创办，台湾总督府任命小竹德吉为首任院长，并租赁厦门桂洲堆民房作为校舍。旭瀛书院开校之初，有学生37名，多数是台民子弟。1913年秋，院长小竹氏因病归台就医。经日本驻厦领事菊池义郎同意，厦门台湾公会会长周子文将书院教室迁至小榕林，同时，台湾公会的办事机关也合并于此。1916年冬，为扩大书院规模，在厦台民开展捐资建校活动，在厦门城内、外清两地购置土地修建校舍：1917年10月，城内分院落成；1918年2月，外清分院竣工。书院学生人数由70余名增加至700余名。此外，在鼓浪屿也增设一处分院。1937年8月，日本驻厦领事馆撤退后，厦门旭瀛书院停办；日本占领厦门后，于1939年秋复校，改名为"厦门旭瀛书院鼓浪屿分院"；1941年起，与厦门日本小学一样，奉日本外务省命令，改为"国民学校"；抗战胜利后停办。

1907年，江蕴鋆等人在厦门创办《全闽新日报》，由江蕴和（又名江保生）任社长，林景仁、江蕴和、施范其等人出资经营。[①] 由于报社的创办人、出资人都是台湾人，且台湾已被日本强占，在日本人看来，这是台湾人创办的事业，而台湾人的事业也属于日本人的事业，理应由日本政府控制。因此，日本驻厦领事馆开始控制、利用该报。日本驻厦领事馆要求台湾总督府和日本外务省利用"机密费"资助该报，目的是将《全闽新日报》办成日本侵华的工具，为其"大陆政策"和"对岸政策"服务。后来，台湾总督府"善邻协会"通过资金补助的方式掌控《全闽新日报》，使其彻底沦为日本的侵华工具。《全闽新日报》是日本势力在厦门创办的、持续时间最长、影响最大且最为重要的报纸，在对中国民众进行欺骗宣传、灌输日本文化价值观方面扮演了重要的角色。其他报纸还有1915年创办的《台湾公会报》、1917年创办的《中和报》等。这些报纸无一例外都由日本驻厦领事馆控制，为日本侵略厦门服务。

厦门博爱医院是日本以慈善事业为掩护创办的、服务于日本侵略目标的卫

---

① 参见洪卜仁主编《厦门旧报寻踪》，厦门大学出版社，2010，第86页。

生机构。1917年11月，日本外务省设立博爱会，为掩盖其对外侵略的目的，1918年3月，又设立博爱医院。1918年4月8日，博爱会厦门医院在厦门鼓浪屿开设，其宣称是"借日本医学而迈进文化亲善之目标"。厦门博爱医院的经费来源中，一部分由台湾总督府拨付。

日本袋江生在谈及经营福建的策略时说："所谓教育、宗教上启发福建人精神之方法者，盖以我国事业之成立，必先图教育、宗教之普及，为至急至要之务。今查福建全省内教育事业成于日人之手者，已设之学校不过四五处，规模狭小，较诸欧美人经营之学校难与比肩。其次，如日本宗教之传布，则更难与欧美人比较。故论传教之范围，日本佛教仅限于厦门附近（英、美、法国之宣教师、医师等在厦门、福州间者三百余人，日本在厦门附近传教者只十余人）。若欧美人之传教者势力甚广，实能牺牲一身，以供福建人感化启发之用，以此相形，奚啻霄壤。我辈难信经营通商贸易与经营宗教、教育之普及，同为经营福建省之急务，然而精神之感化实为经营福建之基本。故以教育、宗教诱导彼等为尤要也。台湾总督夙有经营对岸各方面之志，我政府（指日本——编者注）更宜注意于此而补助之焉。"①1936年3月，日本外务省派文化部第二部长到汕头、厦门考察，督促日本驻厦领事山田尽快添设男女师范学校，以培养亲日教育人才。同年6月15日，台湾总督府召开"对岸会议"，决定扩大厦门旭瀛书院及福州东瀛学校的规模，并扩充传教机关。

培植汉奸是日本侵华策略的重要内容。把对外侵略作为基本国策的日本政府明白，要吞并幅员远超过自身的中国并非易事，仅靠自身力量远远不够。除建立强大的军事力量外，日本还必须寻找中国的薄弱之处，从中国内部进行扰乱和破坏，实施瓦解；而要达成从内部瓦解中国的目的，就必须利用汉奸。

日本帝国主义确定了侵华战略后，便不遗余力地在中国内部培植侵华帮凶，寻找代言人。一帮数典忘祖之徒，在民族危亡之际见利忘义、为虎作伥，甘当走狗、

---

① 李向群主编《近代厦门历史资料汇刊：申报纪闻》第三册，厦门大学出版社，2020，第105页。

投身侵略者怀抱，替侵略者卖命、祸国殃民，沦为可耻的汉奸。

在侵略厦门的过程中，首先被日本侵略者看中并利用的是日籍台湾浪人。日籍台湾浪人，顾名思义是日本籍的台湾流浪汉，亦称日籍浪人。根据《马关条约》，日本占领台湾后，在两年内未离开台湾的台湾居民自然拥有日本国籍，成为日本人。这些日籍台湾人到厦门后，被称为日籍台民。日籍浪人是日籍台民中的一部分。在近代厦门，日籍浪人虽然人数不多，却是对近代厦门社会造成重大影响的一个社会群体。

厦门与台湾地缘相近，两岸人员往来频繁。在早期，两岸人员的流向大多是从大陆流向台湾，其中包括大批闽南人前往台湾，参与台湾的开发建设。到了近代，随着两岸间社会经济的发展，两岸人员双向交流日益增多。1895年，甲午战争中清政府战败，被迫与日本签订《马关条约》，把台湾全岛及所有附属各岛屿、澎湖列岛等割让给日本，广大台湾同胞成为亡国奴。《马关条约》签订后，大批台湾同胞不愿当亡国奴，不愿当日本的"顺民"，选择逃离台湾，回到大陆；没办法离开台湾的民众，迫于日本压力，不得已加入日籍。日本占领期间，许多台湾爱国志士拿起武器反抗日本统治，以不同方式打击日本侵略者。台湾民众反抗日本占领的活动，遭到日本侵略者的残酷镇压，许多抗日志士不得已回到大陆。厦门是台湾同胞回到大陆的首选之地。例如，台湾富绅林尔嘉，不愿做日本臣民，举家内迁，定居厦门鼓浪屿。又如，连横曾内渡福建参加科举考试，在答卷中力陈抗日救亡、图强革新的主张，因被守旧考官斥为"荒唐"而最终落第。由此，他毅然踏上"文儒救亡"之路，在厦门邀集友人创办了《福建日日新闻》。自那以后，越来越多的台湾人来到厦门。

厦门与台湾之间交流交往的日益密切，引起了日本政府的关注。日本政府对厦、台两岸交流所持的态度，随着其在台湾统治地位的巩固、对华侵略措施的推进而发生转变。日本占领台湾初期，因立足未稳，害怕两岸民众交往交流影响其对台湾的统治，因此对日籍台民到厦门实施严格管制：规定凡是日籍台民到厦门，都要向台湾总督府申请出境证件，并经过严格的审查，同时必须提供妥实铺保。

第一章
侵华野心不断膨胀　厦门沦为寇图之的

到 20 世纪二三十年代，台湾总督府对日籍台民到大陆的严审政策逐步放宽，担保措施也逐渐放松。1934 年 6 月 1 日起，台湾总督府完全解除日籍台民到大陆的限制，所有日籍台民赴大陆各地，一律免向台湾总督府申领证件及备妥铺保等手续，可自由出入。① 此后，来厦的日籍台民因此不断增加；与此同时，随着日本侵略活动的扩张，其在厦门的侨民及驻军人数也不断增多。

表 1-1　在厦台湾籍民数（1917—1926 年）

年份	实数 / 人	以 1917 年为 100 的指数
1917	2883	100
1918	3374	119
1919	3516	124
1920	3765	133
1921	4423	156
1922	5526	184
1923	5816	205
1924	6168	218
1925	6539	238
1926	6832	242

资料来源：福建省档案馆、厦门市档案馆编《闽台关系档案资料》，鹭江出版社，1993，第 6 页。

据史料记载，1930 年，在厦门的日本人有 354 人、日籍台民有 7476 人；1933 年，在厦门的日本人有 300 人、日籍台民有 8700 人；1936 年，在厦门的日本人有 828 人、

---
① 参见陈小冲主编《厦台关系史料选编（1895—1945）》，九州出版社，2013，第 328 页。

日籍台民有8874人[1]。

　　日籍浪人于20世纪初开始进入厦门。较早的一批是1905年来到厦门的李康、林阿虎、康守仁等人[2]。这些人来到厦门后，在厦门石皮巷等处开设赌场，这些场所遂成为日籍浪人的聚集之地。他们的活动很快就受到日本驻厦领事馆的重视。在领事馆的指使下，他们组织成立东瀛公馆。1912—1913年间，台湾秘密组织"二十八宿"的中坚分子柯阔嘴，以及武德会的要角郑有义、李良溪、林清埕等人，带领大批日籍浪人来到厦门。此后，林滚、王昌盛、王海生、谢阿发等人也陆续来到厦门。

　　进入厦门的日籍台民来自台湾各行各业，既有经商者、教书者、行医者、求学者，也有流氓地痞等。这些日籍台民来到厦门以后，在当地形成了一个庞大的群体。综合来看，来厦门的日籍台民大致可以分为三类："（一）旧派台民。此类台民，系指旅厦十年以上，乃至二三十年者。若辈来厦之初，多系无产阶级，或为在台无业浪人，到此之后，恃其特殊势力，因而经商致富，建置不动产，渐与当地居民通婚，结为姻娅，养生送死既无可憾，则莫不视此间为乐土，而不思移家返台。且若辈既有财产，一切举动，较见驯良，对于地方治安上之危险，亦逐渐减少。（二）新派台民。此类台民，系指最近数年内新来者而言，多系无产青年或凶狠残暴之痞棍，在此保镖走私、劫夺加暴、烟厕、小典、妓寮、高利贷等不法营业，皆其生活之途径，破坏安宁秩序，形成间阁心腹之患。且此辈本无恒产，在厦犯罪，被配回台，不久又复潜至，华民畏之如虎狼，恨之刺骨。（三）当地华商取得台籍者。在厦经商有年之华民，昔在军阀统治时代，每因官厅派款频繁，或横遭搜索逮捕，遂贸然加入台籍。近年因避免税捐，被诱入籍者，亦繁有徒。"[3]

　　在厦台湾同胞中，大多是正当的工商业者和爱国人士，但其中也有一些认贼

---

[1] 中国人民政治协商会议厦门市委员会文物委员会、厦门市博物馆筹备处编《厦门史料辑录》第二辑，1961，第9页。

[2] 洪卜仁：《洪卜仁学术文集》，鹭江出版社，2018，第353页。

[3] 厦门市档案局（馆）编《近代厦台交流档案资料选编》，厦门大学出版社，2017，第111—112页。

作父，以日本籍民身份为护符，依靠日本驻厦领事馆的庇护，在厦门占山为王、强买强卖、胡作非为。日籍浪人便属于这一类。

日籍浪人多数是台湾当地帮会或流氓组织的成员。这些人的存在与活动，曾给日本统治台湾造成极为不利的影响。日本人为治理他们，一方面对台湾当地的帮会、流氓组织及其成员采取强硬措施，直接进行镇压；另一方面对帮会、流氓组织进行分化瓦解、各个击破，随后将其成员驱逐至厦门。此外，还有一些是在台湾的作奸犯科之徒，因在台湾作恶而不被台湾总督府所容，不得不逃窜到厦门。例如林滚，此人自幼流氓成性，因在台湾犯案，于1915年逃亡厦门。到厦门后，林滚恶习不改，继续为非作歹。厦门台湾同乡会将他在厦门的"表现"报告给日本驻厦领事馆，竟得到日本驻厦领事的"认可"。此后，林滚在日本驻厦领事馆向日本天皇宣誓效忠，并缴纳300元保证金后，其在台湾的犯案记录被撤销，成为日本驻厦领事馆豢养的、专门祸害厦门人民的爪牙。

在这里有必要特别说明日本侵略者对日籍浪人来到厦门前后的两种截然不同的态度。在日本侵略者看来，日籍浪人在台湾时因扰乱社会治安、不利于日本的殖民统治，被视为"暴民""有害群体"，是必须镇压的对象。但当日籍浪人被台湾总督府遣送到厦门后，日本驻厦领事馆便对其加以培养和利用，使其成为侵略渗透厦门的工具。日籍浪人为日本驻厦领事馆收集情报、扰乱社会秩序，此时在日本驻厦领事眼中，他们反而变成了"良民"，成了可利用且需保护的对象。如前文提到的林滚，从台湾到厦门后，便由台湾总督府眼中的"暴民"转变成日本驻厦领事馆眼中的"良民"。另有一类被日本殖民者和台湾总督府视为真正"暴民"的台湾人，是反抗日本占领台湾的义勇志士。无论他们身处台湾，还是内渡到厦门之后，台湾总督府和日本驻厦领事馆始终将其认定为"暴民"。

日籍浪人是日籍台民中的一部分，这些人多数是台湾当地的流氓，除了争强斗狠外，本身既无学识，也无技术与资本。在日籍浪人来到厦门之时，当地的商业环境已无太大的施展空间，即便进入工商领域，也只能以强取豪夺、强买强卖的方式维持经营。而且，日籍浪人属于朝三暮四之辈，根本没有长远的打算。因此，走私、贩毒、放高利贷、设赌场、开妓院等就成了日籍湾浪人的首选。在20

世纪二三十年代，厦门市区遍布烟馆、赌场、妓院，就是日籍浪人的"功劳"。

日籍浪人之所以如此嚣张，且明目张胆地从事这些行业，主要原因是他们拥有日本籍民身份，得到日本驻厦领事馆的庇护。近代中国因国家贫弱，饱受列强欺凌，外国人在中国享有"治外法权"。当时，西方列强驻厦领事馆会向外国人发放证明身份的牌子（称为"籍牌"），外国人凭"籍牌"即享有特权。日籍浪人到厦门后，向日本驻厦领事馆申领"籍牌"，凭此即可得到日本驻厦领事馆的保护，可随意开设洋行、商店。日籍浪人将标志其身份的牌子，如"日籍××洋行""大日本籍民×××寓"，悬挂在住所或经营场所门口，以此显示其主人为日本籍民，既不向地方政府纳税，也不受地方政府管理。"兹则泉漳之人只须用一人曾入台籍者，即称为日本商人，可以任意开设洋行。如近日厦门林姓并未禀呈领事，即开设嘉士洋行，并栈十数家，且皆在内街僻巷，以便走私。厘局巡丁不敢向之巡缉，上干国宪，下犯商规。现如该商者，亦可谓贸易中之肆无忌惮者矣。"[1] 由于日籍浪人所开设的洋行、商店数量多，且因非法经营占有竞争优势，本地商人受到打击。加之日本海军常年游弋在厦门近海，日本在台驻军也随招随到，中国政府军事实力无法抗衡，外事交涉更无底气，日本驻厦领事馆因此一向气焰嚣张，日本"籍牌"也更具威慑力。受此影响，本地一些不肖商人纷纷效仿，或申请加入日籍、获取日本"籍牌"，或直接冒名日籍，导致悬挂日本"籍牌"的商号大量出现。1906 年，厦门华商挂洋商牌号的有 340 家。其中，挂英国牌号的有 53 家，挂美国牌号的有 10 家，而挂日本牌号的有 239 家。[2] "试查厦门市之富商店号，其隶于外国籍者十有五六，有英商、法商、德商、日商、日本商等之分（其书日商者为西班牙籍，书日本商者则为日籍台民及归化日本者也）。有此外商记号，则有外国保护，得安然在清官之权力外而绝无顾虑。"[3] 日籍浪人不仅自身

---

[1] 李向群主编《近代厦门历史资料汇刊：申报纪闻》第二册，厦门大学出版社，2020，第 423 页。

[2] 中国人民政治协商会议厦门市委员会文物委员会、厦门市博物馆筹备处编《厦门史料辑录》第二辑，1961，第 13 页。

[3] 李向群主编《近代厦门历史资料汇刊：申报纪闻》第四册，厦门大学出版社，2020，第 314 页。

利用"籍牌"从事不法营生，还将"籍牌"出租给厦门本地不肖商人，从中坐收保护费。日籍浪人多为外来者，且多数无财力可言，无法打入当地早已形成的一般商业团体与之竞争。但他们却能享受治外法权，可不服从中国的税权及裁判权等，于是便从事非法的鸦片买卖；并且，他们在"原有之武力及无往不利之治外法权之掩护下，可投机营商，而逐渐累积资力者渐多"。除自行经营外，他们还会将日籍名义"借给有意冒用治外法权之优惠地位之中国人，每月可坐收几十元之名义借用金，如此不劳而可获暴利之人为数不少"。[1]

大批华商悬挂外国"籍牌"，导致国家对经济管理失控、地方经济权益外溢，税费无从征收。政府为保障财政收入，只能增加华商税赋。1924年7月，刚入主厦门的海军当局为筹措军饷，准备向商家征收"公安济用捐"，此举引起商界强烈反抗。原因就是该捐只向华商征收，洋商无需缴纳。厦门商民要求海军当局一视同仁，并成立"拒捐团"，准备发起全市大罢市。当时，厦门商人中寄籍外国的占半数以上，而这些洋商中又以挂靠日籍者最多。当厦门交涉员公署致函日本驻厦领事馆，要求日籍商人一律纳捐时，日本驻厦领事明确表示日本籍民拒缴"公安济用捐"，并通知日本籍民不必纳捐。海军征收"公安济用捐"一事最终无疾而终。

日籍浪人凭借日本驻厦领事馆的庇护，以及西方列强通过不平等条约取得的治外法权，在厦门享受特殊权利，从事本地人不敢涉猎的经营活动。这些日籍浪人作为日籍台民中的奸佞之徒，大多涉及黄、赌、毒及走私等不法行业，流氓成性、无法无天；再加上有日本"籍牌"这一护身符，便更加为所欲为。他们走私贩毒，开设赌场、妓院，甚至公然杀人越货，无恶不作。

走私，是日籍浪人最主要的营生。他们利用厦门与台湾、香港的地理便利，猖狂地进行走私、贩私活动：从台湾走私进口布匹、人造丝、味素粉、沙丁鱼、日用杂货、台糖、煤油，甚至吗啡、军火等；从香港走私进口罐头、烟、酒、洋参、西药及鸦片等；从厦门走私出口黄金、白银、珠宝、古玩文物、外币等。日

---

[1] 参见汪方文主编《近代厦门涉外档案史料》，厦门大学出版社，1997，第151页。

籍浪人的走私活动，导致外来商品充斥本地市场，沉重打击了当时的民族工商业。由于走私逃避关税，厦门海关也因对台湾进口货轮进行检查，时常与日籍浪人产生矛盾，这成为厦门海关常年面对却又难以解决的问题。例如，往来厦门与台湾之间的"水客"（过去福建对随船帮人携带货物者的称谓）走私，就是海关经常遇到的问题。当时，厦门是日货进口的重要口岸，布匹、杂货常由水客带入。台湾来厦客轮每周两艘，每轮来客常在数百甚至上千人，这些水客所携货物均挟藏行李包内，不仅人数众多，携带数量也极大。台湾水客自恃为日本籍民，有特殊背景与护符，海关关员检查异常困难———一艘台湾轮船进港，常常需要进行一整天检查。面对台湾水客的走私活动，厦门海关关员时常进行针对性严查，破获了多起台湾水客走私案件。台湾水客因此非常仇视海关关员，不仅抵制海关关员检查，还时常与关员发生冲突，关员也经常被殴打。台湾水客聚众向海关强索被没收货物之事屡见不鲜，税收损失更难计数。有时纠纷扩大，海关税务司临时请日本驻厦领事派员下轮弹压，也无济于事。不得已，厦门海关税务司只好与日本驻厦领事交涉解决台湾水客走私问题。经过谈判，厦门海关与日本驻厦领事馆缔结《台人输入货物协定》。该项协定于1935年8月29日签字生效。协定规定"每次由基来厦轮船，所载公会（指厦门台湾公会）会员，以三百名为限""各会员准带包件，以四件为限"[①]。这一协定实则使日籍浪人的走私行为变相合法化，走私问题并未能得到根本解决。

除走私普通货物外，日籍浪人还与大陆军阀、土匪勾结，大做军火、鸦片买卖：他们向军阀、土匪销售军火，军阀、土匪则向他们贩卖鸦片，双方相互利用，荼毒生灵。其中，谢阿发、吴通周、林滚、王昌盛、柯阔嘴、谢龙阔等人都是走私贩毒活动中的活跃分子。出于培植日籍浪人经济实力、打击中国经济、制造大陆混乱、颓废国人精神的目的，日本驻厦领事馆对于日籍浪人的走私活动一直持鼓励和支持态度，不仅为他们提供便利条件，甚至帮助解决走私经费，要求台湾

[①] 李向群主编《近代厦门历史资料汇刊：申报纪闻》第九册，厦门大学出版社，2020，第239页。

银行贷款给他们。

贩毒,是日籍浪人从事的另一重要行业。由于贩卖鸦片利润极高,从事鸦片买卖的日籍浪人队伍在短时间内迅速壮大,他们或种植鸦片,或与土匪、军阀进行鸦片交易,或在厦门开设鸦片烟馆。据1926年相关资料统计,当年日籍浪人在厦门开设的鸦片烟馆有383户,鸦片原料进出口商87户,鸦片烟膏销售户83户,依赖鸦片行业生活的在厦日籍浪人在2000人以上。[①] 日籍浪人除了进行鸦片的走私贩卖之外,还勾结日本人在厦门秘密设厂,从事鸦片生产或对台湾运来的鸦片进行改装后运销各地。日籍浪人经营贩卖毒品,也得到日本驻厦领事馆的支持和纵容,主要体现在两个方面:一方面,日本驻厦领事馆示意当时的厦门台湾银行予以资金支持;另一方面,对日籍浪人经营的烟馆等发给"籍牌",保护其经营活动。更有甚者,日本驻厦领事馆对于日籍浪人的鸦片走私贩运活动,还派日本警察(日本驻厦领事馆设有警署,配备警察)给予保护。例如,曾厚坤每次通过日本船只运来大批鸦片时,日本驻厦领事都会派遣日本警察登船,为其起卸鸦片提供保护。在日本驻厦领事馆的纵容和支持下,日籍浪人开设的烟馆遍地开花。厦门市区寮仔后及麦仔埕一带因日籍浪人聚集,被当地人称为"烟窟"。当时,社会上流传"烟馆多于米店,妓院多于旅馆"的说法,就是这种现象的真实写照。在我国政府禁止鸦片贩卖期间,厦门地方官厅派警察前往取缔日籍浪人的烟馆,日籍浪人不仅抗拒执法,还公然聚众殴打警察。当厦门地方官厅与日本驻厦领事馆交涉时,日本领事竟然说"贵国烟馆尚未禁绝,未便委屈敝国臣民",公然阻挠我国禁烟活动。在军阀混战的年代,鸦片税是军阀筹措军饷的重要来源,军阀强迫闽南一带农民种植鸦片,日籍浪人则经营烟馆、贩卖鸦片,双方沆瀣一气,共同祸害闽南人民。日籍浪人对闽南人民的毒害程度,连日本侵略者自己也感到不安——"在日内瓦国际鸦片会议上,我日本帝国代表以台湾的鸦片专卖制度为典范游说各国代表,并获各国之承认,而此时此刻在一衣带水之厦门竟然有如此多数之日籍浪人直接、间接依赖贩毒谋生,前后彼此之矛盾莫此为甚!……如果遍

---

① 参见厦门市档案局(馆)编《近代厦门社会掠影》,厦门大学出版社,2000,第112页。

传世上，必遭各国之指责，而这些眼前之实际情形又难以隐蔽，无疑迟早将引起世界各国之注目"①。

赌博，作为旧社会民间的一大祸害，在日籍浪人来到厦门后被大肆推广。日籍浪人林滚（经营福鑫馆）、陈春木（在局口街设烟馆）、柯阔嘴（在水仙宫开义盛洋行）等都公开经营赌博业。②日籍浪人为获取赌博业的暴利，打着"普遍赌化厦门"的旗号，大肆开设赌场，设立名目繁多的赌博方式，如麻将、天九、大小等，而市民受害最深的则是所谓的"十二支仔"。"十二支仔"以象棋中的"帅、仕、相、車、馬、炮、将、士、象、车、马、包"十二字为底进行赌博，赌场从中选取一字装入小盒中，让赌徒猜押，猜中则赌场按押银十倍赔付。最初，赌博在赌场内进行，因赌场多、竞争激烈，且部分赌徒没时间前往赌场，部分赌徒（特别是家庭妇女）不方便前往赌场赌博，日籍浪人便开展送"赌"上门业务，当时称"封仔"。"封仔"这种赌博方式是赌场每天中午12时和下午3时各开"十二支仔"一次，赌徒则将每次要猜押的"字"和押银封入包内，赌场每次开赌前派爪牙到各赌徒家中收取封包。若赌徒猜中，赌场就将所中赌银送给赌徒，送银的爪牙从中按5%抽成；若赌徒未猜中，则押银归赌场。由于这种方式便于赌博，一时之间，厦门市内的无业游民、行商负贩，甚至好赌的家庭妇女都沉迷其中，不少家庭因此倾家荡产，甚至家破人亡。

开设妓院是日籍浪人祸害厦门的另一行径。日本侵略者在向厦门派遣大批日籍浪人的同时，也输入了大批妓女，在厦门大设妓院。这些妓院或由日籍浪人开设，或由其庇护，既不受地方官厅管理，也不缴纳"花捐"（当时政府向妓院征收的税收）。1929年，厦门地方政府命令所有妓院集中迁往大生里，但日籍浪人所开的妓院拒绝搬迁。当本地人开的妓院迁往大生里后，日籍浪人开设的妓院独占了市区的娼妓业务。由于妓院遍地，社会风气败坏，日籍浪人更是仗着背后势力逼良为娼、残害妇女。在"十八大哥"中，柯阔嘴、陈春木就以逼良为娼而

---

① 汪方文主编《近代厦门涉外档案史料》，厦门大学出版社，1997，第152页。
② 参见陈小冲主编《厦台关系史料选编（1895-1945）》，九州出版社，2013，第231页。

臭名远扬。

由于有日本驻厦领事馆的纵容和庇护，日籍浪人日益飞扬跋扈。他们的行径引起厦门地方势力的不满，先后酿成1913年的"台纪事件"、1923年的"台吴事件"和1924年的"台探事件"。在这三起轰动一时的事件中，除了"台吴事件"，其余均按照日本驻厦领事的要求，以惩处当地人、地方官厅向日本驻厦领事道歉、厦门商会向台湾公会道歉的方式了结。发生在1923年的"台吴事件"，是日籍浪人在与厦门地方势力冲突中，唯一一次没有占到便宜的事件。

"台吴事件"发生在1923年9月18日。当天，日籍浪人林汝材到大井脚林姓家中追讨"日仔利"（日籍浪人在厦门推行的一种高利贷），厦门保卫团团员吴森、吴香桂见状打抱不平。双方先是发生口角，继而演变成冲突，吴香桂遭枪杀。吴姓族亲闻讯，纷纷赶往救援。日籍浪人的"自卫队"（1923年，日本驻厦领事馆授意在厦日籍浪人组织"台民自卫团"）队长王庆云也率浪人赶至现场。双方在赖厝垾（今大元路）一带展开枪战。枪战中，吴姓族人又有人被杀。直到厦门警察厅派警察赶到现场制止，枪战方才停止。这一事件即被称为"台吴事件"。事件发生后，日本驻厦领事馆随即致电台湾总督府派兵来厦。9月20日，4艘日本军舰驶进厦门港海面停泊，并派海军陆战队强行登陆厦门示威。日籍浪人仗势大肆搜捕吴姓族人，并对被捕者滥施酷刑。他们的暴行激起了全市各界人士的义愤和抗议：厦门总商会、建筑工会及各界人民纷纷捐款抚恤吴姓死难者家属，并为保卫团提供经费，驻军臧致平部的中下层官兵也暗中用武器支援吴姓族人。随着事态的发展，日本方面也意识到局势对其不利，于是由日本驻厦领事馆密令台湾公会出面，邀请厦门总商会对事件进行调查。10月21日，中日双方代表在厦门总商会举行首次谈判，商讨"会商解决"办法。会议决定，由中日双方各派代表组成"调查委员会"和"台吴事件解决委员会"，分别负责调查和调解工作。在事件调查过程中，在鼓浪屿五个牌海边发现浮尸一具，日本驻厦领事硬说该尸体是被杀的日本籍民，要求厦门总商会赔偿人命，却拿不出任何证据。11月间，厦门总商会再次邀请中日双方代表开会谈判。最终，事件以"由总商会书面向台湾公会道歉，思明县知事向日本驻厦领事馆道歉"告终。而鼓浪屿所谓"日本籍民尸体"一案，则由厦门总商会捐募 1100 元交给日本领事馆了结。1924 年初，中日双方设宴 4 席于总商会，在碰杯声中宣告"台吴事件""和平"解决。

在此次事件中，未能占到便宜的日本侵略者一直耿耿于怀。1938 年 5 月，日本侵略军攻入厦门市区，一到将军祠便放火烧毁了吴姓宗祠——吴英祠，以此作为对"台吴事件"交涉失败的报复。

日籍浪人不仅走私、贩毒，经营烟馆、妓院、赌馆，还肆意行凶、抢劫，甚至公然与厦门军警对抗。

1923 年 11 月，厦门警察厅侦悉劫匪、日籍浪人自卫团成员金某行踪，即会同日本警察前往捉拿。在押解金某回警察厅途中，得到消息的日籍浪人自卫团成员 80 多人携带枪械分路包抄拦截，企图于途中解救金某，但没有得逞，金某被押入厦门警察厅。一向嚣张的日籍浪人竟将路过的驻厦闽军副官黄某及卫兵多人劫持，押往厦门台湾公会，想以此为人质交换金某。驻军闻讯，即调兵包围台湾公会（台民自卫团团部设于此处），要求交出黄副官，并派兵搜查。日本驻厦领事馆警察署警长前往调解。第二天，驻厦闽军再派兵围困日籍浪人自卫团，并逮捕携带枪械的日籍浪人。在厦日籍浪人惊慌失措，纷纷逃匿。日本驻厦领事鉴于事态严重，且日籍浪人实在无理，不得已向驻厦闽军表态进行查办。驻厦闽军提出：取消日籍浪人自卫团；自卫团成员一律缴械；犯罪日籍浪人由日领递解回籍讯办；赔偿黄副官医药费及损失；日本驻厦领事向臧致平道歉。日领事答应逐一照办，随后黄副官获释，并在台湾公会正、副会长的陪同下返回驻军总部。[①]

1923 年底，厦门地方官府因无力取缔日籍浪人的不法行为，于是与日本驻厦领事馆达成协议：厦门官厅通过禁止排日运动，换取日本驻厦领事馆取缔在厦日籍浪人的不法行为。协议达成后，厦门警察厅据此开展禁赌，并与日本驻厦领事馆警察署协同取缔日籍浪人开设的赌场。失去日本驻厦领事馆的庇护，日籍浪人赌场一时尽皆关闭，赌风大减，赌徒敛迹。失去经济来源的日籍浪人随即转向抢

---

① 参见陈小冲主编《厦台关系史料选编（1895—1945）》，九州出版社，2013，第 258 页。

劫掳掠，一时之间，厦门市面抢劫之风大炽，"白昼闹市抢劫之案，日必十数起"。1923年12月31日，为打击日籍浪人，驻军臧致平部发出布告，自1924年1月1日起，实行严密检查，"如遇有携带武器及暗藏手枪者在街游行，无论何人，非经本部特许者，概行逮捕，严行惩办。倘敢当场抗拒，即行格杀勿论，决不姑宽"[①]。厦门警察厅也出台了具体的查街办法。严查枪械的措施直指日籍浪人，因为日籍浪人携枪浪迹街巷、杀人越货几为常事，厦门劫杀案件几乎都是日籍浪人所为。1924年1月2日，即查禁枪械措施实施的第二天，厦门军警在厦门市区石埕街检查过往行人时，日籍浪人李某持枪抵抗检查，并向军警投掷炸弹，被军警当场击毙。此后，市区劫案依旧频发，厦门警察厅侦探与日籍浪人的枪战时有发生，半月之内被击毙的日籍浪人有4人。日籍浪人遭此沉重打击，于心不甘，怂恿日本驻厦领事向厦门官厅抗议。日本驻厦领事致函臧致平，威胁称"敝国籍民若再受此不安，本领事自应出于不得已之处置"，要求臧致平"严行约束部下"，并提出缉凶、撤换警察厅厅长、赔偿、道歉四项要求。臧致平接到日本驻厦领事的公函后，在司令部召开会议讨论，决议据理驳斥日本领事，继续严查枪械。日本领事的介入，助长了日籍浪人的气焰，市面上行凶抢劫之风更加猛烈，日籍浪人公然与军警枪战对抗。臧致平也毫不妥协，坚持以武力应对。臧致平的强硬姿态招致日籍浪人忌恨，狗急跳墙的日籍浪人竟然策划推翻臧致平政权。日籍浪人与当时驻扎漳州的王献臣部勾结，准备内外夹击攻击臧致平部，约定于2月1日夜行动：日籍浪人作为内应攻打臧军司令部并纵火，王献臣部同时于嵩屿炮击厦门，并伺机渡海占领厦门。臧致平得知消息，提前采取行动，击毙日籍浪人头目；同时颁布戒严令，在全市严密布防，致使日籍浪人阴谋未能得逞。此后的两三日，军警与日籍浪人持续交火，日籍浪人始终未能讨得便宜。2月4日，日本驻厦领事前往臧致平司令部，提出撤换警察厅厅长、缉凶、赔偿三项条件，要求2月10日前给予答复。在此期间，日籍浪人仍四处抢劫、绑票等恶行。2月10日，臧致平拒绝了日本领事提出的条件。对于日籍浪人的种种暴行，厦门人民极

---

① 陈小冲主编《厦台关系史料选编（1895—1945）》，九州出版社，2013，第260页。

为愤慨，而臧致平在与日本驻厦领事交涉过程中的表现则得到了厦门人民的认可。2月12日，厦门市民大会发出传单，决定召开公民大会，并向国内外发出通电："自厦门劫匪横行，官厅搜枪后，日领借口日籍台民被杀，提出三条无理要求，复调舰示威，声言要求无效，即派陆战队登岸自由行动。事关国权国体，乞一致声援，为厦人后盾。"① 在厦日籍浪人不甘心失败，2月16日夜，再次与王献臣相约发难，在市区6处同时放火。当军警前往灭火时，日籍浪人竟向军警开枪、投掷地雷，制造混乱以阻止救援。由于军警处置得力，日籍浪人阴图谋再告失败。此后，日籍浪人依旧横行无忌，与厦门军警、侦探的冲突也越来越激烈。臧致平要求日本驻厦领事在双方交涉期间应约束日籍浪人，但日本驻厦领事馆不仅未加管束，反而在日籍浪人的怂恿下，先后调来3艘军舰（"对马"号、"大井"号、"杉"号，"松"号原泊厦门）到厦门进行威胁。日籍浪人的恶行不仅让厦门陷入混乱、商业凋敝、民不聊生，甚至连日籍商人也无法正常营业。这些日籍商人更担心日籍浪人在厦门的行径激起民愤，再次引发抵制日货运动，因此要求日本驻厦领事取缔在厦日籍浪人，和平解决冲突。驻厦英、美等国领事馆对于日本的蛮不讲理和武力恫吓也十分不满。在各方压力下，日本驻厦领事不得已妥协。臧致平也认为，治下地方冲突不断并非长久之计，加之还面临海军势力抢夺地盘的威胁。于是在1924年3月，双方达成协议：日本驻厦领事馆取缔日籍浪人，臧致平将军警机关所有侦探迁驻磐石炮台；李清波的游击营则一部移驻司令部，一部迁驻磐石炮台；厦门警察厅厅长陈为桃辞职。至此，中日双方关于厦门军警、侦探与日籍浪人冲突的交涉暂告一段落，但厦门侦探与日籍浪人的冲突并未彻底平息。

1924年五六月间，厦门又发生"台探事件"。这一事件也直接催生了日籍浪人组织"十八大哥"。

在近代中国，由于军阀连年混战，地方主政者频繁更迭。1923年冬，福建军

---

① 李向群主编《近代厦门历史资料汇刊：申报纪闻》第七册，厦门大学出版社，2020，第301页。

阀混战再起，海军乘机扩展势力，成立闽厦海军警备司令部。1924年4月，臧致平部退出厦门，海军接管厦门，杨树庄任司令。海军主政厦门后，设立厦门海军警备司令部，在杨树庄的力荐下，林国赓出任该司令部司令。

海军入厦后，在厦日籍浪人以为海军比臧致平更容易对付，大有轻视海军之心，再度开始为非作歹。对日籍浪人的行径，林国赓十分反感，并采取措施进行打击。为对付日籍浪人，林国赓以臧致平时期的侦探队为基础，组建新的侦探队，以林明为队长，专门打击无恶不作的日籍浪人。日籍浪人与侦探队之间再度爆发严重冲突，且愈演愈烈。当年五六月间，日籍浪人陈跷全等人到厦门市区九条巷侦探李有铭开的"金凤"妓馆寻衅滋事，双方发生冲突，李有铭及一名地痞被杀害。海军陆战队队长马坤侦闻讯极为恼怒，当即下令侦探队全体出击，包围市区麦仔埕日籍浪人陈粪扫的公馆。陈粪扫等日籍浪人被围后，随即居高临下开枪抵抗。侦探队久攻不下，便放火烧屋，日籍浪人被迫从屋顶逃跑，侦探队开枪射击，当场击毙三四人。日籍浪人且战且退，侦探队员一路追击，双方从麦仔埕一直打到开元路，其间侦探队有一人被打死。这就是"台探事件"。事件发生后，日本海军陆战队登陆厦门示威，林国赓见事态扩大，派人找日本海军司令和日本驻厦领事协商。"台探事件"的最终结果是：日本驻厦领事馆将陈粪扫等20余名日籍浪人遣送回台湾；厦门方面则将警察厅厅长撤职，并将侦探队成员李清波枪毙。

"台探事件"后，日籍浪人的嚣张气焰有所收敛，但并未洗心革面、安分守己。日籍浪人在对事件进行"反思"后认为，在与厦门地方势力对抗过程中，仅靠单枪匹马难以抗衡，有必要将日籍浪人团结起来。此时，日本驻厦领事也有整合在厦日籍浪人势力的意图。于是，林滚等人召集各派日籍浪人头目，在金鸡亭结拜为兄弟，成立"寿星会"。先后参与结拜的有谢阿发、王海生、何兴化、林滚、李龙溪、郑有义、柯阔嘴、陈戆明、王阿海、林清埕、陈猴猴、陈春木、陈粪扫、林猪哥、吴子春、郑明德、张维源、陈木土等十八人，被称为"十八大哥"（关于"十八大哥"的具体成员，也有其他说法）。

日本驻厦领事馆引入日籍浪人的真正目的，是培植侵华势力——或通过他们搜集情报，或利用其实施"以华制华"策略，在厦门扰乱社会秩序、荼毒生灵，从事祸国殃民的勾当。

"十八大哥"形成后,以日本驻厦领事馆为后盾,以贼心魔掌为本钱,在厦门封疆画界、横行无忌,厦门人莫不恨之入骨。但这些日籍浪人的行径契合了日本驻厦领事的图谋。为充分利用日籍浪人,日本驻厦领事馆和台湾总督府根据日籍浪人的狡诈程度,分别予以任用。例如,谢龙阔、王昌盛等人,都是受命于台湾总督府,来厦门从事政治活动。

谢龙阔毕业于日本帝国大学,曾接受日本间谍训练,为人奸诈,深受日本侵略者信任,也得到台湾当地秘密组织"廿八宿""武德会"等推崇。他一到厦门,就被日本驻厦领事馆委任为全闽新日报社社长。为引起各方势力的注意,谢龙阔组织了所谓的"东亚共同促进会",以厦门人与台湾人互相"尊重""亲善"为口号,拉拢一些奸商、文化界的败类及土匪、流氓加入。他特别注重拉拢土匪头子,借助土匪力量既打击中国国内革命进步势力,又为日本日后侵略厦门培植势力。1930年,谢龙阔赴华北,受关东军唆使,在平津一带活动。当年溥仪出奔东北、汤玉麟不战而溃、石友三叛变、吴佩孚受威胁等事件,他均有参与。

另一个日籍浪人头目王昌盛,也是日本驻厦领事馆的红人。在日籍浪人中,除谢龙阔外,王昌盛最具势力。王昌盛虽非"十八大哥"成员,也未霸占地盘、豢养爪牙,但与各地土匪联系密切,深得泉州、永春等地土匪信任。当时,厦门的大宗军火、鸦片等买卖均与王昌盛有关。他从日本方面取得军火,与土匪换取鸦片和金钱,一方面壮大土匪声势,使其为祸福建十余年;另一方面让土匪的鸦片流毒闽南,以此腐蚀闽南人民的民族精神,其罪恶及危害远超"十八大哥"。全面抗战爆发后,在厦日籍浪人撤回台湾,而王昌盛仍藏匿于鼓浪屿,网罗一批没有撤退的日籍浪人,组织成立所谓的"邦人义勇团",准备在日军进攻厦门时充当内应。厦门、汕头沦陷后,王昌盛出任日本特务组织兴亚院厦门联络部和汕头伪市政府顾问,积极从事特务活动。[1] 由于他替日本驻厦领事馆起到勾连官匪的作用,深得日本人、当地流氓及土匪的信任,加之资历较深,成为主张"文治派"日籍

---

[1] 参见洪卜仁:《洪卜仁学术文集》,鹭江出版社,2018,第356页。

浪人的头目。

在日籍浪人的一系列恶行中，最为嚣张之举当属阴谋策划"华南国"的活动。1932年"一·二八"事变后，曾参与抗日的国民党第十九路军被蒋介石调到福建"剿共"。十九路军意识到国难当头之际"剿共"没有出路，遂于1933年11月22日在福州成立中华共和国人民革命政府（即"福建人民政府"），并发布内外政策。为稳定社会秩序，十九路军采取了一系列措施打击闽西南土匪，这些土匪的头目纷纷逃至厦门，躲藏在日籍浪人开办的东南旅社、福星馆等处。为对付十九路军，蒋介石派杜起云到厦门联络拉拢闽西南土匪。杜起云到厦门后，竟勾结日本特务、日籍浪人，策划成立伪华南国。他在厦门市区思明北路海陆春旅社设立办事处，与日本间谍泽重信，日籍浪人林滚、谢阿发、陈春木、王昌盛等，搜罗一批闽西南各属土匪（如长泰的叶文龙、德化的张雄南、华安的吴仔赐、海澄的郭老腔等），自任首领，以日籍浪人吴万来为秘书长兼人事主任，以谢阿发为总指挥，组织伪华南国。伪华南国颁发伪旗、关防、印信，委任伪职，并收拢各地土匪组建伪福建同盟军。杜起云的卖国阴谋被揭露后，蒋介石迫于压力，逮捕并枪毙了杜起云。伪华南国随之宣告流产。

随着侵略野心的不断膨胀，日本对厦门开展间谍特务活动的力度越来越大，越来越猖狂。除日本驻厦领事馆官员、日本在厦门各类机构的雇员从事间谍特务活动、搜集各类情报外，日本方面还利用人数众多的日籍浪人为其刺探情报。1935年7月4日，日本驻厦领事馆召集日本居留民会会长原田幸雄、台湾公会会长林木土及简士元、泽重信、江文钟等在领事馆开会。会议对开展特务活动作出一系列决议：（1）由林木土、简士元负责联络华侨，林绍裘、洪雪堂、杨德彩、黄超群、谢镜波等人负责联络厦门富绅，组织中日经济联谊会厦门分会，以开采福建矿产、修建铁路；（2）由泽重信、江文钟负责侦察蓝衣社，监视公安局侦缉处蓝衣社社员刘汉东及连良顺派之行动，搜集证据并侦察厦门与内地驻防军的兵力、飞机数量与式样，以及各长官姓名；（3）台湾总督府驻厦特派员泽重信、日本军部情报员江文钟选派一批调查员，请日领予以保护，具体调查人员及调查任务为：吕天宝，调查交通路政；施范其，调查金融机构；施志霜，调查民众团体、党部；吴少春，调查厦门流氓。

为加强情报工作、提高情报收集与转发效率，日本方面于1936年4月6日由田岛泽丰召集厦门特务机关开会，宣布：日本驻福州、厦门、广州、香港、汕头等地领事，原受日本外务省指挥、台湾总督府监督，现改为直接由台湾总督府指挥，并要求特务机关加紧工作。①1937年春，日本海军水上特别攻击队多次派遣间谍侦察胡里山、白石、磐石等处炮台，中国守军发现后，击毙杉繁春等3名间谍。②七七事变后，日本间谍特务公然闯入厦门市各政府机构搜集情报。

1936年，日本特务与日籍浪人还在厦门策划"福建自治运动"。同年4月7日，在日本人的指使下，日籍浪人、特务林火星在鼓浪屿召开"福建自治委员会"会议，与会者17人，会上秘密讨论了《福建自治章程》及发展汉奸为日寇效命等议题。③9月，日本人从上海运来大批铅印的《中日提携要览》小册子，在市面公开散发，并宣称将在厦门开办宣传"福建自治"的训练班，"渠等此来系办理招收学生事宜"④。但最终，日本侵略者的阴谋没有得逞。

1936年6月15日，台湾总督召集日本驻福州、厦门、汕头、香港、广州领事开对岸会议，会议作出以下决议："（1）极力分化京粤合作，阻碍统一；（2）加紧策划闽省自治组织，如各种会社等；（3）供给民军枪械、军费换取安溪矿权；（4）庇护汉奸、浪人，扩大走私及垄断广东财政权；（5）扩大厦门旭瀛书院及福州东瀛学校；（6）增设华南科学研究所及文化图书馆；（7）扩充本愿寺之传教机关。"⑤

同年，台湾总督府派日籍浪人谢阿发在厦门组织伪自治政府筹备处，设总机关于厦门盛发祥洋行内。筹备处分两系：一是台湾系，直属日本驻厦领事馆；二

---

① 参见洪卜仁主编《厦门抗战岁月》，厦门大学出版社，2015，第18页。
② 参见洪卜仁主编《厦门抗战岁月》，厦门大学出版社，2015，第11页。
③ 参见洪卜仁：《洪卜仁学术文集》，鹭江出版社，2018，第374页。
④ 厦门市政协文史资料委员会编《抗战时期的厦门》，鹭江出版社，1995，第46页。
⑤ 洪卜仁主编《厦门抗战岁月》，厦门大学出版社，2015，第16页。

是东京系，直属于日本海军武官。为侵占厦门，该筹备处制定了如下计划：由台湾军部接济军械2000支，劫夺厦门各银行法币为购买军械之用，拟先夺取厦门、金门为根据地；同时，计划派人前往天津联络曾任厦门镇守使的臧致平来厦门主持局势。此伪组织下设有两个筹款组织：一是"青年铁血团"，团长江天锡；二是"刑海道"，负责人谢阿发派陈七至漳属南乡、曾少乾至鼓浪屿、黄国泰至海澄、黄河东至东美、郑凌云至北港一带掳人勒赎，收取旗仔费，作为活动费用。①

日本驻厦领事山田芳太郎还授命山香及庄等人组织华南青龙会创立委员会，设事务所于鼓浪屿日本驻厦领事馆内。山香及庄奉命后，召集"十八大哥"先以"义务消防队"名义，组织武装团体，为侵略华南培植力量。②

日本人还向宗教领域渗透，利用宗教为其侵略活动服务。日本人原田幸雄发起组织"敬佛会"，在厦门新南旅社设立机关，原田自任顾问，台人蔡吉堂、吴万来等主持会中事务，经费由"亚细亚联盟会"拨发，在漳州、泉州等地设立分会，以"敬佛"为名，联络各地流氓、土匪开展阴谋活动。③

在日本帝国主义侵略厦门的过程中，厦门台湾公会也扮演了极不光彩的角色。厦门台湾公会组建于1906年9月，由台湾人施范其、殷雪圃、庄有才、庄文星、王子坚、黄而学、朱树勋等人发起筹办。筹备工作持续数月，包括制定章程、发展会员、招募员役等。在此期间，1907年春，日本驻厦领事由濑川浅之进接任，其对台湾公会的筹备十分关注。1907年5月，各项筹备工作就绪，台湾公会在厦门寮仔后天仙茶园召开成立大会。成立大会邀请地方文武长官及绅学商各界名流参加，日本驻厦领事濑川及领事馆馆员等均到场，兴泉永兵备道刘庆汾也参加会议并发表演说。成立大会上，施范其当选为公会首任会长，殷雪圃当选副会长，

---

① 参见福建省档案馆编《日本帝国主义在闽罪行录（1931—1945年）》，福建人民出版社，1995，第3页。

② 参见洪卜仁主编《厦门抗战岁月》，厦门大学出版社，2015，第16—17页。

③ 参见福建省档案馆编《日本帝国主义在闽罪行录（1931—1945年）》，福建人民出版社，1995，第6页。

选出议员12名。厦门台湾公会的成立，源于"台厦民族，本同声气，台厦地理相亲相近，而商业与经济，又如水乳之交融，其对于旅厦台民创立中心机关，对内图谋侨胞之幸福，对外借以调和两方情感，此又必要之设备者也"[①]。公会成立之后，秉承这一宗旨开展各项活动，在公会会务、联络旅厦台民、会馆建设、办学、经济文化交流等方面颇有成效。但没过多久，该公会便被日本驻厦领事馆控制，沦为日本侵略者的情报收集机关和特务活动据点，公会内部分人员（如林木土等）甚至直接参与日本的情报、特务活动。1936年3月1日，按照日本驻厦领事馆的要求，厦门台湾公会改组为台湾居留民会。台湾公会不仅纵容日籍浪人为非作歹，还在事后对其进行窝藏和庇护。有时候，日籍浪人因杀人、抢劫被官厅抓捕，台湾公会便会出面调停；如果民愤过大，日本驻厦领事馆不得不将其暂时遣送回台湾时，台湾公会也会发放一笔遣送费。在20世纪一二十年代厦门先后发生的"台纪事件""台吴事件"和"台探事件"的处理过程中，台湾公会与日本驻厦领事馆串通一气，充当了日籍浪人的帮凶。

抗日战争全面爆发后，1937年8月，台湾公会成员多数随日本驻厦领事馆撤离，一部分顽固分子则藏匿在厦门，继续为日本侵略者卖命。已撤离的台湾公会职员也心怀叵测，期盼日军占领厦门，以便重返此地。1938年2月，台湾公会会长陈长福前往东京与日本外务省商讨厦门"复兴"问题，得到日本外务省的支持。回到台湾后，陈长福宣称："我们运气很好……获赠了11万元。每个户主可得50元，家属可得10~20元当作厦门和平光复后返回厦门的旅费。另，每个人还可以申请不低于200元的复兴费。"[②]1938年5月10日，入侵厦门的日军部队向市区发起进攻时，潜伏在厦门的日籍浪人到前线为日军充当向导，引导日军向市区推进，并在市区散布谣言、制造混乱；台湾公会则在会馆屋顶升起日本太阳旗。5月11日，在上海的厦门台湾公会会长陈长福、副会长简士元及林木

[①] 陈小冲主编《厦台关系史料选编（1895—1945）》，九州出版社，2013，第158页。
[②] 李向群主编《见证：1938厦门——日寇入侵厦门前后报刊史料汇编》，厦门大学出版社，2015，第124页。

土等人召开"庆祝"会,为日军侵占厦门唱赞歌,还表示"真想早日回去重新复兴厦门"[①]。

1938年6月20日,由厦门台湾公会改名的台湾居留民会事务所在厦门恢复活动。其间,刘寿祺担任台湾居留民会会长,他于1940年3月10日发表《促台湾居留民自戒自肃注意书》。1940年12月10日,日本驻厦总领事馆发布第4号令,将厦门日本居留民会与厦门台湾居留民会合并。新成立的厦门日本居留民会采用两部制:第一部为日本人,第二部为日籍浪人。1942年4月1日,厦门日本居留民团成立,由日本驻厦总领事石川指定堀透为正议长,蔡培楚为副议长,楠本三九儿为参事会正会长,陈基为副会长。同年4月15日,日本驻厦总领事馆批准厦门居留民团各项条例,该团体自此完全沦为日本侵略者对厦门实施殖民统治的工具。1945年8月,日本宣布投降,中国抗日战争取得胜利,厦门日本居留民团随之停止活动。

第三节　强划租界擅设警署　屡屡侵犯我国主权

在近代,西方列强对我国的侵略,主要通过三种方式进行:一是通过军事手段侵占我国国土,并在被占领土上实行殖民统治,如台湾、东三省先后被日本占领,遭受长期殖民统治;二是通过不平等条约在我国领土上强划租界,如西方列强在上海、天津、厦门等地设立租界,在租界内实施殖民统治;三是通过签订不平等条约攫取其他利益,如通过签订《南京条约》等,获取政治、司法、通商等特权。日本在侵略厦门的过程中,也采用了这三种方式。

---

① 李向群主编《见证:1938厦门——日寇入侵厦门前后报刊史料汇编》,厦门大学出版社,2015,第141页。

（一）强索虎头山租界

当西方列强在天津设立租界时，日本帝国主义的野心更大，除与其他列强依据《北京条约》《天津条约》等不平等条约在天津设立专管租界外，还提出了更多要求。1896年9月13日，日本政府与清政府在北京签订《通商口岸日本租界专条》（又称《通商公立文凭》或《公立文凭》）。《公立文凭》第一款规定：添设通商口岸，专为日本商民妥定租界，其管理道路以及稽查地面之权，专属该国领事；第三款规定：日本政府允中国政府任便酌量课机器制造货物税饷，但其税饷不得比中国臣民所纳加多，或有殊异。中国政府亦允，一经日本政府咨请，即咨上海、天津、厦门、汉口等处设日本专管租界。[1]据此规定，日本政府向清政府索要厦门城外与鼓浪屿相对的火仔垵、沙坡头及其中间各该沿海一带背后至山岭之地方12万坪（1坪约合3.3平方米），嵩屿及大屿对面鼓浪屿之沿海地方10万坪，共合22万坪，作为日本的专管租界。[2]

弱国无外交。面对日本帝国主义的勒索，清政府虽然认为"该署使索地22万坪之多，亦恐包罗太广"[3]，但也无力抗争，只能命令闽浙总督边宝泉转饬兴泉永道周莲办理。

光绪二十三年（1897）3月，周莲指派厦门海防厅同知张兆奎带船政学堂学生林兆燕前往厦门港沙坡头一带勘测划界绘图。厦门港居民闻讯群起反对，划界工作无法进行，只能停止。

光绪二十四年（1898）夏，周莲离任，划界事宜由护道管元善接办。由于当地居民的反对，管元善不敢贸然划界。日本方面急于得到厦门专管租界，不停施

---

[1] 中国人民政治协商会议厦门市委员会编《厦门的租界》，鹭江出版社，1990，第242—243页。

[2] 参见中国人民政治协商会议厦门市委员会编《厦门的租界》，鹭江出版社，1990，第242页。

[3] 中国人民政治协商会议厦门市委员会编《厦门的租界》，鹭江出版社，1990，第242页。

压地方官府，福建官厅又由于当地居民反对划界工作，一再拖延，引起清廷总理衙门不满。5月，闽浙总督边宝泉回复总理衙门："厦门地面逼窄，与津、沪、汉各口不同。三十年来，各国行栈皆系随宜租地，与民错处，向未划有专界。如日本立界，各国必纷纷续请，势难遍给……惟中日两国，前因抵换利益，公立文凭，势难阻其设界。本衙门现就折开可以酌租之处，照会该使，令饬领事与厦门道和平相商，指定一处作为日本专界。惟海滨沙漠之区，恐未餍其欲耳。"① 面对日本驻厦领事馆一再催促施压，闽浙总督不得已另外指定厦门"南岸沙坡头之东，过水操台，名沙波尾，长宽均约八十丈，居民坟墓尚不甚多；又西岸浮屿外，有海滩一片，地名海岸，并无居民坟墓，但须稍事填筑。此两处或可酌租一处"②。对这两处地方，日本驻厦领事不满意，称"各该地方，于下锚诸多窒碍，不便行船，其与市衢相距较远，不便通商"，提出"请将近沙坡头之海岸，即民船寄碇之处起，包括背后一带山岭之地，沿海至瑞记洋行止；又从鼓浪屿西岸纱帽石山起，陆地而外，海面亦务从宽广，预备将来填筑至五个牌止。是两处均作为日本专管租界"③。对于日本驻厦领事的这一要求，闽浙总督表示"日本索租两处，地段较广，自应酌定相宜一处，划作租界"④，并指定厦门道会同日本领事"妥为商办"，而日本驻厦领事坚持要求两处均作为日本专管租界。由于日本要求过高，且地方民众反应强烈，官府不敢贸然行事，划界一事拖而不决。

同年11月，日本驻厦领事换人，新上任的日本驻厦领事上野专一到任后，对强划厦门日本专管租界一事更加迫不及待，自行对上述两处地点进行丈量勘查。12月，上野专一完成对两处地界的勘查，共17万坪（厦门4万坪，鼓浪屿13万坪）。

此时，兴泉永道因原道台周莲他调，恽祖祁接任道台。恽祖祁到厦门上任后，厦门日本专管租界的划界一案出现了转机。恽祖祁是江苏阳湖（今江苏武进）人，

---

① 中国人民政治协商会议厦门市委员会编《厦门的租界》，鹭江出版社，1990，第245页。
② 中国人民政治协商会议厦门市委员会编《厦门的租界》，鹭江出版社，1990，第246页。
③ 中国人民政治协商会议厦门市委员会编《厦门的租界》，鹭江出版社，1990，第247页。
④ 中国人民政治协商会议厦门市委员会编《厦门的租界》，鹭江出版社，1990，第247页。

出身书香世家，早年纳资盐运使，历任湖南会陵知县、江西盐法道，以道员身份负责修缮湖北唐心口溃堤。工程完成后，他得到光绪皇帝的嘉奖，被调任福建兴泉永道道台。恽祖祁是一位有爱国心的地方官员，洞悉日本帝国主义的侵略野心，他指出，"日人诡谋百出，画押之后，势必坚执四万坪之说以相要，斯时将何词以对"，"因中国与外人立约以来，屡次受亏，大半因含糊了事所致，故决不遵依"①。因此，恽祖祁极力反对日本帝国主义在厦门设立专管租界，一心要保土安民，在划界问题上始终以国家利益为重，对日本驻厦领事的无理要求，或严词拒绝，或推诿拖延。

恽祖祁于光绪二十四年（1898）12月10日到任。恽祖祁刚到厦门，日本驻厦领事上野专一就提出会晤，说"十一日有要事会办"，目的就是要恽祖祁尽快按上峰的命令，把专管租界确定下来。恽祖祁知道上野专一的目的，当即答以"十一日系国家忌辰，如来拜，自当预备，惟不能开门升炮"②。上野专一无奈只好将会晤日期改为十三日。在此后的会谈过程中，对于上野专一提出的要求，恽祖祁逐一据理力争，不让其野心得逞。为达到目的，上野专一不惜使出造假阴招，在给厦门道的照会中，伪称光绪二十四年（1898）9月总理衙门已同意日本要求，即同意将日本驻厦领事提出的沙坡头和鼓浪屿两处指定区域均划为日本专管租界。闽浙总督在随后的交涉中明确予以否认，确认日本在厦门的专管租界只能有一处。恽祖祁到任后，厦门民众对其寄予厚望，纷纷上书，恳请他为民请命、力保国权。厦门港渔户金广顺等禀称："顺等世居厦港，内惟渔民居多，遇有飓风，渔船、驳船均避沙坡内港，实为要处。况厦港民居稠密，势必滋事，事关众碍，民情惶恐，不得不相率沥陈。"张后保董事陈梅等禀称："梅等世居张后保，本保民居、山下海滨计千余户，山顶坟墓不计其数。阖保士庶见日本量地，心皆惶恐，将来有碍民居，毁伤坟墓，众为身家所系，情有难堪，事关地方，合亟金禀。"张后保五品军功林建辉等禀称："辉等阖保人众，见日本量地插界，群情愤恨，哀

---

① 李向群主编《近代厦门历史资料汇刊：申报纪闻》第三册，厦门大学出版社，2020，第384—385页。

② 中国人民政治协商会议厦门市委员会编《厦门的租界》，鹭江出版社，1990，第249页。

泣呼天。若租日本为界，势必毁屋毁坟，生无栖所，死乏葬地，害大惨极，民奚以堪？恳请别择租地。"鼓浪屿监生黄联察等呈称："察等世居鼓浪屿内厝澳社，于今五百余年。民居稠密，坟墓毗连，若作日本租界，田宅固不免更移，坟墓亦必至伤碍。生者流离失所，死者骸骨安归？日本社居民不下数千人，势必相率阻挠，酿成祸端。"①恽祖祁看到厦门民众的一片爱国热忱，下决心"以去就力争"，并表示："国土可保，则身留；不保，则身去。吾志已决，不忍见寸土之让人也。"②

恽祖祁据理力争国权之时，闽浙总督已换成许应骙。时年66岁的许应骙，此前任清廷礼部尚书，由于反对戊戌变法被光绪皇帝革职。戊戌变法失败后，他因支持慈禧太后而获重用，被提拔为闽浙总督。日本驻福州领事丰岛舍松在给日本外务大臣的《就厦门问题同布政使及按察使会谈之事》中对许应骙的描述是："该总督竟称因有电线而不得已听闻种种繁杂之事，私以为此言论实在不应从总督之口说出。如斯可见，其人实属无用。"③许应骙接替边宝泉任闽浙总督后，继续推行媚外政策，出卖国家利益，督促恽祖祁按照总理衙门的指示加紧筹划租界事宜。

面对许应骙的一再催促，恽祖祁一面以"厦门地势逼窄，各国洋房林立，向无租界，恐各国效尤，无地以应"应对，一面将日本要在厦门设立专管租界的消息透露给西方各国驻厦领事，引发列强之间的矛盾。美国、德国等国驻厦领事得知消息后，立刻找恽祖祁进行交涉，或反对，或抗议日本在厦门设立专管租界。美国驻厦领事巴詹声大言不惭地说："厦门怎能有专界？如果能有，美国早就要了。"德国驻厦领事梅泽也前往拜会恽祖祁，表示将通过公文正式交涉。光绪二十五年（1899）正月二十九日，美国驻厦领事巴詹声照会恽祖祁："本领事风闻有计议欲将厦门港内一大所，又鼓浪屿即洋人居住之所三分之一，为日本专管租界各等语……现本领事奉敝国朝廷命令，向贵道陈明：如果厦门通商口岸内有

---

① 中国人民政治协商会议厦门市委员会编《厦门的租界》，鹭江出版社，1990，第257页。
② 中国人民政治协商会议厦门市委员会编《厦门的租界》，鹭江出版社，1990，第233页。
③ 陈小冲主编《厦台关系史料选编（1895—1945）》，九州出版社，2013，第126页。

专管租界答应他国，致与敝国应得之利益有碍，敝国均难允准。如日本借口日国在厦商务繁多，因厦门地近台湾，台厦有往来商务各节，则敝国欲执此说以请租界，托词于厦门及小吕宋之地全岛商务，于说当较圆也。……倘贵国计议可将鼓浪屿内日本未请之地作为美国租界，本领事自可禀由敝国朝廷核议。如未能照允敝国之请，而独允现时所议租界，在敝国不能视此举为和好与国所应办也。"[1]英国驻厦领事也向恽祖祁提出，反对日本在鼓浪屿设立专管租界。由于列强的一致反对，日本也不敢肆意妄为，一度提出索要金门作为专管租界。当恽祖祁将这一信息报告给许应骙时，身为闽浙总督的许应骙竟然不知道金门在何处，以为金门就是日本驻厦领事之前提及的厦门虎头山。这恰恰印证了日本驻福州领事丰岛舍松对他的评价——"其人实属无用"。

光绪二十五年（1899）2月，日本帝国主义迫于各方压力，提出可以不要鼓浪屿，但要在厦门虎头山脚迤北沿海划出4万坪作为专管租界。恽祖祁则提出鼓浪屿、虎头山脚海滩、沙坡头、虎头山直西之浮屿四处让日本驻厦领事挑选，然而，日本驻厦领事上野专一或以"海滩填筑困难"，或以"不便贸易"，或以"无用之地"等为由，坚持要在虎头山一带划设专管租界。虎头山是厦门的战略要地，恽祖祁坚持不让日本帝国主义在此设租界。数月间，恽祖祁与各方频繁进行文牍往来交涉，驻厦各国领事也出面调解，恽祖祁始终不让步。7月24日，日本驻厦领事馆唆使日本浪人窜至虎头山、草仔垵一带插旗划界，与当地居民发生冲突。全市商民以罢市表示反对日本划界。恽祖祁亦挺身而出，严正交涉，表明"誓与厦门虎头山共留"的决心，致使日本的图谋无法得逞。对于恽祖祁不配合日本驻厦领事划界要求的举动，日本驻厦领事上野专一怀恨在心，向中国官府告状，指责"恽道多方阻挠，坚不照拨"，要求"将恽道更换"。迫于日本驻厦领事的压力，清政府以"纵民阻挠划界"的罪名，撤了恽祖祁的兴泉永道道台之职，将他调往延平任职，而他刚到延平即被撤职"议处"了。[2]

---

[1] 中国人民政治协商会议厦门市委员会编《厦门的租界》，鹭江出版社，1990，第254页。
[2] 参见中国人民政治协商会议厦门市委员会编《厦门的租界》，鹭江出版社，1990，第234页。

恽祖祁被撤职后，清政府又改派前任兴泉永道台、时任福建臬司的周莲到厦门，协助办理日本专管租界的划界和签字事宜。

光绪二十五年（1899）8月12日，周莲到厦门。到任后，周莲即与日本驻厦领事达成协议，确定划界范围：自厦门虎头山山脚起，西北上至瑞记洋行，下至更尾楼；东南至瑞记栈；西南至海滩；东北由草仔垵沿山脚迤至竹仔河（即洗布河）。为免夜长梦多，周莲还与日本驻厦领事上野专一商定，8月22日到龙泉宫划界。22日当天，厦门大雨滂沱，划界工作无法开展，延至次日进行。8月23日，日本领事上野专一派日本驻厦领事馆警察官日吉、书记官松年二人，携带日本小旗到达龙泉宫准备插旗划界，厦门地方官员随后赶到。当地民众听闻划界消息，纷纷前往恳请停止，并一路阻拦。看到日本驻厦领事馆人员，民众群起责骂、驱赶。地方官员想要驱散群众，结果周边群众反而越聚越多，他们还用石头、木棍攻击日本人。日本人见势不妙，立即向海边逃窜，民众则紧追不舍，直追到海边。最终，日本人"一人被石掷伤，一人赴水救起，随渡海回领事署"[1]。与日本人一同前往划界的厦防同知方祖荫被打伤，周莲的公馆被民众包围。与此同时，市面上"各铺户亦一律罢市，居民复分赴臬宪行辕及道署喊冤"[2]。厦门外街日商志信洋行因未关门，遭到民众围攻。面对群情激愤、要求保全国土、反对媚外的爱国民众，周莲一面假装表态不将虎头山划为日本租界，一面向日本驻厦领事赔罪道歉。

8月24日，厦门民众抗议划界活动持续进行。由于草仔垵一带的居民多为驳船工人，以海为生，划界势必影响他们的生计。当他们听到这个消息时，皆怒不可遏，遂联络各码头船工发起"罢海"行动——当日船工们拒绝为洋行驳船装卸货物，致使厦门港顿时瘫痪。与此同时，市面各商铺也继续罢市。

日本强索专管租界，不仅引发厦门市面动荡，还影响西方列强的洋行业务，各国驻厦领事纷纷要求日本政府停止强取。然而，日本帝国主义贼心不死，不愿

---

[1] 中国人民政治协商会议厦门市委员会编《厦门的租界》，鹭江出版社，1990，第283页。
[2] 李向群主编《近代厦门历史资料汇刊：申报纪闻》第三册，厦门大学出版社，2020，第381页。

就此罢手。"8月24日，经寓厦日人在公会中议定数事，一抚慰负伤人，二檄调军舰，三请道宪将主谋肇事者处以严刑、以免将来祸乱。此外，如偿金抚恤及实力弹压暴徒、畀日人以巡察租界之权，皆须求中国允准云。"①8月25日，日本驻厦领事馆调来一艘军舰，向清政府施压，要求落实在厦门设立专管租界。

经过一系列的谋划与武力威胁，光绪二十五年（1899）10月25日，日本驻厦领事与周莲等在厦门签订《厦门日本专管租界续约章程六款》。其中第一款规定：允许日本在厦门设立专管租界，"其界址四至由虎头山脚下起，西至瑞记行面前海滩，东至洗布河西边大路，南至瑞记行栈前面海滩，北至更尾楼市仔街殿后街直抵讲古脚为界，西南以海滩，东南以虎头山沿山脚，东北以金灯山沿山脚，西北以龙泉宫背后山沿山脚为止。所有西南沿岸海滩、官地及草仔埃民房、街道俱在界内，以便将来筑造码头通商贸易。现在所定地界丈量约计4万坪"②。光绪二十六年（1900）1月25日，双方又签订《厦门日本专管租界续约章程十二款》，对租界内的管理权等事项作出规定。

尽管在日本帝国主义的胁迫下，经过长时间的交涉，中日官府在厦门划定了日本专管租界。但由于厦门人民的反抗斗争始终没有停止，日本帝国主义不敢肆意妄为，实际上其从未真正行使过厦门专管租界的管理权。

日本帝国主义在厦门设立专管租界的侵略行径最终以失败告终。

（二）参与策划鼓浪屿公共租界

日本设立专管租界的阴谋虽未得逞，却直接激发了西方列强对厦门进一步侵略的野心。根据光绪二十二年（1896）9月日本政府与清政府在北京签订的《通商口岸日本租界专条》，日本最初提出在厦门和嵩屿设立专管租界；在厦门人民

---

① 李向群主编《近代厦门历史资料汇刊：申报纪闻》第三册，厦门大学出版社，2020，第381页。

② 汪方文主编《近代厦门涉外档案史料》，厦门大学出版社，1997，第235页。

及时任兴泉永道道台恽祖祁等人的抗争下，日本转而提出以在鼓浪屿和厦门虎头山一带设立日本专管租界作为交换条件。其中，鼓浪屿专管租界的范围从鼓浪屿西岸的纱帽石山（即燕仔尾头）起到五个牌，包括海滩在内，面积达13万坪，几乎占鼓浪屿全岛的三分之一。西方列强驻厦领事得知日本的企图后，纷纷表示反对。

美国驻厦领事巴詹声带头反对，声称：如果厦门能设租界，美国早就要了。此后向兴泉永道递交的照会中，巴詹声提出了更无理的要求——如果日本想要鼓浪屿的三分之一，则美国要其余的三分之二。

英国、德国等国看在眼里，急在心里。他们更早的时候就已经盯上鼓浪屿了。1842年，《南京条约》签订，厦门被开辟为通商口岸。1843年11月，英国最早在厦门设立领事馆。当时，英国驻厦领事于厦门（强占道台衙门）办公，居住在鼓浪屿。在鼓浪屿居住、经商一段时间后，英国人发现，"景色秀丽的鼓浪屿和建筑物的粉饰，像欧洲南部的城市一样，并成一幅悦人心目的图画"，认为鼓浪屿是"适合（洋人）居住的地方"，后悔在签订《南京条约》时没有对鼓浪屿提出租界的要求。英国驻厦领事阿礼国上任后，强行在鼓浪屿建造领事馆，迈出了强占鼓浪屿为租界的第一步。在闽南小刀会进攻厦门时，英国以"护侨"为借口，调来战舰，声称要让"鼓浪屿在英国炮舰保护之下成为一个安全的避难所"，企图占领鼓浪屿。1864年，太平天国将领李世贤率部南下漳州时，英国又以"保护外人生命财产安全"为借口，从香港、福州等地调来军舰，组织英国侨民成立"义勇队"，图谋占领鼓浪屿。[①] 由于厦门人民的反抗和帝国主义者之间的利益冲突，英国的两次阴谋均未得逞，但英国占领鼓浪屿的图谋始终未放弃。因此，当日本和美国提出把鼓浪屿作为其租界时，英国自然不会同意。

德国也一样，对鼓浪屿早有野心。德国一直想在中国沿海掠夺一块土地作为侵略中国的跳板，其计划是占领我国台湾、海南、舟山或厦门等地，妄图效仿英

[①] 参见中国人民政治协商会议厦门市委员会编《厦门的租界》，鹭江出版社，1990，第9—10页。

国建立另一个"香港"。1870年，德国首相俾斯麦指示驻华公使李福斯，就"中国沿海海岸中心点或该海岸附近岛上建设海军基地"问题与中国进行谈判，并指出："海军当局主要认为紧靠厦门的鼓浪屿和舟山岛上定海附近的一片土地是特别适宜于建立海军仓库的地点。"[①] 李福斯接到指示后，建议以偷偷摸摸的方式占领鼓浪屿，"在厦门附近的鼓浪屿，不使人注意地和事前不经过协商地设立一个野战医院和海军仓库。用这种方法，可能在短时期着手于所希望的居留地，并预计在引起中国政府注意到这件事以前已经可以得到结果，那些以后也许和地方官厅必要的谈判可由领事去主持，如有需要，北京公使才加入对此事的决定"[②]，并声称，此计划已得到美国的支持。此后德国有关侵略中国的报告中，又多次提及厦门鼓浪屿。因此，对于日、美在鼓浪屿设立租界提议，德国当然持反对态度。

为平衡列强之间的矛盾，共同从中国获取最大利益，美国驻厦领事巴詹声根据美国政府"门户开放、利益均沾"的政策，联合各国驻厦领事，共同策划实施设立"鼓浪屿公共租界"阴谋。巴詹声在给时任闽浙总督许应骙的建议中称："如果把鼓浪屿划作公共租界，既可杜绝日本独占的野心，又可以兼护厦门，一举两得。"[③] 此前，在1900年八国联军进攻北京期间，因朝廷混乱，厦门炮台驻军无法领到军饷，几乎发生哗变。巴詹声得知消息后，捐出1万元为厦门炮台驻军发饷，平息了事态。清政府对此颇为感激，便认可了巴詹声设立"公共租界"的建议，并派兴泉永道道台与各国驻厦领事协商办理。1902年1月10日，兴泉永道道台等与各国驻厦领事在日本驻厦领事馆签订《土地章程草案》。1902年11月21日，清廷皇帝朱批"依议"。1903年1月，鼓浪屿工部局成立，同年5月1日开始行使对鼓浪屿的管理权，鼓浪屿沦为"公共租界"。

鼓浪屿公共租界设立后，各国驻厦领事馆为强化对鼓浪屿的殖民统治，组建了领事团，作为公共租界的最高权力机构。领事团设主席一人，又称领袖领事，

---

① 中国人民政治协商会议厦门市委员会编《厦门的租界》，鹭江出版社，1990，第10页。
② 中国人民政治协商会议厦门市委员会编《厦门的租界》，鹭江出版社，1990，第11页。
③ 中国人民政治协商会议厦门市委员会编《厦门的租界》，鹭江出版社，1990，第15页。

由各国驻厦领事中任期最久或级别最高者担任。由于领袖领事掌控租界核心权力，既能够借此攫取更多利益，又可利用职权包庇、掩护在华谋取侵略利益的不法之徒，因此，这一职位成为各国驻厦领事争夺的目标。抗战爆发前，为配合日本帝国主义的侵华战略，台湾总督府改变了移民政策，规定台湾人到大陆各地一律免办"护照"，可以自由出入。一时间，进入厦门的台湾人数量激增。而后，日本政府以此为借口，于1936年11月1日将驻厦领事馆升格为总领事馆，即将离任的日本驻厦领事山田芳太郎被提升为代理总领事。因总领事的级别高于其他国家的驻厦领事，日本驻厦总领事顺理成章地成为领袖领事。山田芳太郎在就任代理日本驻厦总领事当天，便接管了由英国驻厦领事马尔定所担任的领袖领事之职[①]。1937年5月15日，在日本发动全面侵华战争前夕，山田奉令离开厦门，离开前将领袖领事职务交还给英国驻厦领事马尔定。

鼓浪屿公共租界是西方列强凭借武力和不平等条约，在中国领土上强占的一块法外之地，沦为西方侵略者的庇护所。日本帝国主义利用中国政府无法管辖鼓浪屿的状况，在此策划、实施了一系列侵略活动，包括谋划伪华南国、"福建自治运动"及"亚细亚大同盟"等。鼓浪屿公共租界内的大东旅社，便是日本驻厦领事馆策划侵华活动的据点之一。例如，在策划伪华南国期间，汉奸们的活动办事处原本设在厦门市区思明北路海陆春旅社，因迫于当时抗日舆论的压力，转移至鼓浪屿公共租界内的大东旅社。此后，汉奸与日本特务策划伪华南国的活动便受到工部局的庇护。日本侵占厦门后，又通过制造"鼓浪屿事件"，进一步控制了工部局。1941年12月8日，太平洋战争爆发。同日，日军进驻鼓浪屿并宣布占领，拘捕了其他各国侨民。12月14日，日军当局对鼓浪屿工部局董事会进行改组，指派加藤正午为董事长；12月15日，再次改组工部局，任命日本人福田繁一为秘书并兼任警视总监（即巡捕长）。而改组后，工部局警长以上官员基本由日本人和日籍台人担任。而改组后的工部局发布的第一号通告，便是禁止使用英文，

---

① 厦门市档案馆馆藏档案，A010-001-0028-0033。

规定租界内的一切公私文件都改用日文、汉文。与此同时，鼓浪屿会审公堂也由日军当局接管，整个鼓浪屿彻底沦陷于日本侵略者之手。

（三）擅设警署监狱

在近代中国，依据西方侵略者强迫清政府签订的不平等条约，日本帝国主义和西方各国一样，在中国土地上享有治外法权（即领事裁判权），不受中国法律管理和约束。在厦门，日本驻厦领事馆充分利用这一特权，不仅日本人在厦门享有治外法权，为非作歹的日籍浪人也享有这一权利。当时，在厦门的日籍浪人犯罪后，只要其能证明具有台湾籍民身份，根据不平等条约规定，便会引渡至日本驻厦领事馆"调查处理"，而结果"往往因证据不足而不予起诉"。对于一些罪恶昭彰、无可抵赖的日籍浪人，即便引渡到日本驻厦领事馆，也仅会受到"禁止居留"的轻罚。这些被遣送回台湾的日籍浪人，往往不出几周便会潜回厦门，继续胡作非为。中国政府虽不断提出抗议，但日本驻厦领事为包庇为其侵略服务的日籍浪人，竟强词夺理辩解称，中国大陆和台湾"制度不同"，"在华之禁止居留只属行政处分，故被驱逐者回台后亦不能限制其身体之自由"[1]。这一状况导致日籍浪人在厦门更加肆无忌惮、无恶不作，甚至催生了臭名昭著的"十八大哥"。这正是日本帝国主义对中国司法主权侵略造成的恶果之一。事实上，日本帝国主义对中国司法主权的侵略远不止于此，更严重的是日本驻厦领事馆在厦门设置警署和监狱，进一步践踏中国司法主权。

领事馆是一国在他国设立的外交机构，代表国家处理相关外交事务。外交官员享有外交豁免权，但也必须遵守所在国的法律，这是国际惯例。在领事馆设立警察机构是违背外交惯例的，也是对他国主权的侵犯。但是，日本帝国主义却无视国际准则。1915年，日本驻厦领事馆以厦门日籍台人众多，需保护台民、"配合"厦门警方处理涉及日籍台人事务为由，在领事馆内部设立警署。警署设警长

---

[1] 汪方文主编《近代厦门涉外档案史料》，厦门大学出版社，1997，第557页。

一名，受领事节制，下设警务、保安、司法等部门，并按厦门市区划设立分支机构，包括鼓浪屿警察分署及各区"出张所"（相当于派出所），共配置几十名警官，其行径俨然把厦门当成日本领地。1916年11月，日本驻厦领事馆又以管理厦门岛上的日本籍民为借口，在厦门市区设立警察分署，配置分署长及八九名常驻警员。他们在厦门道尹公署门前购置妙释寺（尼姑庵）作为办事处，在门口公然悬挂"日本领事馆厦门警察分所"的牌子。对于日本帝国主义的这一侵略行径，厦门人民极力反对，北洋政府也提出抗议并据理力争。但日本帝国主义强词夺理，1916年12月21日，日本驻京公使在回复北洋政府外交部质问时称："该派出所之设立系据《南京条约》，在领事警察权之范围内，绝无侵害中国之主权。"[①]此后，日本驻京公使还辩称："根据《南京条约》，厦门名称系指全部，不专指一岛。厦日人及外人居住甚多，当领事裁判权未收回以前，驻有警官乃当然之事，此系管束日本人，非对于中国行使警权。厦日本籍之韩人甚多，从来无法取缔，中国亦以为告，今则甚为便利，并无违法之点。"[②]其诡辩之辞，尽显嚣张。1916年12月22日，日本《大阪每日新闻》在报道日本驻厦领事馆在厦门设立警署一事时，公然为日本侵略行径开脱："日本在厦门设日警驻扎，所内有警官二名、警察七名，地点在道尹公署门前将购下释寺（尼姑庵，应为妙释寺——编者注）作办事处。中国方面谓日本将于厦门城厢内外派遣日警者，误也。此举盖以该埠多日籍台人，自前清以来，中日间常发生琐屑交涉。兹派遣日警者欲与中国官吏协同取缔日籍台人之赌博、吸鸦片、秘密卖淫等事，故不应成为外交问题。然中国议论纷纷，声言反对，故或不酿成重大交涉也。"[③]日本帝国主义在厦门设警的行径，激起厦门人民一致反对，日本驻厦领事馆迫于压力摘下警察分署的牌子，

[①] 李向群主编《近代厦门历史资料汇刊：申报纪闻》第五册，厦门大学出版社，2020，第17页。

[②] 李向群主编《近代厦门历史资料汇刊：申报纪闻》第五册，厦门大学出版社，2020，第17—18页。

[③] 李向群主编《近代厦门历史资料汇刊：申报纪闻》第五册，厦门大学出版社，2020，第313页。

但仍然保留警察分署的警力并实际行使警察权，侵略我国主权的实质并未改变，厦门人民的反对斗争持续进行。这场斗争得到全国各地的声援。1917年1月，莆田各团体纷纷开会讨论抵制方法，向全国发出通电："日人在厦设警，侵我主权，乞严重交涉，此间人民誓死为政府后盾。"福建省议会也通电全国："日人在厦设警，门外大书'日本领事馆厦门警察分所'字样，曾经电请协争，名义虽已撤销，而实际仍行使警权。除电政府严重交涉外，应请协电政府主持，以保主权。"[1]1919年12月19日，厦门商会会长黄庆元等在上海发出通电："闽案厦人愤极，乞坚持到底。"[2]弱国无外交，虽经多方抗争，要求日本帝国主义撤销警署的交涉最终无果。1920年11月，日本驻厦领事馆警察署计划在厦门箭道建造大洋楼，作为办公用房（内设署长室、事务室、拘留所等），经福建省政府严正交涉后，日方暂时停工。[3]日本在厦门设立的警察分署曾在厦门市区箭道办公，后搬迁至梧桐埕。虽然几经交涉，日本警察分署的牌子被摘下，但是日本警察依旧口头称"警察分署"，并行使警察的职权，只是没有穿警察制服、佩戴警察标识而已。日本警察在厦门市区违法捕人的事件也层见叠出，"日本警部时常发生在吾国境内自行拘拿犯人情事，妨害主权，损失国体，言之曷胜痛心"[4]。1923年5月，日籍浪人陈学海购买厦门岐西保箭道地块，建造两层房屋后出租给日本警察署作为办公用房。福建省政府、厦门地方官府接到报告后，立即与日本驻厦领事馆交涉，要求取消租约并停止搬迁入住。但日本驻厦领事狡辩道："日本在厦设立警察分署，前经交涉，案悬日久一节，据本代理领事所闻，此项问题，系当初贵国官宪以厦门敝国籍民散住各处取缔未能快便，甚属希望日本设立警署，是以本署对于贵国方面协议设立。至此次所租箭道地方所筑洋楼，非欲增

---

[1] 李向群主编《近代厦门历史资料汇刊：申报纪闻》第五册，厦门大学出版社，2020，第313页。
[2] 李向群主编《近代厦门历史资料汇刊：申报纪闻》第五册，厦门大学出版社，2020，第35页。
[3] 参见汪方文主编《近代厦门涉外档案史料》，厦门大学出版社，1997，第558—562页。
[4] 汪方文主编《近代厦门涉外档案史料》，厦门大学出版社，1997，第558页。

设警察分署，亦非将其分署移徙于此。现因本署警察官吏所住宿舍散在各方，兼之位处极属狭隘，故此租住比前宽阔场所，以为生活安居，实与贵交涉员所称违反条约、侵害贵国主权丝毫无关，所谓外国人在通商口岸原有择地居住之权。"① 此番言论实属强词夺理、颠倒黑白。1923 年 6 月，日本警察署不顾中方抗议，搬迁入住所租房屋。此后，虽经多次交涉，均无效果。1925 年，"五卅惨案"引发全国抗日浪潮，厦门各界奋起声援，并再次要求日本撤销警察分署，和历次交涉一样，无果而终。1928 年 3 月 2 日，日本警察署警察擅自抓人，在厦门拘捕韩籍学生李箕焕、李刚、李润炳、李明斋等 4 人，将其羁禁于鼓浪屿日本领事馆，并计划押送日本，此举遭到厦门人民的强烈反对。3 月 5 日，厦门各界召开大会，成立厦门各界反对日本侵略主权委员会，决定自 6 日起抵制日本，且声明若 24 小时内不释放韩籍学生，将与日本绝交。日本警察署却坚持认为自身不违约，拒不放人。3 月 8 日晚，厦门各界召开全厦社团大会，决定对日本实施全部经济绝交。3 月 9 日，反日侵权委员会议决：（1）日舰在平潭大富港枪杀渔民案并李案，扩大对日交涉；（2）12 日总理（孙中山）逝世三周年纪念闭会后，举行对日经济绝交示威大会并游行；（3）电闽沿海各地，一致绝日；（4）与商金融关系，对日押汇限五日清手续即断。②3 月 13 日晨 8 时至 12 时，反日侵权委员会为李案对日经济总绝交，举行海上罢工示威，断绝交通，汽船强行者，被纠察队开枪制止。事态升级后，中国政府外交部向日本政府提出抗议。经交涉，日本驻厦领事同意将厦门梧桐埕警署警员调回鼓浪屿日本驻厦领事馆警署，将厦门梧桐埕警署原址作为署员眷属寓宅；并承诺日后日本领事在厦门检查日籍民住宅及逮捕罪犯时，会事先通知中国官厅，不再擅自行动。至此，日本在厦擅设警察署一事暂告一段落。然而，此前被日本警署逮捕的 4 名韩籍学生，后续交涉情况则没有了下文。

---

① 汪方文主编《近代厦门涉外档案史料》，厦门大学出版社，1997，第 568 页。
② 参见李向群主编《近代厦门历史资料汇刊：申报纪闻》第八册，厦门大学出版社，2020，第 139 页。

第四节　日方频繁制造借口　实施军事挑衅恐吓

　　日本对厦门的侵略野心源于对台湾的侵占。台湾地处我国东南部，与福建隔海相望，东邻太平洋，战略位置极为重要，一直是美国、法国等西方列强的侵略目标。日本确立实施对外侵略的国策后，我国台湾成为其对外扩张的首要目标，且不断寻找入侵机会。一个名叫李仙得的人加速了日本侵略台湾的步伐。李仙得于1830年出生在法国，从巴黎大学毕业后，与一名美国籍女子结婚并前往美国定居。为取得美国国籍，他参加了美国南北战争，因战功卓著获得军中职务。1866年12月，李仙得被任命为美国驻厦领事。1867年，美国商船"罗布"号在台湾南部触礁，船长以下人员登陆台湾，被当地民众误杀。消息传到厦门，李仙得很生气，直接与清政府官员进行交涉，要对台湾少数民族进行报复。之后，他亲自赴台调查该事件，并向美国驻京公使提交调查报告，提出两点建议：一是征讨台湾当地少数民族，二是要让清政府及台湾西海岸民众配合美国的行动。首次征讨台湾时，美国驻华海军没有听取他的意见，独自采取行动，结果失败。第二次征讨台湾时，美国政府任命李仙得为统领。他奉命后，在清政府内部多方活动，企图获得支持，却未能成功。于是，李仙得通过福州官员借到一艘炮舰前往台湾。到台湾后，在当地官员派兵协助下，他从海陆两路对台湾南部进行围攻，番社酋长不得已出面款待。1869年，李仙得第三次前往台湾，对当地进行详细考察并收集情报。此后，他"每岁必渡台三四次，故生番之土宜风俗罔不周知，兼能操番语，可自与番众问答"[①]，成为"台湾通"。1871年，台湾"牡丹社事件"[②]发

[①] 李向群主编《近代厦门历史资料汇刊：申报纪闻》第一册，厦门大学出版社，2020，第109页。

[②] 日本对台湾高山族地区武装入侵事件。1871年，琉球船只在台湾南部触礁，船员登陆台湾后被牡丹社高山族人误杀。日本强称琉球为其属地，以保护"属人"为借口，军事入侵台湾。

生后，李仙得煽动日本入侵台湾，并为之出谋划策，这引起了清政府及美国政府的不满，他随即被免职召回美国。由于曾为日本提出详细且受到日本外务省认可的侵华主张，李仙得深得日本赏识。1872年，被免职回国的李仙得途经日本横滨时，被日本政府外务省聘为顾问。此后，他在日本活动，为日本近代外交，尤其是侵略中国出谋划策。在其为日本政府拟定的"攻台计划书"中，他对进攻台湾做了详细的计划，并指出：攻占台湾后，清政府必定不承认日本占有台湾，因此，除进攻台湾的兵力外，还应派遣4000名士兵进驻澎湖岛，必要时可进攻厦门，以此威逼清政府达成和平协议并索取战费。李仙得的用心可谓极其狠毒。

此后，日本按照李仙得的攻台计划，实施了对台湾的侵略。

1874年，"二月二十五日，有东洋兵船名春日舰，其管驾官为海军少尉，泊舟于厦门，当即拜谒台澎道宪，请借教场阅兵，经道宪未如所请，遂止。继询来意，则称东国内乱，元恶在逃，用敢以兵船来贵国沿海各埠访缉。又称向有民船两艘以遇险漂至台湾，为生番所残害，现拟查究云。越两日，而陆军中将等即统率师徒载运饷糈向台进发，其为主谋者系美国人李央六（即李仙得）也"[1]。4月，日本以琉球人在台湾被杀（即"牡丹社事件"）为借口，出兵登陆台湾琅峤，与当地民众交战，牡丹社酋长战死。清政府派福建船政大臣沈葆桢赴台处置，因日本当时尚不具备完全占领台湾的实力，在获得清政府50万两白银的赔偿后，日军撤离台湾。

由于清政府国力式微，日本在侵略台湾期间，其战舰不仅取道厦门，还多次驶入厦门港停泊，行径极为猖狂。厦门道宪出面交涉，要求日舰驶离，却遭到悍然拒绝。"前礼拜有东洋小兵船一艘泊港内，道宪特派员往告，谓尔国兵船于此处停泊似乎未便，愿请移泊他处。而日本之舟师则答以移泊他所，船亦有所不便焉，且伪作礼貌曰：'若必欲令我船远去，姑请贵道亲来面谈。'于是将船内之炮悉纳弹药以待，则其傲慢不恭之状固略可见矣。况所泊之侧，曾停有中国大

---

[1] 李向群主编《近代厦门历史资料汇刊：申报纪闻》第一册，厦门大学出版社，2020，第108—109页。

兵船一艘，而彼顾敢作是言，不亦睥睨一切乎。"①此后，又有日舰升日本旗号驶入厦门海口，道宪无力抗争，不得已，只好照会各国领事，要求各属人民勿与日人往来。

1884年12月21日上海《申报》报道："近日有德国兵船二艘、英国三桅兵船一艘及日本三桅之扶苏舰均至厦门，寄泊港中。每日三四点钟时，水手皆放假登岸，饮酒过醉，往往滋生事端。嗣地方官商同领事海关出示，禁售洋酒与兵船水手。于是各铺皆守法奉公。"②

1895年，甲午战争中清政府战败，日本强迫清政府签订《马关条约》，侵占我国台湾全岛及所有附属各岛屿、澎湖列岛等。对台湾的侵占，既激发了日本侵略隔海相望的厦门的野心，也为其侵略厦门提供了有利的条件。

日本帝国主义不仅早存图谋厦门之心并行侵略之举，还一直不忘防范别国对厦门的企图。1899年4月4日《申报》报道："日本泰晤士报云：目下德国兵舰之在中国海道者，其举动异常踊跃，似乎别有深意存乎其间。我人局外闲观，德国似欲屯兵舰于厦门一带。有名刁储零者，前已在厦门下碇。追前月之杪，依柯零利舰亦鼓轮抵厦。未几，又调保护小吕宋商民之兵舰前来。嘻！是诚何心乎？意者欲在福建省择一地以易胶州乎？曾亦思福建一省日本前曾与中国立约，不得让与别国，倘有别国争夺，日本岂能袖手旁观。故谓德国欲夺福建地方，恐未必然。或者别有所择之地则未可知也。"③日本此举是怕德国窥伺台湾。台湾孤悬海外，与厦门一衣带水，若由台湾前往大陆，势必取道厦门。对日本来说，一方面，随着对华贸易日益繁盛，其试图打通台厦通道，开辟由日本经琉球到台湾、再到厦门的新航海线路，以便利商船转运；一旦厦门被德国控制，这条通道就会被切断，日本将蒙受巨大损失。另一方面，日本早有图谋福建之心，因此对德国的举动十

---

① 李向群主编《近代厦门历史资料汇刊：申报纪闻》第一册，厦门大学出版社，2020，第106页。
② 李向群主编《近代厦门历史资料汇刊：申报纪闻》第一册，厦门大学出版社，2020，第190页。
③ 李向群主编《近代厦门历史资料汇刊：申报纪闻》第三册，厦门大学出版社，2020，第87页。

分关注。

1899年，北方爆发义和团运动，其势力向南方蔓延，义和团还派人到厦门宣传发动群众反对外国侵略。得到消息的日本企图利用这一时机出兵占领厦门。1900年6月23日，日本以厦门当地"所谓企图收回台湾的排日党，亦有策动的迹象"为借口，由海军大臣发布训令："'和泉''筑紫'两舰中，一艘应尽可能碇泊于厦门，另一艘可伺机泊于厦门、澎湖岛，或与台湾通电方便的地点。8月12日，日本海军大臣又命令火力强大的"高千穗"号巡洋舰急驶厦门，并再次下令"和泉""筑紫""高千穗"三舰中，务必有一艘泊于厦门，担当警备；同时，还命令佐世保镇守府司令长官，为"和泉""筑紫""高千穗"三舰共增派100名定员，这些新增人员乘"高千穗"号驶赴中国南部；并命令"高千穗"号舰长将增加的定员连同原有乘员适当编成陆战队，做好应战准备。[1]

1900年8月14日，日本海军大臣训令停泊在厦门的"和泉"号舰长斋藤孝至大佐："应做好以'高千穗''和泉''筑紫'之兵员于必要时机占领厦门港两岸炮台的计划。如与外国协同动作之时机到来，当然不得落后他国，更应经常有占据主位的准备。应尽量使他国致力于其居留地，而我兵则极力占领炮台。如无力占领全部炮台时，应着眼于夺取主要炮台，希秘密且慎重地制定计划，并应迅速将要点直接报告海军大臣。又，厦门地方，如有不稳状况或其他可乘之机，应与该地驻在之帝国领事协商，以保护帝国侨民之口实，力争使我若干兵员登陆，注意切勿踌躇，坐失良机。特此密令。"[2]为此，日本陆军部和台湾总督府就兵力调派进行紧锣密鼓地沟通协商。8月16日，台湾总督儿玉源太郎给日本陆军大臣发电："有一疑问，即'高千穗''和泉''筑紫'三舰能登陆的士兵合计应不超过三百人，而厦门的清兵在两千左右，虽说清兵孱弱，但是数量上还是远远不足。不知陆军后援方面作何计划？"陆军大臣收到电报后，当即由参谋长回电询问儿玉："届时如果出兵福建，台湾方面可以支援多少兵力？另外，不知是否

---

[1] 参见洪卜仁：《洪卜仁学术文集》，鹭江出版社，2018，第275页。
[2] 洪卜仁：《洪卜仁学术文集》，鹭江出版社，2018，第275页。

有可用的舰艇及运输船？"儿玉立即回复："台湾方面可迅速派遣至福建地方的兵力如下：步兵一中队、山炮一中队、臼炮一中队、工兵二中队，发船地为基隆，其中一工兵中队在安平。运输船方面，只需临时调度台湾航线的船舶即可满足。"①8月18日，"高千穗"号驶抵厦门。此后，又有其他日本军舰相继到达厦门，停泊在厦门港口。8月23日，日本陆军大臣训令儿玉："日后如果时机适宜，我帝国将有必要占领厦门港。有鉴于此，早在本月14日海军大臣便给在厦'和泉'号舰长发去了训令，即事先制定占领厦门炮台的计划，机会合适之时迅速派兵登陆，占领厦门港。如若'和泉'号舰长向您有所请求，则务必从台湾的驻军当中抽出步兵一大队、炮兵二中队、工兵一中队的兵力适时派往厦门，协助海军达成目的。请务必做好事先准备。"②

上述命令下达之后的当天深夜，也就是8月24日凌晨1时20分，日本僧人在厦门创建的东本愿寺发生火灾。24日凌晨3时30分，即火灾发生约两小时后，日本"和泉"号军舰就派出一队兵士登陆厦门，"两小时后，60名身穿蓝色夹克的武装巡警从港口一艘日本军舰上赶到火灾现场，然后越过海峡到鼓浪屿，并逗留在那里"③。尔后，为"保护日本侨民"，日舰又派遣部分侦察队员进入厦门。8月25日，"高千穗"号派出100名日本兵登陆厦门。翌日，该舰再派出200多名日本兵，带着两门炮，在厦门登陆并开进城内④，以保护东亚书院为借口，在厦门驻扎下来。

在东本愿寺火灾发生后的几天里，日本军部和台湾总督府就增兵及占领厦门事宜，进行了紧张、详细的讨论。8月28日，约300名日本海军士兵登陆厦门⑤，他们在虎头山上架起大炮，瞄准城内，要求厦门提督杨岐珍撤出炮台守兵、交出

---

① 陈小冲主编《厦台关系史料选编（1895—1945）》，九州出版社，2013，第29—30页。
② 陈小冲主编《厦台关系史料选编（1895—1945）》，九州出版社，2013，第30页。
③ 厦门市志编纂委员会、《厦门海关志》编委会编《近代厦门社会经济概况》，鹭江出版社，1990，第303—304页。
④ 厦门市志编纂委员会、《厦门海关志》编委会编《近代厦门社会经济概况》，鹭江出版社，1990，第304页。
⑤ 参见陈小冲主编《厦台关系史料选编（1895—1945）》，九州出版社，2013，第78页。

炮台，并限时答复，否则将以武力占领厦门。一时间，厦门市民人心惶惶，"相率逃避，车舟之价昂贵异常"，"各处铺户为之收拾一空，居民亦皆以迁地为良，阖厦廛市陡然冷落"①；一些地方官员也恐慌不已。当时，驻防厦门的"元凯"轮管驾官林则友、千戎承谟"十分惊骇，禀诸道署，拟即开往别处避之。观察饬千戎亲至日兵舰面询开仗与否，千戎不敢往，私自回家。事为观察访闻，电禀各上宪。旋经闽浙总督许筠帅将千戎发交侯官县署押候查办"②。同样在8月28日，日本海军总务长官斋藤实少将又命令在上海的"高雄""大岛"两舰分别前来厦门、霞飞，同时令在霞飞的"筑紫"号火速返回厦门。同日，台湾总督府也行动起来，台湾总督儿玉源太郎向日本海军大臣、陆军大臣报告：根据"高千穗"号舰长的请求，台湾总督府已向厦门派遣陆军，第一批次两个中队乘"宫岛丸"号运输舰由基隆出发，预定29日晨抵达厦门；第二批次派遣屋光春陆少将指挥的步兵两个中队及山炮、工兵各一个中队，乘"台南丸"及"明石丸"运输舰于29日出发，预定30日晨抵达。为避免引发其他帝国主义国家的干涉，日本外务省向各国驻厦领事发出通报："因厦门及其附近区域邻近台湾，屡屡成为酝酿对台不轨阴谋之根据地，帝国多为其所忧。且近来该地爆发排外之暴举（日本寺院被烧毁一事无须讳言），帝国政府为保领事馆及众侨民之安全，乃派少数海军登陆厦门。"③

东本愿寺火灾其实是日本驻厦领事馆策划的一个阴谋。日本驻厦领事指使东本愿寺僧人放火烧毁寺庙，然后嫁祸于厦门人，以此为借口出兵占领厦门。厦门人民识破了日本人的阴谋，驻厦其他各国领事也知道是日本人自己纵火。当日军大举登陆厦门后，兴泉永道道台"一面诉知英、德、美各国领事与日领事上野氏，纵横辩论。各国领事佥抱不平，电请政府力劝日廷传电撤师，以免败坏商务"④。

---

① 李向群主编《近代厦门历史资料汇刊：申报纪闻》第三册，厦门大学出版社，2020，第94页。
② 李向群主编《近代厦门历史资料汇刊：申报纪闻》第三册，厦门大学出版社，2020，第94页。
③ 陈小冲主编《厦台关系史料选编（1895—1945）》，九州出版社，2013，第81页。
④ 李向群主编《近代厦门历史资料汇刊：申报纪闻》第三册，厦门大学出版社，2020，第95页。

日本的行径损害了西方各国的利益，因此，各国驻厦领事一致要求日本撤兵。美国驻厦领事还揭露了"火灾"事故的真相："事件当天，僧侣们把贵重物品全部搬出去，当夜住宿寺院的只有住持和尚一人，他在凌晨1点跑到日本领事馆报告说中国暴徒放火烧寺。除了住持和尚外，没人看到暴徒，只看到中国士兵和民众帮忙灭火。"[1]在日本拒绝撤兵要求后，英、美军舰也赶来厦门，向日本施压。8月29日，英国军舰"爱西斯"号驶入厦门。30日午后，该舰陆战队员约60人登陆厦门。同一天，德国军舰也驶入厦门港。对日本来说，局势已经恶化，引起了众怒，从台湾来的日军不敢贸然登陆。当天夜里，驻扎在厦门东亚书院的日军陆战队只得撤回到驻厦领事馆和军舰上。此后，中日双方及英、美海军指挥官展开了谈判。8月31日，日本驻福州领事丰岛舍松在给日本外务大臣的电文中坦承："如今帝国政策要求占领厦门一角实有必要，且同地方官商议之后乃思和平租借并非难事。只是，若以上述无法确证之事为口实且未察列国之意向即胡乱施以炮火占领之计策只能引来清国反感，更引来列国猜疑，今后对福建之方略且不谈，此举将对东洋大政略横生何种妨害实属难计。"[2]9月1日，英国军舰"万霍克"号和美国军舰"卡斯汀"号进入厦门港。英国驻厦领事告诉日本驻厦领事，"如果日本海军悉数撤离厦门，则英国海军亦将撤退"[3]。9月4日，美国驻厦领事在与日本驻厦领事会谈时也指出，"如日本欲占领厦门，则该领事将以本国政府之名极力反对，且英国亦将赞同美国之抗议"[4]。日本政府经过研究，觉得没有能力与西方列强抗衡，不得不考虑"本帝国政府独占厦门的计划是否可能实现，既然出兵厦门的阴谋已经外泄，是否中止派兵"[5]。迫于压力，9月9日，日本登陆厦门的士兵撤回日本军舰，英国登陆士兵也撤离厦门返回舰上，因东本愿寺火灾引发的严重事态终于平息下来。这一事件被日本称为"厦门事件"。日本企图通过策

---

[1] 洪卜仁：《洪卜仁学术文集》，鹭江出版社，2018，第276—277页。
[2] 陈小冲主编《厦台关系史料选编（1895-1945）》，九州出版社，2013，第94—95页。
[3] 陈小冲主编《厦台关系史料选编（1895—1945）》，九州出版社，2013，第100页。
[4] 陈小冲主编《厦台关系史料选编（1895—1945）》，九州出版社，2013，第104页。
[5] 洪卜仁：《洪卜仁学术文集》，鹭江出版社，2018，第277页。

划东本愿寺火灾事件武力侵占厦门的阴谋失败。

"厦门事件"让日本认识到，短期内占领厦门是一件非常困难的事，但占领厦门的目标不能改变，在策略上还得回到"经营对岸"上来。此后，在这一方针的指导下，日本除了在政治、经济、文化等层面进行渗透扩张，还派军舰擅自进入厦门，持续进行武力侵略和挑衅。

1901年8月，一艘日本军舰驶入厦门港并停泊在港内。

1902年12月，日本军舰"浅间""高砂"号进入厦门港，并于19日从鼓浪屿驶往厦门。

1903年7月，即将从日本神户前往我国山东烟台的日本海军中佐村上格一在与客人交谈时说："日下中、高二国海洋，我日已严为戒备，计直隶湾泊有'千代田''乌海'二兵舰，上海泊有'高千穗''宫古'二兵舰，厦门泊有'浪速萩''津州'二兵舰……至龙岩涌伐木事起，我日当即军舰驶往设防。当明治二十七八年，中日有事时，已将其地海面测量，觅得航海之路云。"[1]

1905年5月5日《申报》报道："日兵轮二艘于晚间常与岸上日人用旗语递传信息。"[2] 6月28日《申报》报道："（厦门）初九日，有日本兵舰二艘突然进口。洋关升旗传令停轮，即由提、道诸宪派员至该舰声明中立。该舰遵允于二十四点钟限内开往别埠。"[3]

1906年冬，日本军舰在金门料罗湾中央洋面沉没，遗失水雷一具。日本驻厦领事发出悬赏通告：如有知此水雷者，1个月内通报，赏日本金票100元；2个月内，赏70元；3个月内，赏50元。

1912年12月1日，日本军舰"开苏豸"（装炮23尊、兵士627名）驶往厦

---

[1] 李向群主编《近代厦门历史资料汇刊：申报纪闻》第三册，厦门大学出版社，2020，第99页。

[2] 李向群主编《近代厦门历史资料汇刊：申报纪闻》第三册，厦门大学出版社，2020，第106页。

[3] 李向群主编《近代厦门历史资料汇刊：申报纪闻》第三册，厦门大学出版社，2020，第104页。

门海域游弋。

1913年，厦门"台纪事件"发生后，日本驻厦门领事急电日本海军陆战队派兵登陆，胁迫厦门地方政府惩办所谓"凶手"。在日本武力逼迫下，厦门地方官府不得已向日本驻厦领事道歉，厦门商会向厦门台湾公会道歉。

1923年8月，日本政府借口保护日本侨民，调集军舰"柏""松""杉""榊"四艘驶抵厦门。

1923年9月，厦门"台吴事件"发生后，日本海军4艘战船进入厦门港，并于9月20日派遣海军陆战队登陆示威，分别驻扎在市区老叶街、赖厝埕、思明北路等处，武装上街巡逻，还在屋顶架设机枪。为防止日本独占厦门，英国也从香港调来两艘战船停泊在厦门港内。一时间，厦门商业停顿，港口几成死港，引起厦门人民的极大愤慨。9月26日，厦门公民会向上海发出通电请求声援："福建同乡会、《申报》转各报馆暨全国各团体鉴：此次厦门日本籍民与吴姓冲突，日人不问曲直，借口保护该国商民，竟派陆战队上岸，骚扰行旅，擅行开枪，中国未亡而主权几失。现陆战队尚盘踞厦门不去，商民失业，群情愤激，请一致表示对待。"[①]直到当年10月，事件才得到解决。

1923年底起，厦门的日籍浪人在市区四处劫掠，到1924年1月，日籍浪人的掠劫扰乱活动愈发猖獗。为打击其嚣张气焰，厦门地方军警对携带枪械的日籍浪人进行严格检查。面对军警的检查，日籍浪人拒不配合，甚至公然持枪抗拒，遭到军警的严厉处置。日本驻厦领事馆为袒护日籍浪人，调遣军舰进入厦门。1月15日，日本驻厦领事馆调遣"对马"号军舰（当时厦门已停泊日舰"松"号）抵达厦门；2月8日，再调"大井"号巡洋舰及"杉"号驱逐舰驶入厦门，至此在厦门的日舰达到4艘。日本驻厦领事馆企图以武力相胁迫，向厦门地方当局提出无理要求。直到3月初，厦门驻军臧致平与日本驻厦领事就解决日籍浪人与厦门军警冲突事件达成协议后，日舰才陆续离开厦门。

[①] 李向群主编《近代厦门历史资料汇刊：申报纪闻》第六册，厦门大学出版社，2020，第39页。

第一章 侵华野心不断膨胀 厦门沦为寇图之的

1924 年 3 月，日本第一舰队司令官、海军大将铃木贯太郎统率日本第一战队、第三战队、第一水雷战队、第一潜水战队，共 28 艘军舰，由日本佐世保出发，取道青岛来到厦门，开展"演习警戒航行、单独训练及阵形运动等教练"[1]。

1924 年五六月间，厦门又发生"台探事件"，日本帝国主义一如往昔，抓住机会立即派兵登陆示威，要求地方政府惩办所谓"凶手"。

1926 年 4 月 8 日，日本第一舰队进入厦门港，炫耀所谓的日本海上威力[2]。

1927 年 4 月 30 日，日舰"夕张"号驶抵厦门；10 月 21 日，日舰"国风"号自汕头进入厦门港。

20 世纪 30 年代到抗战全面爆发前，日本军舰在厦门港海面活动更加频繁。

1932 年 2 月，入侵上海的日军遭到十九路军的重创，侵略奸计未得逞，于是向其他地方进行武力威胁，"南方沿海口岸首当其冲者为厦门与汕头，故最近日方又增舰开赴厦、汕，借以牵掣西南援沪兵力"[3]。

1933 年 11 月 15 日，3 艘日本驱逐舰抵厦，第十三驱逐舰舰长山木正夫中佐等于 16 日前往拜访厦门要港司令林国赓及厦门市政筹备处处长许友超[4]。

1934 年，大批日本军舰先后抵达厦门，日本水兵擅自登陆厦门"游览"，并放言日本海军陆战队准备"常川驻厦"。

1935 年 2 月，日本海军第三舰队司令百武中将率领日本军舰到厦门。其间，百武中将先后"访问"厦门政商各界，"力言中日合作，共保东亚和平"[5]。

1935 年 5 月 9 日、10 日，厦门海关缉私艇在厦门外海对日籍渔船"宝盛

---

[1] 李向群主编《近代厦门历史资料汇刊：申报纪闻》第六册，厦门大学出版社，2020，第 46 页。
[2] 洪卜仁主编《厦门抗战岁月》，厦门大学出版社，2015，第 8 页。
[3] 李向群主编《近代厦门历史资料汇刊：申报纪闻》第九册，厦门大学出版社，2020，第 19 页。
[4] 参见李向群主编《近代厦门历史资料汇刊：申报纪闻》第九册，厦门大学出版社，2020，第 288 页。
[5] 李向群主编《近代厦门历史资料汇刊：申报纪闻》第九册，厦门大学出版社，2020，第 291 页。

丸""乌来丸"进行例行缉私检查，引起日本不满。日本军舰遂在厦门外海制造"'专条'号事件"进行报复。5月29日，厦门海关缉私舰"专条"号在厦门外海乌龟屿海面缉获两艘走私中国渔船。5月30日晨，"专条"号在押解走私渔船回厦门途中，遭遇两艘日本海军军舰。日本军舰随即对"专条"号进行左右夹击，要求"专条"号停航接受其检查。"专条"号未予理会，日本军舰竟开炮威胁，强迫其停航。"专条"号停航后，日本海军士兵登舰，要求其交出海图、日志，遭到严词拒绝。经过数小时对峙，日本军舰不得已放行"专条"号。此事件后，日籍浪人的走私活动愈发猖獗。

1936年4月，日本舰队进入厦门港，随舰日本官兵于4月22日、23日分批上岸"游览"厦门南普陀寺一带。

1936年6月12日，日本驱逐舰"早苗""若竹""吴竹""刈萱""朝鼓"号等6艘军舰，在司令细萱少将乘坐的日本第五水雷舰队旗舰"夕张"号率领下，自台湾马公港出发抵达厦门港，停泊于鼓浪屿后海面及大担港口。舰队"入港时鸣礼炮，我'通济'舰答礼"①。

1936年6月14日起，"夕张"号率"朝颜""芙蓉""刈萱"号等15艘军舰，在厦门、台湾、汕头间海域举行战斗演习，演习持续一个多月。此后，这些军舰就不断在闽南、粤东沿海巡弋，随时"待机而动"。

1936年6月20日，10艘日本军舰驶抵厦门示威。随后，日本第十三驱逐舰队司令西岗茂泰率"吴竹""若竹"两舰也抵达厦门。

1936年8月初，日本联合舰队从佐世保军港出发，长途航行至厦门"会操"。日军"扶桑""长门""那珂""长良"号等76艘军舰，以及28000多名官兵、1600多名将校，自8月3日起陆续到达厦门，8月5日开展所谓的"会操"。这些参加"会操""演习"的日本海军舰艇抵厦后，第一潜水战队、第二水雷战队停泊于鼓浪屿后方；第二潜水战队、第一水雷战队、第七及第八战队停

---

① 李向群主编《近代厦门历史资料汇刊：申报纪闻》第九册，厦门大学出版社，2020，第301页。

泊在胡里山炮台、屿仔尾炮台及大担灯塔之间；第一、三、五战队，第一、二、三舰空战队，特务舰队，则停泊在港外十里处的青屿与金门间海面。参加"会操"的各舰队主要将官有联合舰队司令长官兼第一舰队司令长官大将高桥三吉、第二舰队司令长官中将子爵加藤隆义、第三舰队司令官中将原敬太郎、联合舰队参谋长兼第一舰队参谋长少将野村直邦等。由于日本此次来厦门"会操"的舰队规模庞大，又时值华北局势紧张之际，引起国人极大不安与愤慨。对此，日本海军大佐须贺彦次郎却百般狡辩，称"此次大规模演习属于通常演习，并无政治作用"，"期待与中华民国军官亲近，正确认识日本帝国海军之实相，以达舰队平时和平之使命"。面对日本军舰在中国领海耀武扬威，国民政府当局却麻木不仁。对此，当时上海《申报周刊》评论一针见血指出："向例外舰赴厦，须于事前数日，由该国领事通知厦门要塞司令。民国二十三年（1934）以后，日舰到厦门不复履行此项手续，而现在竟进一步要在厦门附近作大规模的演习，真可谓得寸进尺，且不啻视厦门为它自己的禁脔。"[①]厦门《江声报》严厉质问："为什么我们不曾有大的舰队到日本海去会操？""什么时候我们至日本海会操，让他们招待欢迎？"《厦门大报》也呼吁国人和政府警惕日本帝国主义的狼子野心。

1936年10月22日，日本第五驱逐舰队司令江户兵太郎率"松风""春风"两舰抵厦"访问"。

1936年11月，日本海军第四舰队驱逐舰"秋风"号等4艘军舰抵厦，停泊于鼓浪屿海面。与此同时，日本第五水雷战队也在厦逗留。11月30日，日本驻闽海军武官须贺在日本驻厦领事的陪同下，到厦门市政府"拜访"市长李时霖（1936年3月至1937年9月初任厦门市政府市长）。李时霖则在厦门市政府"欢宴"须贺一行。[②]

1936年7月以后，在日本"新南方政策"影响下，与厦门一水之隔的台湾也进入积极部署军事力量的状态。日本源源不断地向台湾运送军械，"由日运来之

[①] 洪卜仁主编《厦门抗战岁月》，厦门大学出版社，2015，第10页。
[②] 参见厦门市地方志办公室、厦门市档案馆编《厦门抗日战争时期资料选编》（上），1986，第124页。

高射炮、野战炮、机关枪、步枪极多，铁线网营幕及其他军用品尤难数计，平均每星期有运输轮两艘，自日抵台，全为运送此类物品。仅上星期一周中，已运到军火五百六十箱，起卸后每军以一日兵监视，搬运之台人苦力，亦莫由辨箱面之标识"①。日本此举，显然是已经着手准备对厦门进行军事入侵了。

1937年1月17日，日本第三舰队司令长官谷川清乘"出云"号军舰抵厦。18日，访厦门市政府市长李时霖、厦门要港司令部司令林国赓。

1937年3月13日，日本第五水雷战队司令大熊乘"夕张"号旗舰抵厦。

1937年7月7日，抗日战争全面爆发，作为交战国的日本海军在福建沿海海域依然肆无忌惮活动。其驱逐舰"疾风""追雨"号和巡洋舰"夕张""若竹"号等频繁进出厦门港口。1937年7月，日本第五水雷战队司令大熊率"夕张""朝颜"号军舰到厦门。8月2日，日本海军"夕风""追风"号军舰进入厦门。8月3日，日本海军旗舰"夕张"号、驱逐舰"追雨"号抵达厦门，这些日舰均泊于厦门鼓浪屿海面。"夕张""吴竹"两舰"时来时去，飘忽无定"。8月20日，日舰"夕风""追风""逐风"号仍停泊在厦门港。当大批日本军舰进入厦门港口时，日本驻厦总领事还恬不知耻地就厦门报纸的抗日宣传向厦门市政府市长李时霖提出抗议，称报纸言论"对日不利，易引起该国人民不良感叹"②。其行径之厚颜无耻可见一斑。

8月底，日本驻厦领事馆撤离厦门，在厦门的日本军舰也随之离开。厦门港迎来了一段没有日本军舰横行的短暂时期。

---

① 李向群主编《近代厦门历史资料汇刊：申报纪闻》第九册，厦门大学出版社，2020，第303页。

② 厦门市地方志办公室、厦门市档案馆编《厦门抗日战争时期资料选编》（上），1986，第124—125页。

第二章

抗日救亡运动高涨　保家卫国万众一心

近代以来，厦门饱受西方列强侵略之苦，厦门人民对外来侵略始终保持高度警惕。鸦片战争期间，厦门两度遭受英国军事入侵。1842年，鸦片战争以清政府战败告终，清政府被迫与英国签订《南京条约》，厦门被开辟为通商口岸。此后，西方列强接踵而至，在厦门建领事馆、开洋行、设教堂、划租界，全方位地对厦门进行侵略。具有爱国情怀和反侵略精神的厦门人民，以大无畏的勇气与侵略者展开顽强斗争：从鸦片战争期间抗击英军，到反对英国侵占海后滩、抵制鼓浪屿沦为公共租界，再到发起抵制美货运动、抗议太古洋行侵权建栈桥……面对一次次外来侵略，厦门人民一次次勇敢地站起来，与侵略者展开殊死搏斗，沉重打击了外来侵略者的嚣张气焰。与反抗其他西方国家的侵略相比，厦门人民反抗日本侵略的斗争几乎贯穿了整个近代史。

作为后起的资本主义国家，日本在明治维新以后迅速加入西方列强侵略中国的行列。其侵略行径与其他西方国家相比，更加残暴贪婪。1875年，日本在厦门设立领事馆。1895年，日本侵占台湾后，把侵略矛头指向厦门。1896年，日本强迫清政府签订《通商口岸日本租界专条》，在厦门强划虎头山设立日本专管租界。1900年，日本制造厦门东本愿寺火灾事件，企图以此为借口占领厦门。1915年，日本驻厦领事馆在厦门设立日本警察署，配备大批警察，在厦门肆意捕人……1937年9月3日，日本飞机、军舰公然轰炸、炮击厦门。面对日本侵略者不间断、步步升级的侵略行为，厦门人民也展开了反对日本占领台湾、反抗日本强划虎头山租界、反对日本派兵登陆厦门、反对日本在厦门设立警察署、反对日本占领青岛、反对日本占领东三省、反抗日本侵略厦门等一系列斗争，从不间断、毫不妥协，把反对日本侵略斗争和抗日救亡运动不断推向高潮。

第一节　日本侵略得寸进尺　反抗斗争不屈不挠

在19世纪70年代日本出兵侵略台湾的过程中，日军军舰取道厦门进攻台湾。

清政府对此应对乏力，虽厦门道尹要求日本军舰驶离厦门，但日舰置之不理，引发厦门人民强烈反对。1895年，清政府与日本签订《马关条约》，将台湾全岛及所有附属各岛屿、澎湖列岛等割让给日本，大批台湾民众被日本侵略者残酷屠杀。由于台湾民众中许多人来自包括厦门在内的闽南地区，因此厦门人民对于台湾被割让和台湾人民的悲惨遭遇感同身受。不愿当亡国奴的台湾同胞纷纷离开台湾返回大陆，如台湾富绅林尔嘉、陈金方等，他们在大陆声援台湾人民的抗日斗争。没有离开台湾的同胞也开展了英勇的反抗行动。在日本侵略者的残酷镇压下，台湾人民的反抗斗争不得不从公开转入地下，许多爱国志士潜回大陆，继续开展反抗日本占据台湾的活动。厦门与台湾一衣带水，是台湾同胞返回大陆的首选之地。许多台湾爱国志士回到大陆后聚集在厦门，以厦门为基地，开展反对日本侵略台湾的活动，组织反抗日本殖民统治台湾的爱国团体，宣传、号召全体国人团结抗日，收复台湾。厦门因此成为台湾同胞反抗日本殖民统治的重要基地，成为日本侵略者眼中的"排日"据点，引起日本侵略者的极大关注。

日本占领台湾后，侵略野心更加膨胀，与台湾关系密切的厦门成为其下一个目标。1896年，日本提出要在厦门设立日本专管租界，遭到厦门人民的强烈反对——民众一边上书官府陈述划界危害，一边阻止日本驻厦领事实施插旗划界活动。由于厦门人民的反对，租界的地址和范围一变再变。清政府地方当局在日本驻厦领事的施压下，最终将专管租界确定在厦门虎头山周围。1899年8月23日，厦门地方官员会同日本驻厦领事馆官员前往虎头山脚进行插旗划界。当地民众闻讯后，迅速包围日本领事馆官员，当官府人员试图驱散民众时，进一步激起民愤。民众用石头、砖头砸向他们，还有妇女投掷沾满粪便的扫帚，日本驻厦领事馆官员落荒而逃。日本强划租界的行径不仅遭到虎头山周边民众的抵制，也激起厦门全市人民的反对，市面上"各铺户亦一律罢市，居民复分赴臬宪行辕及道署喊冤"[①]。厦门外街日商志信洋行因未关门，遭到群众围攻，一时间全市商店罢市、船

[①] 李向群主编《近代厦门历史资料汇刊：申报纪闻》第三册，厦门大学出版社，2020，第381页。

工罢海。面对群情激愤、要求保全国土的爱国群众，地方官府只得承诺暂停划界，罢市、罢海风潮才得以平息。同年10月，在日本驻厦领事馆调来军舰威胁的情况下，厦门地方官府与日本驻厦领事馆秘密签订《厦门日本专管租界续约章程六款》《厦门日本专管租界续约章程十二款》，将厦门虎头山一带划为日本专管租界。然而，因忌惮厦门人民的反对，且各方对租界范围存在争议，日本官员迟迟没有前去勘界，日本在厦门强划的专管租界长期未能实际建立。

19世纪末20世纪初，大批日籍浪人进入厦门。这些日籍浪人是台湾当地作奸犯科之徒，被台湾总督府驱逐到了厦门。这是台湾总督府和日本驻厦领事馆的"一箭双雕之计"：一方面，解决了台湾当地的社会治安问题；另一方面，将这股势力引入厦门，蓄意制造社会秩序混乱，为日本驻厦领事馆渗透扩张、策划侵略厦门的阴谋提供了便利。日籍浪人进入厦门后，与在厦日本人相勾结，以日本驻厦领事馆为靠山，凭借"籍牌"为护符，从事走私贩私、制毒贩毒、偷税漏税等活动，甚至占山为王、杀人越货。由于日籍浪人受日本驻厦领事馆庇护，享有治外法权，不受中国法律管辖，因此为非作歹、横行无忌，为厦门人民所深恶痛绝。当时，不仅普通市民深受其害，正当商人也因无法与日籍浪人公平竞争而苦不堪言。在晚清政府软弱、无力与日本政府交涉的情况下，厦门各界只能以自身力量与在厦日本人和日籍浪人抗衡。在此过程中，厦门本土的民间势力通过武力对抗等方式，对日籍浪人的嚣张气焰给予了沉重打击。由于日籍浪人是日本为侵略厦门而特意培植的一股黑恶势力，如"台纪""台吴""台探"事件，虽然表面上都是厦门地方封建势力与日籍浪人势力的较量，但在这几起事件中，日籍浪人背后都有日本驻厦领事馆的支持和纵容。因此，厦门人民为打击日本侵略势力，也给予事件中的当事方纪姓、吴姓人士和侦探有力支持，特别是在"台吴"事件过程中，日籍浪人虽然有日本驻厦领事馆调来的日本军舰支援，但是厦门人民对吴姓族人给予了更大支持，甚至以开展罢市、抵制日货相援，最终日籍浪人和日本驻厦领事馆都没有占到便宜。

1915年，日本驻厦领事馆以"保护在厦日籍台人"为借口，擅自在领事馆内设立警署，配置分署长及常驻警员。这一行为严重侵犯了中国主权。事件曝光后，厦门人民立即展开抗争，一方面通电各地寻求援助，另一方面敦促政府与日方据理交涉。1916年，日本驻厦领事馆变本加厉，在厦门市区公然设立"日本领事馆厦门警察分所"。此举不仅引发厦门民众强烈抗议，更激起国人的一致声讨。迫于舆论压力，日本驻厦领事馆不得不做出让步。虽然日方摘下了警察分所的牌子，却仍保留了分所内的警察。此后数年，福建省政府、厦门地方政府与日本驻厦领事馆多次交涉，但因日方无理狡辩，始终未能达成实质成果。厦门人民反对日本非法设立警署的行动也一直没有停止。1928年3月2日，日本警察署警员在厦门擅自拘捕韩籍学生李箕焕、李刚、李润炳、李明斋等4人，再次引起厦门人民极大愤怒。厦门各界迅速召开大会，成立"厦门各界反对日本侵略主权委员会"，并决定对日本实行经济绝交。面对厦门人民的反对，日本驻厦领事只好同意将厦门市区的日本警察撤回鼓浪屿日本驻厦领事馆警察署，并承诺日后检查日本籍民住宅及逮捕罪犯时，须提前通知中国官厅，不得擅自执行。

1919年，五四运动在北京爆发。消息传到厦门后，各界迅速响应，投身于捍卫国家主权的爱国运动。厦门学界率先行动，大同书院、鸿鹿小学、崇实小学、励业女子学校等纷纷印发传单，高呼誓死收回青岛主权。5月8日，厦门学生举行集会，声讨北京政府的卖国罪行，并散发传单。5月15日下午2时，同文书院500多名学生在校内开会。陈锦洲、苏香川等人相继发表演说，"至痛切处有声嘶下泪者"。同日，寻源中学、崇实小学、鸿鹿小学等学校的学生也在各自学校集会，表达爱国热情。

5月16日下午2时，厦门岛与鼓浪屿各校4000多名学生举行集会，声援北京学生的爱国运动。会后，学生们举行游行示威，他们手持旗帜，旗上书写"还我青岛""急起救国""头可断、青岛不可失""唤醒国魂"等标语。游行队伍从水流巷出发，沿户部新街仔、霞溪仔，从东门进城，经南门出城，过关仔内、火烧街、石埕街、镇邦街、岛美街等街巷，转入卖鸡港，直至崎头宫结束。沿途学生们高呼口号、散发传单，号召民众奋起抗争，捍卫国家主权。

在学生运动的推动之下，厦门工人群体毅然投身到反对日本侵略中国主权的斗争浪潮之中，抵制日货、拒绝使用日币，码头工人不为日本船只装卸货物。在学生、工人的影响下，厦门市民也纷纷响应，台湾银行、新高银行遭到挤兑，日本人开的商店无人光顾。17日下午，厦门钱庄公会开会，决定不收换日台银行发行的纸币，不与台湾银行、新高银行发生业务往来。凡是经营东洋海味及日本布匹生意的商家都发电报阻止货物运到厦门。厦门民众的愤慨之情，由此可见一斑。[①]

5月18日，厦门商人、学生、工人等各界代表共同组建"厦门国民大会干事部"。接着，由学生、商人、店员及工人构成的反日市民大会、十人团、日货调查组、反日救国会等组织陆续成立。尤其值得一提的是，在当时处于社会最底层的妇女也组织成立了"婢女救援团"[②]，全力支援厦门各界开展反对日本侵略中国主权的斗争。

5月20日下午，厦门各界在同文书院操场举行国民大会，绅、学、商、报等各界人士及市民群众2万多人到场，共同商讨挽救青岛的办法。会上，各界代表相继发表演说，并当场拟定通电文稿，分别发给北京政府、广东军政府、中国参与欧洲和会的代表、美国各报界、北京和上海各报界，以及驻北京的英、美、法、意各国公使。

面对全市大规模的抵制风潮，日本驻厦领事写信给厦门道尹，要求禁止厦门的反日活动。在日本领事的施压下，得不到上级支持的厦门道尹命令思明县警察厅发布压制抗日活动的告示。告示大意如下：此事关系重大，中央政府自有办法；厦门是交通商埠，凡是通商各国，所有商行、商货、商船、商民都应切实保护；厦门市民深明大义，希望不要有过激行为，以免妨碍大局；倘若发生意外，后果自负。尽管思明县警察厅的告示带有威胁性，但厦门人民并未退缩，继续分发传单，抵制日货的活动也持续开展。日本商店无人光顾，大批日本草帽、布匹、鞋子等货物被愤怒的民众烧毁。厦门人民的抵制运动，给予日本帝国主义沉重打击。5月21日，日本政府竟然派遣4艘军舰闯入厦门港，妄图通过武力恫吓迫使厦门人民屈服。然而，面对政府的压力和日本的军事威胁，厦门人民毫不畏惧，反而

[①] 参见李向群主编《近代厦门历史资料汇刊：申报纪闻》第五册，厦门大学出版社，2020，第338页。

[②] 刘正英：《五四运动在厦门》，《福建党史月刊》1999年第5期。

更加团结，坚决与日本帝国主义的侵略行径作斗争。

6月5日，厦门公民大会干事部接到北京来电，得知北京学生演讲时400多人被拘，且有2名学生被步军统领拘押，遭受笞刑后入狱；又接到上海来电，称上海因北京学生被捕一事，全市开展罢市斗争。干事部当即将各地消息印成传单，于当晚分发各界，约定次日起一律停业罢市，直至当局释放学生。6日早晨，整个厦门市区如约停业，商人罢市，学生罢课。上午11时，厦门政界人员出面劝告开市复课，各界均置之不理，仍旧关门停业。7日晚，厦门公民大会干事部接到北京被拘押学生将被无条件释放的消息，厦门总商会立即召开紧急会议，决定8日开市复业，各学校也于9日正式复课。[1]

6月28日，中国专使在巴黎拒绝签约的消息传到厦门，"商学各界为外交后盾计，提倡国货益形剧烈"[2]。厦门商界当晚召集全厦门商家在十途公会商议抵制方针，会议议定抵制日货的策略，并将其制成《简章》，次日印刷后分发各界执行。

在后续抵制日货的行动中，厦门各界态度坚决，行动果敢。厦门港仔口的闽南药房采购的几十箱日本药水运抵后，码头工人坚决拒卸，货物只得暂存于和记洋行仓库；老叶街某商行订购的400箱神户月琴火柴到货后，被国民大会干事部严格检查，判定禁止发售，并派专人看守；寮仔后谦顺行从广东运来的14箱妹鹿标火柴，经检查发现并非完全国货，只能将原货运回；车加辘洽昌号和卖主巷崇利号各自购得的50包宝星面粉，查验时被识破是换袋假冒的东洋面粉，同样被退回。

妇女群体同样积极参与。女界演说团每逢周日就组织演讲。7月4日下午，在小走马路举办的女界联合演说大会上，数千民众到场聆听。当新街仔礼拜堂的苏俊美女士登台演讲时，台下喧闹的人群瞬间安静下来，所有人都全神贯注地沉

---

[1] 参见李向群主编《近代厦门历史资料汇刊：申报纪闻》第五册，厦门大学出版社，2020，第351页。

[2] 李向群主编《近代厦门历史资料汇刊：申报纪闻》第五册，厦门大学出版社，2020，第351页。

浸在她关于爱国真谛的诉说之中。当雅化女学生柯上巧、洪宝针上台演讲时，更令许多听众流下眼泪。

在抵制日货的同时，厦门商界也开始为制造国货而努力。太使巷仁记号老板章文筹划建厂制造火柴，得到吴省三、吴克明、黄书传、黄庆元等人的大力支持；一位卢姓老板租下小走马路的广东会馆，购置织机等设备，用于建设织布厂；厦门通俗新剧社则在天仙茶园上演新剧，演出门票收入全额用于建设国货陈列所。①

五四运动是厦门人民反对日本侵略行动的进一步发展与升华。随着民众觉悟程度的持续提升，斗争具备了更为清晰明确的政治诉求，"捍卫主权"成为这一时期反帝斗争中最为响亮、激昂的口号。

1925年5月30日，震惊中外的"五卅惨案"发生，举国激愤。在厦门，厦门大学学生率先发起声援。

"遥闻5月30日惨剧，不胜悲愤！望继续奋斗，务达打倒帝国主义目的。本会誓为后盾！"这是1925年6月2日厦门大学学生会总委员会第16次会议向上海学生会发送的电文。会议同时向全国各社团通电，强烈谴责帝国主义强占领土、奴役人民及残暴屠杀工人、学生和商人的行径，高呼"若不急起直追，国亡无日矣"。会议还决定致电北京段祺瑞政府，要求政府严正交涉，以保主权而固国体。

6月4日，国民党福建临时省党部在厦门总商会召集思明县教育会、通俗教育社、益同人公会、华侨协会、建筑工会及各保民自治会等30多个团体，连同各学校近百名代表举行会议。会上正式成立"厦门国民外交后援会"，江董琴、庄希泉、许卓然、余佩皋等25人被推选为代表，会议决定6月6日召开厦门各界声援"五卅惨案"大会并举行全市大游行。

同一天，厦门大学学生会召开第17次会议，推举刘大业等12人承担声援"五卅惨案"及组织厦门学生联合会的重要任务，全力推动厦门地区反帝爱国运动的

---

① 参见李向群主编《近代厦门历史资料汇刊：申报纪闻》第五册，厦门大学出版社，2020，第352页。

深入开展[①]。6月5日,《厦门大学学生为五卅惨杀案罢课宣言》发布,决定即日起全校学生一致罢课,并提出十项对付办法:(一)向英、日两政府抗议,令其通电世界,宣布惨杀时情形,并派代表向我国道歉;(二)犯事之日本厂主及英国捕房,应受相当惩罚;(三)英、日两国政府,须通牒申明其对于我国领土内之国民不得再有横暴举动;(四)凶犯应按律抵罪;(五)促醒全国各界抵制英国、日本之货物,实行经济绝交;(六)募捐维持工人生计,使得延长罢工;(七)英、日两国政府应抚恤身亡之工人、学生;(八)罢工工人,日纱厂须照给工资;(九)揭破帝国主义者在我国之一切黑幕,并铲除其侵略我国之工具;(十)推翻国内一切勾结帝国主义者之恶势力。

6月6日清晨,厦门各界声援"五卅惨案"大会在厦门大学演武亭如期举行。国民党福建临时省党部代表许卓然、厦门大学代表罗扬才及思明县教育会会长黄幼恒等相继上台演讲。随后,一场全市性的反帝示威大游行展开,89个社会组织的5000多名群众参与其中。游行队伍沿着新马路、得胜街等街道浩荡前行,"打倒帝国主义"的口号声震耳欲聋。当游行队伍行进到海后滩租界时,"为死难同胞复仇!""取消不平等条约!""实行经济绝交!"的呼声更是响彻云霄。当日,厦门全城被反帝爱国的热情点燃,呈现"三罢"局面:商店停业、学校罢课、工人罢工;中国银行、中南银行等华人银行停止营业,各报社暂停出刊;市民代表在全市范围内分发关于"五卅惨案"的传单二十余种。鼓浪屿英华书院、美华学校、毓德女中等校学子也乘船渡海到厦门,积极投身到这场浩大的游行之中。游行结束后,鼓浪屿学生在返程途中,依旧情绪激昂,不断高呼"打倒帝国主义!""为死难同胞复仇!""废除不平等条约!""收回租界!"等口号[②]。

声势浩大的斗争浪潮让在厦的英、日帝国主义者陷入极大恐慌。在游行队伍抵达海后滩前,英、日驻厦领事馆便要求漳厦海军警备司令部派军警保护海后滩安全,还在台湾银行、三井洋行和太古洋行等处屋顶上架设机关枪,严加防备。

[①] 厦门市总工会编《厦门工人运动史》,厦门大学出版社,1991,第119页。
[②] 中国人民政治协商会议厦门市委员会编《厦门的租界》,鹭江出版社,1990,第68页。

此举进一步激怒了民众，这三家银行和洋行的门窗玻璃被愤怒的人群砸得稀烂。在鼓浪屿，英、日领事馆火速增派警察设防，工部局巡捕也倾巢而出，如临大敌，各个码头与交通要道均被重重封锁，生怕游行队伍进入鼓浪屿，或引发鼓浪屿工商界响应。工部局局长甚至亲自上阵，持枪在海滨巡逻。

6月7日上午，厦门大学学生会召开全校学生大会，邀请上海学生联合会代表报告"五卅惨案"的经过。当天，厦门大学学生外交后援会正式成立，《声援》周刊创刊，揭露帝国主义的侵略暴行。《声援》的发刊词大声疾呼"为国家争主权，为民族争人格""取消一切不平等条约，使外人租借地、领事裁判权、外人管理关税权以及外人在中国境内的一切政治行使权，从早废除"。

6月15日，上海学生联合会第二次闽粤宣传代表林尧阶在厦门向各团体报告上海情形。6月16日，厦门总商会汇集各方捐款3004元，由中国银行汇往上海支援工人。6月17日、18日，林尧阶又应各学校之请，讲演"五卅惨案"经过，引发更多学生响应。6月18日，厦门学生联合会正式恢复，并发表成立宣言和《对上海"五卅惨案"宣言》。

在集美学校，学生们组建救国团，"一体减膳食粥，以余资援助上海工人"。同时，学校还组织5支讲演队，于17日分别前往同安、马巷、灌口、刘五店以及集美附近村镇开展宣传演讲。学校教职员工也踊跃认捐，捐款额度按照薪资划分：月薪不足50元的，捐赠薪水的二十分之一；月薪在50元至100元之间的，捐赠薪水的十分之一；月薪100元以上的，则捐赠薪水的五分之一。校主陈敬贤更是慷慨解囊，捐款1000元。全校工人团体每人认捐的数额从1元到5元不等，其中商业部工人陈元会捐出10元。[①]

为把反帝斗争推向深入，后援会与学生联合会等团体还派出代表深入海员、码头工人等群体之中积极劝导，抵制日货与停业罢工行动成效显著：洋行华员、邮政工人及厦门造船厂的660多位工人纷纷宣布罢工；定期往返港沪的轮船停

[①] 参见李向群主编《近代厦门历史资料汇刊：申报纪闻》第七册，厦门大学出版社，2020，第313页。

航；从南洋驶来的轮船入港后也大多难再驶出；厦门与福州之间的交通几近中断；日本轮船"凤山丸"从台湾驶入厦门港后，码头工人、驳海工人、双桨工人等一律拒绝为其起卸货物[①]；许多受雇于外国人的杂工、厨师、保姆毅然卷起铺盖，宁可面临失业困境，也坚决不再为洋人效力[②]。

更广的范围里，以"五卅惨案"为题材的话剧在中华戏院等地公演，以反帝爱国为主题的《通俗周刊》《通俗丛刊》出版发行，"国民外交后援会"派出专人监督抵制英货、日货工作。在厦门人民声援"五卅运动"的热潮中，厦门第一个工会诞生了——1925年6月，罗扬才协助中共广东区委在草仔垵建立了中华海员工业联合会总会厦门分会。当月中旬，厦门第一个共青团支部在集美学校成立，这也是闽西南第一个共青团支部，李觉民任书记。从此，在团组织的领导下，一系列反对日本暴行的宣传活动更为有序地开展起来。该支部与7个月后成立的厦门地区第一个中共支部——中共厦门大学支部一起，成为反帝斗争的领导核心力量。

1926年1月5日，厦门大学学生会召开反对日本出兵南满市民大会，全市40余个团体、数千名市民在新马路集合参会。随后，全厦开展罢市、罢工、罢课，海上作业工人也开展罢海。当市民开展游行之时，遭到警察厅干涉。当天下午，各界在教育会开会，讨论改组外交后援会。1月6日，市民大会发出对日抗议电，要求政府严正交涉。1月10日，外交后援会改组，并与市民大会合并。此后，外交后援会持续开展反对日本侵略的活动。

1927年6月23日，厦门市民举行纪念"沙基惨案"及反对日本出兵大示威，全市休业停工，海面除小船外也实行停海，2万多人参与示威游行大会。6月25日，厦门外交后援会召开会议，讨论对日经济绝交办法，各界成立反日出兵委员会。6月27日开始对日本实行经济绝交。9月，厦门市党部下令反日出兵委员会解散。

[①] 参见厦门市总工会编《厦门工人运动史》，厦门大学出版社，1991，第121—122页。
[②] 参见厦门市总工会编《厦门工人运动史》，厦门大学出版社，1991，第122页。

1928年3月,在厦门人民抗议日本驻厦领事馆擅设警署期间,日本警察署在厦门擅自拘捕4名韩籍学生,此举再次激起厦门人民极大愤怒。厦门各界召开大会,成立厦门各界反对日本侵略主权委员会,决定对日实行经济绝交,并开展罢工、罢课、罢海行动。3月31日,厦门反日会进行改组,商、工、学各界分别召开大会:商界成立厦门商民对日后援会,工、学各界也分别成立对日后援会,以反日会为总机关,各后援会分头开展反对日本侵权活动。此后,尽管当局多次要求反日会停止活动,但因日本持续对我国进行军事侵略,厦门各反日团体始终坚持开展反对日本侵略的斗争。

日本侵略中国的野心不死,厦门人民对日本侵略的警惕之心时刻不松。

第二节 抗日救亡运动兴起 民众抗日情绪高涨

1931年9月18日,沈阳柳条湖铁路上一声巨响,日本关东军自行炸毁日本修筑的南满铁路路轨,并反诬中国军队所为,随即炮轰中国东北军驻地沈阳北大营,震惊中外的九一八事变爆发,日本侵略者开始大规模出兵东北。蒋介石政权采取不抵抗政策,致使东北三省失陷,同胞惨遭屠戮、颠沛流离。

日本的侵略行径激发了厦门人民同仇敌忾的反侵略意志与保家卫国的信念。九一八事变爆发次日,厦门反日会即召开会议,商讨对策。9月20日,厦门反日会紧急组建宣传队,奔赴大同路、海后路、思明南路等核心街道,以及百宜戏院、龙山戏院等影院、戏院进行演讲,宣传队所到之处,民众群情激愤。同日,约500名厦门大中学生走上街头,举行反日示威游行,抗议日本侵略行径。

在九一八事变爆发后的连续几天里,厦门《江声报》先后以《如真"世无公理"绝不瓦全这强横世界》等为题发表文章,呼吁厦门人民奋起反抗日本侵略,捍卫家园与尊严。9月22日,《江声报》撰文写道:宁为玉碎,不为瓦全,鹭岛

20万民众誓为后盾，做好与日本帝国主义作殊死战的准备。许多厦门民众自发组建抗日团体，就连十几岁的初中生也积极投入到抵制日货、抗日游行的队伍中，一些海归学生还与国内外各大学驻厦校友建立反日大同盟。

9月25日，厦门举行反日宣传大会，大会提议组建反日义勇军。3天后，由厦门建筑总工会、城内保消防队等呈请政府登记的抗日义勇队成立。成立当天即有50多位市民报名参加，他们准备在经过军事化训练后，出发前往东北，协助东北义勇军抗击日本侵略。9月30日，厦门大学教职员工召开大会，决定成立"厦门大学教职员工抗日救国会"，并分别致电国民党政府，要求对日宣战。类似的团体还有"收复东北失地同盟会"等。

在国家遭受日本侵略、民族处于危亡之际，国民党政府却推行"攘外必先安内"政策，既恐惧方兴未艾的群众性抗日民主运动，又不敢公开反击日本侵略，出于一党之利考量，做出违背国家民族利益的决策。行政院急电全国，压制民众的抗日活动，厦门等地方当局马上宣布戒严，取缔各种反日宣传与集会，大肆鼓吹所谓"镇静外交"。

但是，厦门人民的抗日救亡运动并未因此而停止。10月16日，厦门各校师生组成210人请愿团，由教授丁作韶率领向政府请愿，要求政府对日宣战，恢复民众运动，允许张发奎将军率部奔赴黑龙江支援，全力援助前线浴血作战的马占山将军部。10月17日，中共厦门中心市委与共青团厦门市委发表《武装起来赶走日本帝国主义》[①]，以犀利的文字戳穿当局骗局，号召工农兵大学生及一切劳苦群众行动起来，驱逐日本帝国主义在华一切侵略势力，用民众的武装力量夺回东三省。

10月19日，厦门各界反帝大同盟成立。11月2日，厦门抗日救国会正式成立，并在厦禾路厦门建筑总工会公开挂牌。厦门抗日救国会决定："电请中央对日断绝邦交，并作积极备战，同时电请各省、市反日会一致加紧反日工作。此外，

[①] 中共厦门大学委员会党史编委会编《厦大党史资料》第一辑，厦门大学出版社，1987，第244页。

决定定期在厦门中山公园召集民众反日救国大会,发动反日宣传。"①

经过近两个月的筹备,由厦门各校学生和教职员共同发起的厦门学界反帝大同盟于11月12日正式成立。厦门各个行业的反帝大同盟也陆续成立。11月16日,这一天是国际联盟限定日本撤兵的日子,适逢美国艾迪博士在厦门游说,中共厦门中心市委巧妙利用这一机会,鼓动教会学校学生在欢迎途中改道市中心,进行反日演讲,引来听者数千人。次日,厦门学生罢课并前往各商店劝阻日货售卖,不料遭到地方军警镇压,2人被捕。中共厦门党组织立刻发动上千名学生包围厦门公安局和国民党厦门市党部,高呼"集会自由""爱国无罪""释放被捕人员"等口号②,迫使国民党当局释放被捕学生。

11月19日,日军攻陷齐齐哈尔的消息传至厦门,震惊的厦门民众纷纷上街演讲,控诉日军的暴行。中共厦门中心市委发动学生环城游行,一路上深受感染的群众不断加入,游行队伍的人数达六七千人。倍感恐慌的国民党厦门地方当局随后逮捕了其中7名五金工人。但不惧威吓的厦门学联,继续响应全国学联号召,准备在中山公园集会示威,终因消息走漏被国民党当局提前压制而无奈取消。此后,为扩大斗争影响,厦门大学学生于1931年11月底、12月初先后两次组织多达数百人的代表团,前往广州、南京请愿,向国民党政府提出"实现统一政府""武力收复失地""援助马占山""严惩汉奸"等十项要求。中共厦门中心市委还利用报刊开展抗日宣传,鼓励民众参加抗日救亡斗争。

1932年1月28日,日本为转移国际视线进攻上海,制造"一·二八"事变,驻上海的十九路军奋起抵抗。其间,全国各地人民和海外华侨纷纷募捐,厦门工人、厦门大学教职员工等也筹集款项支援,并致电慰问前线将士。十九路军将军蒋光鼐、蔡廷锴特别电复厦大教职员工:"鄙军抗战,天职使然,远承慰劳,并惠犒金,三军感奋。"

在日军侵犯东北、上海的同时,日本军舰频频骚扰厦门沿海,民众无不愤慨

---

① 厦门市总工会编《厦门工人运动史》,厦门大学出版社,1991,第194页。
② 参见厦门市总工会编《厦门工人运动史》,厦门大学出版社,1991,第194页。

难平。1932年2月7日，厦门互济总会成立，下设12个分会，会员达到1万多人。3月4日晚，当民众看到蒋介石命令十九路军撤出上海的消息时，聚在海后滩壁报栏前，愤怒无比，久久不肯离去。他们将前来驱赶的厦门公安局侦探队队长胡震团团围住，怒问其"你是中国人吗？你愿意当亡国奴吗？"恼羞成怒的胡震立刻抓走数人并关押，导致五六千名群众围堵厦门公安局。但气焰嚣张的厦门公安局局长不仅无视群众"登报道歉""释放群众""惩办胡震"等要求，反而用水龙喷射民众，继续抓人并开枪示威。3月5日凌晨，军警竟对手无寸铁的群众开枪，当场打死1人、打伤6人，另有1人因抢救无效死亡，酿成厦门"三五惨案"。

"三五惨案"的鲜血，使厦门人民的愤怒达到了顶点。中共厦门中心市委当即召开紧急会议，确定斗争对策，并于3月6日组织千名工人群众到国民党厦门市党部、厦门公安局示威。3月7日，中共厦门中心市委、共青团福建省委发出《为国民党出卖上海和厦门公安局惨杀群众事件宣言》[1]，提出"要起来，扩大反日运动，全厦门罢市、罢工、罢课、罢岗，反抗枪杀民众的国民党政府"。同一天，厦门抗日救国会举行会议，提出五项要求：一是要求将厦门公安局局长撤职，扣留侦探队队长并移交福建省政府严办；二是妥善抚恤伤亡人员；三是立即恢复壁报；四是取消禁止爱国运动的规定；五是司令部要在两周内履行上述条件。迫于压力，当局终于作出妥协，答应上述条件。

3月19日，厦门妇女救国会成立。8月，为反对日军进攻热河，支援东北义勇军作战，中共厦门党组织召开各界群众团体代表联席会议，成立援助东北义勇军民众后援会筹备会。9月11日，鼓浪屿成立抗日救国会，组织义勇队开展抗日活动，厦门抗日救亡运动得到进一步发展。

12月17日，厦门市商会召开执监委员暨各同业公会代表联席会议，决定成立厦门商界抗日救国会，以巩固抗日阵线、抵制日货。12月24日，厦门商界抗

---

[1] 中共厦门大学委员会党史编委会编《厦大党史资料》第一辑，厦门大学出版社，1987，第253—254页。

日救国会正式成立。在成立会上,各委员宣誓:"余等誓以至诚,服务抗日工作,恪守本会会章,如有营私舞弊,愿受全市商民最严厉之处分。"①

1933年1月16日,中共厦门中心市委发出《为反对日本进攻热河占领山海关宣言》,号召闽南民众联合起来开展民族革命战争反对日本侵略。4月8日,厦门各界召开反帝大会,会后发布反帝、反日《宣言》。

1934年9月15日,厦门、同安、安溪、南安、永春、德化等地18名代表在厦门举行会议,成立中国民族自卫会闽南筹备会,决定出版《反日战线》。为促进抗日民族统一战线的形成,厦门工人联合会改名为厦门工人抗日会,厦门互济会改名为厦门商人反日会,海员总工会改名为厦门海员警备会,厦门妇女救国会改名为厦门妇女抗日会,厦门青年救国会改名为厦门青年抗日会,厦门反帝大同盟改名为厦门各界反日会,厦门赤色农会改名为厦门农民抗日会。②

日本对中国一而再、再而三的军事侵略行径,让与被日本侵占的台湾一水之隔的厦门人民时刻保持警惕,厦门人民的抗日救亡运动也因此持续深入开展。

1936年初,厦门大学、"双十""中华""慈勤""毓德"等多所学校掀起抗日救亡歌咏活动的热潮。厦门妇女界也发挥自身优势,以独特的方式推动抗战歌曲的传唱。她们还抓住每天清晨卖报儿童在各报社门前等待发报的时机,教孩子们唱救亡歌曲。孩子们学会后,在卖报途中传唱,回家又教给母亲、姐妹等女性。这些女同胞组成歌咏队,将《打回老家去》《义勇军进行曲》《大刀进行曲》等一首首著名的抗战歌曲传播开来。

5月1日,厦门市提倡国货委员会创办《国货会刊》,其《杜绝走私之我见》一文尖锐地指出日货走私入境给中国社会带来的严重后果——"都市萧条、农村崩溃、厂商破产,几如洪水之后已无一片干净土",呼唤国人使用国货、发展生产。

8月,厦门民众歌咏会成立。

---

① 厦门总商会、厦门市档案馆编《厦门商会档案史料选编》,鹭江出版社,1993,第445页。
② 杨锦和、洪卜仁主编《闽南革命史》,中国计划出版社,1990,第165—166页。

1936年底，在各歌咏组织和学生团体的推动下，5000多人在厦门中山公园齐唱抗战歌曲，"撼天震地的雄壮歌声，掀动了鹭江的怒潮，吓退了敌人的凶焰"！

1936年，厦门大学教育专业陈启肃（后成为著名戏剧家）以"学校戏剧乃教育与艺术之结晶"为初衷参与组建了"厦大激流剧社"，并编导多部抗日话剧。

抗日战争全面爆发前夕，在中共厦门工委的推动下，厦门大学、双十中学、毓德女中等大中学校纷纷组织业余剧团，进步文化活动蓬勃展开，厦门南天剧社也于此时应运而生。这是在中国共产党抗日救亡方针号召下，由知识界组成的业余剧团，主要负责人和演员有叶苔痕、黄希昭、王金城（王秋田）、李侠、钟青海等，成员包括小学教师、大学生、新闻记者、职员与社会青年。南天剧社先后演出了田汉的《南归》《苏州夜话》《湖上的悲剧》等独幕话剧。七七事变后，剧社部分人员离开厦门，留下的社员转入厦门市各界抗敌后援会，开展歌咏、戏剧演出等宣传工作。战时敌机轮番轰炸，话剧演出从剧院搬到街头，《放下你的鞭子》《抓汉奸》等街头剧演出场次多、效果好，在发动群众、鼓舞斗志方面起到了不可替代的作用。

1937年2月，漳州芗潮剧社到厦门巡回演出，上演了轰动全城的多幕剧《钦差大臣》。两个月后，泉州鸽翼剧社、漳州芗潮剧社、海沧海哨剧社受南天剧社邀请抵厦联合公演，厦门进步话剧在这一时期达到高潮。

5月，"中国诗歌会"的创始人之一、革命诗人蒲风来到厦门，与厦门诗歌爱好者童晴岚、陈康容（又名陈亚莹）等发起组织"中国诗歌会厦门分会"，出版《厦门诗歌》创刊号。该会多次组织诗歌座谈会，成员中有不少是厦门抗日救亡运动的妇女骨干。在她们的积极传播下，一首首抗战诗歌走进厦门百姓中间，鼓舞了人们的斗志。

也是在这一年，18岁的音乐才子李焕之回到厦门，成为厦门市各界抗敌后援会的一分子。在厦门，李焕之结识了蒲风，两人一拍即合，成为志同道合的挚友。他们怀着对祖国的热爱和对侵略者的痛恨，一个作词、一个谱曲，先后创作了《厦门自唱》《抗日救亡》等十首抗日救亡歌曲。在这些歌曲中，《厦门自唱》以铿

第二章　抗日救亡运动高涨　保家卫国万众一心

锵的旋律和质朴的歌词，唱出了厦门人民坚决抗日、保卫家乡的决心："我是厦门，我是炸弹，我满贮着杀敌的火焰，安放在厦门港中，告诉他——那贪食的东邻野兽哟，别妄想鲸吞，一天他们胆敢尝试，他们的骨肉会立刻炸碎成粉，从他们的兽心上惊散了野蛮的灵魂。"[①]李焕之与蒲风等人的合作，不仅为厦门抗日救亡运动注入了宝贵的精神力量，也在厦门音乐史上留下了一段佳话。

"怒吼吧，南中国，为民族的解放，为人类生存的真理，振一振你的尊严，和野兽——帝国主义作最后的斗争！"[②]从蒲风、童晴岚等人的抗战诗歌，到"滚！滚！滚！大家起来拍（打）日本"等口口相传的闽南语歌谣，再到"狼心狗肺大奸商，贩卖日货无天良"等抵制日货的民歌，一个个为抗战而创作的文艺作品，成为那个特殊时代的精神象征，激励着厦门儿女为救亡图存而英勇奋斗[③]。

1937年5月，厦门市筹办第一届运动会，邀请弘一法师为运动会会歌作词谱曲。彼时"弘一自遁入空门，碍于佛制，诗词歌赋等诸般艺事，已大多弃而不作"[④]，且正准备闭关修行。但接到创作邀请后，弘一法师慨然应允，为运动会会歌作词谱曲。翻开厦门市档案馆所藏的这首《厦门第一届运动会会歌》，我们不难从中窥见弘一法师当时的创作心情：

禾山苍苍，鹭水荡荡，国旗遍飘扬。

健儿身手各显所长，大家图自强。

你看那外来敌，多么狓猖！

请大家想想，请大家想想，切莫再彷徨！

…………

到那时，饮黄龙，为民族争光！

在弘一法师的笔下，《厦门第一届运动会会歌》不再是一首简单的运动会颂歌，

[①] 于鹏：《浅析抗战艺术歌曲〈厦门自唱〉》，《戏剧之家》2017年第2期。
[②] 柯文溥：《"南中国歌手"——忆厦门诗人童晴岚》，《闽台文化交流》2012年第1期。
[③] 洪卜仁主编《厦门抗战岁月》，厦门大学出版社，2015，第29页。
[④] 金梅：《悲欣交集：弘一法师传》，福建教育出版社，2010，第394页。

更成为一曲同仇敌忾、激励人心的抗日救国战斗号角。

7月7日,抗战全面爆发,中华民族处于危亡之际。厦门人民在愤怒之余,立即投入抗日救亡运动。在中共厦门工委的广泛动员下,各种抗日救亡组织如雨后春笋般成立。7月28日上午,厦门市文化界抗敌后援会在厦门中山公园通俗教育社成立;当天下午,厦门市各界抗敌后援会成立;8月19日,中共党员谢亿仁(又名谢怀丹)等发起组织中国妇女慰劳自卫抗战将士总会厦门分会。这三个抗日救亡组织的成立,标志着厦门抗日救亡运动的热潮空前高涨。各组织成立后,立即投入到抗日宣传和慰劳驻军活动中。8月29日,为扩大抗战宣传并欢迎第一五七师进驻厦门,厦门市各界抗敌后援会在中山公园召开民众大会,全市机关职员、学校师生、社团员工、市民等6000余人参加。8月30日,厦门市职业界抗敌会宣告成立。全市各区、各界抗敌后援队、鼓浪屿体育界救亡筹备会等也先后成立,提出"无分老幼,都要为民族争生存"的口号。在山河破碎、民族危亡时刻,老人、妇女、儿童毅然挺身而出,投身抗日救亡洪流。

9月3日,日军开始炮击、轰炸厦门。当天,厦门儿童救亡剧团(简称厦儿团)在厦门定安路保生堂成立。厦儿团成立后,在中共党员的组织领导下编排并演练抗日戏剧。1938年1月,厦儿团在鼓浪屿鹭江戏院举行首场演出。此时,弘一法师返回厦门,友人为其安全考虑,纷纷劝他到内地暂避,他却视死如归,坚决不从。在给李芳远的信中,弘一法师说:"为护法故,不避炮弹,誓与厦市共存亡。"在给蔡丏因的信中,他说:"倘值变乱,愿以身殉。"[①]抗战期间,弘一法师还将"念佛不忘救国,救国必须念佛"这句著名的口号题写下来,赠予多人,宣传抗日救国。

10月26日,金门沦陷,厦门唇亡齿寒。10月28日,中共闽粤赣省委发出《对日抗战保卫漳厦宣言》,《江声报》《华侨日报》等媒体也纷纷推出抗日救亡"专刊"或深度报道。为加强军事新闻报道,胡资周作为被推举的厦门市各界抗敌后援会会长,同时担任星光日报社社长,该报大量刊登抗日救亡文章,并派出战地

---

① 王维军:《念佛不忘救国的弘一大师》,《法音》2015年第9期。

记者赵家欣到前线采访报道。①

11月，厦门市政府教育科组织成立厦门市教育人员战时工作团，开展儿童教导、民众训练工作。

12月20日，厦门、泉州11县市抗敌会在泉州召开联席会议，讨论抗敌统一步调；同日，厦门市老年人举行抗敌宣传大会。12月25日，厦门义勇儿童总部成立，在厦门连英小学组织小学生开展训练。12月26日，厦门鳌岗小学成立儿童抗敌后援会；同日，厦门市人力车夫抗敌服务团成立。1938年1月8日，厦门文化界救亡协会成立；1月21日，鼓浪屿青年抗敌后援队成立；2月，厦门民众战地服务团成立。

在抗日救亡旗帜下，厦门各抗日救亡组织积极开展抗日宣传、演出、慰劳前线活动。老年人积极参与抗敌宣传大会，妇女们高呼"走出厨房，负起救亡责任"的豪迈口号，或登高演说，或募捐物资，或演街头剧，或教唱救亡歌曲。孩子们也为救国救亡而四处奔走：禾山萃英小学100多名学生捐出积攒的零花钱；鳌岗小学200多名儿童上街游行；在连英小学的训练场上，厦门义勇儿童总队的成员们身姿挺拔、神情专注，学习各种技能，为投身抗日斗争做准备。

在抗日救亡运动中，抵制日货是一项重要活动。1937年9月，福建省抗敌总会决定在全省彻底清除敌货（即日本商品，当时亦称仇货）。同月，厦门市各界抗敌后援会发出公告，开展抵制日货活动，要求凡有库存日货的商人，在9月19日至30日内前往国货部登记，逾期一律以新进仇货论罚。②10月，厦门市抗敌后援会开会讨论肃清仇货问题。11月，厦门市临时消费合作社对没收的日货进行拍卖，将拍卖所得捐作国防建设经费。据《申报》报道，当时厦门市区登记积存的敌货总价值200多万元，其中绸缎布匹数量最多，其次是杂货，接下来依次是海产品、颜料、五金、瓷器、参类药材、洋火柴、柴火、酒类等，共13个品类，涉及471家商号。自10月起，全市各条街道大规模降价拍卖敌货。由于绸缎布匹、

---

① 参见洪卜仁主编《厦门旧报寻踪》，厦门大学出版社，2010，第3页。
② 参见厦门市档案局、厦门市档案馆编《厦门抗日战争档案资料》，厦门大学出版社，1997，第179页。

杂货等均非当季用品，其他货物（除海产品外）也大多不是日常用品，加之民众自发抵制，市面经济不丰裕，因此成交甚少。一个月期限到后，仅售出六七十万元的敌货，难以彻底清除。对未在10月限期内处理完毕的日货，福建省抗敌总会要求将其交由抗敌会集中进行拍卖；若再发现销售日货者，按汉奸论处，而告发者将获得查获敌货价值60%的奖赏。①

1938年"三八"国际劳动妇女节当天，1000多名厦门妇女走上街头游行，她们一路高唱抗战歌曲。街边的群众起初只是好奇地驻足围观，随着雄壮的歌声不断传入耳中，越来越多的人被深深触动，纷纷加入歌唱的行列。这场盛大的游行，成为厦门抗日救亡歌咏活动中浓墨重彩的一笔。

这一年春天，由鼓浪屿青年抗敌服务团精心排练的抗敌戏剧《收复金门》《晋江的洪流》在鹭江戏院公演，极大激发了民众的抗敌热情。儿童戏剧也不甘人后，除最著名的厦门儿童救亡剧团集体创作的《报仇》外，厦门沦陷后还涌现了陈慎中创作的儿童独幕剧《厦门三儿童》等优秀作品。

中共厦门工委按照中央的指示精神，派遣党员加入各抗日救亡组织，以公开或秘密身份开展活动，深入各阶层、各群体宣传、组织和发动群众，动员民众投身抗日救亡洪流。中共厦门工委还积极联络国民党厦门市党政军各界中上层人员，尽可能团结一切可以团结的力量，向他们宣传中国共产党的抗日主张，争取支持，推动更多有影响的人士加入抗日民族统一战线，共同打击日本侵略者。

第三节　有钱出钱有力出力　同心共志抵御外敌

"皮之不存，毛将安附？国若残破，何有于家？"在开展形式多样的抗日救

---

① 参见李向群主编《近代厦门历史资料汇刊：申报纪闻》第九册，厦门大学出版社，2020，第338—339页。

亡宣传的同时，厦门各阶层人民同仇敌忾，有钱出钱、有力出力：踊跃认购救国公债，积极募捐和慰劳前线将士，儿童参加救亡工作，学生节食捐款，妇女捐献首饰，父亲送子参军，市民献屋抗敌，和尚参与救护培训……涌现了许多可歌可泣的动人事迹。

1931年九一八事变爆发，马占山在东北江桥等地与日军英勇激战，打响了中国军队有组织抵抗日本侵略的第一枪。消息传到厦门，民众备受振奋，一时间，慰劳行动在厦门如火如荼地展开。

1931年11月19日下午，厦门市商会召开第14次常务委员会，洪晓春（洪鸿儒）、陈瑞清、黄瑞甫、陈极星等知名人士参加会议。会上，委员陈瑞清提议：马占山孤军抗日，保全东省半壁江山，为国干城，劳苦功高，商会应设法慰劳，以资奖励忠勇军人。会议决议通告各商号踊跃到会捐输，派员向各同业公会及各商号劝募慰劳金[1]，并于1931年12月21日委托中国银行闽行向马占山汇款大洋6700元[2]。厦门反日救国会、集美女子小学、厦门群惠小学等也先后通过银行电汇捐款慰劳马占山部队[3]。

与全国人民一道，厦门人民对马占山的慰劳行动，跨越了地域的限制，将后方民众和前线抗日战士紧紧连接在一起，不仅为抗日战争注入了强大的物质支持，更传递了无坚不摧的精神动力。

1936年11月至12月，中国军队在绥远省抗击日伪军侵袭，接连取得大捷，史称"绥远抗战"。全国上下纷纷为绥远抗日将士捐款赠物，形成了一股强大的抗日救亡热潮。11月20日，鼓浪屿米商率先行动，一日便捐出158.75元，并迅速汇往北方前线。[4]12月，厦门市商会共募集慰劳绥远抗敌将士捐款1万多元，通过中国银行闽行汇给坚守在抗战前线的傅作义将军[5]。在为绥远抗日将士捐款

---

[1] 参见厦门总商会、厦门市档案馆编《厦门商会档案史料选编》，鹭江出版社，1993，第444页。
[2] 厦门市档案馆馆藏，A047-001-2306-0097。
[3] 厦门市档案馆馆藏，A047-001-2758-0029。
[4] 参见洪卜仁主编《厦门抗战岁月》，厦门大学出版社，2015，第84页。
[5] 厦门市档案馆馆藏，A047-001-2849-0122、0123。

慰劳的过程中，涌现出许多感人事迹，厦门市商会"寿洪援绥"便是其中一例。12月8日，时任厦门市商会会长的洪晓春恰逢72岁寿辰，商会同仁原计划为他举办寿宴，洪晓春却以"国难严重，前线将士餐风宴露，忝属国民分子，不能执戈以卫社稷，已属憾事，何敢云庆"为由拒绝。鉴于洪晓春的爱国热忱，商会倡议将为他祝寿的寿宴改为以其名义为前方将士募集捐款，这一倡议得到了洪晓春的同意。随后，商会将洪晓春寿宴所收的寿仪（2000多元）悉数汇往绥远前线，用于慰劳抗敌将士。

抗战全面爆发后，厦门各界抗日救亡组织纷纷成立，广泛开展劝募工作。厦门儿童救亡剧团、鼓浪屿抗敌服务团大众救亡剧团等接连举行各类公演，筹款慰劳抗敌将士。1937年7月12日，社训队筹赈游艺会，日夜公演京剧、话剧和杂艺，其中日场京剧改映电影，第一天的预售票款和门票收入就达到1434.22元[①]。在《第一次公演特刊》中，鼓浪屿抗敌服务团大众救亡剧团呼吁："我们为要扩大厦门的献力运动宣传，募集'人力''财力'帮助驻军备筑防御工事，坚强厦门的国防线。"8月，厦门市各界抗敌后援会在厦门市商会召开慰劳前线将士征募会，决议面向银行、公司、华侨等组织劝募。抗敌后援会将全市划分成七个区，分头派员劝募；各同业公会常务委员负责向所属会员进行劝募；全市房铺收入捐助一个月，由佃户抵缴租金；全市各机关、团体学校及商店店员，以一个月所得薪水，捐助两成以上。中国妇女慰劳自卫抗战将士总会厦门分会也迅速开展抗敌将士慰问活动。在一次妇女捐献大会上，厦门分会组织股股长黄楚云在台上第一个摘下金戒指当场捐献，台下妇女们受到鼓舞，紧随其后摘下耳环、戒指，争先恐后往主席台上送。妇女们还发挥手工优势，集体为战士们缝制短裤、干粮袋等物品。

8月14日，鼓浪屿华人议事会所组建的征募队各分队分头出发征募国防献金，在此后的一周时间里，共募集到8788.03元及金戒指一枚、金项链一条。鼓浪屿

---

① 参见厦门市档案局、厦门市档案馆编《厦门抗日战争档案资料》，厦门大学出版社，1997，第155页。

居民施纯禁将鼓浪屿水牛庭 E140 号房屋估价折购救国公债。厦门市民叶孙仁将禾庆街、禾祥街两处 14 间店屋（估值 45000 元）捐出，作为国防工事建设费用。在致厦门市政府市长高汉鏊的呈文中，叶孙仁说："民乃国民一分子，痛自卢变发生、全民抗战以来，民尚未尽贡献国家之责，对于国民义务负疚良深，兹商得全家上下人等同意，愿将店屋献呈。"①

9 月 3 日，日军驱逐舰"扶桑""羽风""若竹"号进犯厦门，厦门炮台守军奋勇还击，日舰重伤后仓皇离去。厦门市抗敌后援会慰劳部的妇女同胞们第一时间前往炮台慰劳受伤战士。此后，日本军舰不时轰炸袭扰厦门，厦门民众无不牵挂前线动向。9 月 20 日，厦门市商会主席洪晓春等 29 人代表商会，携带罐头、牛肉、饼干、药酒、香烟、柚子、香蕉、万金油、八卦丹、毛巾、肥皂等十余种慰问品，前往厦门警备司令部、海军厦门要塞司令部和各炮台慰问驻军②。由《星光日报》记者赵家欣率领的厦门各界慰劳团，也携水果、药品等大批慰劳品乘专艇慰劳前线战士。更有许多热心同胞远道赶来慰问，海外侨胞亦纷纷汇款慰问。9 月 28 日，鼓浪屿各界共筹集捐款 717 元，交由厦门市各界抗敌后援会慰劳厦门驻军。11 月初，厦鼓中小学生用短短 3 天时间募集各种慰问品 10000 多件：他们将鲜果等送至厦门警备司令部慰劳驻军，其余物品则整理后送往北京、上海等地，慰劳前线将士；中山路义华公司也捐出 125 个面包慰劳厦门守军；鼓浪屿慈勤女中学生连夜赶制出 150 双手套，还募集到 700 多件慰劳品和寒衣，一并送往前线。③11 月 5 日，厦门市各界抗敌后援会鼓浪屿支会将募捐的 1191 件棉背心和 276.8 元捐款，第一时间送往前线。12 月 11 日，"慈勤""教儒园""维正""毓德"等校女生，将赶制的 431 件寒衣送交厦门市各界抗敌后援会，由该会转寄至前方将士手中。

---

① 厦门市档案馆馆藏档案，A009-001-0038-009。
② 参见厦门市档案局、厦门市档案馆编《厦门抗日战争档案资料》，厦门大学出版社，1997，第 157 页。
③ 参见厦门市档案局、厦门市档案馆编《厦门抗日战争档案资料》，厦门大学出版社，1997，第 158—160 页。

为推销救国公债、筹集抗战资金,1937年9月,厦门成立救国公债劝募委员会福建省分会厦门市支会,推选陈联芬、沈志中、丁玉树、洪晓春等为支会委员,分设总务、劝募、宣传、会计和审核五个组,计划用4个月时间劝募救国公债80万元。10月13日,厦门市各界抗敌后援会拟定筹助防御工事经费办法,明确由厦门市政府负责办理台湾籍民及冒牌华商的国防献金;厦门市财政局、市商会、市警察局负责劝募本市房铺租金;鼓浪屿区负责该区劝募工作等[①]。11月28日,厦门市警察局局长沈觐康为劝募救国公债,向全体警界人员发出号召:"一国兴亡,匹夫有责,况我警士食国家之俸禄,岂能漠然置之,而不尽一分之责耶?"[②]广大厦门民众踊跃认购,至1937年底,陆续募集的救国公债超过80万元,其中各银行所募集及百姓自行到银行认购的救国公债数额达30万元,厦门电灯公司等四大公司认购10万元,商界认购20万元等,在全省名列前茅。[③]除了认购救国公债,厦门的普通百姓在募捐支援前线物资(无论背心、布鞋)时,无不展现出极高的爱国热情,"没有一次不是超过数额"。

厦门市新生活运动促进会为响应新生活运动总会发起的"一日一分捐款运动"及征募物品、献枪运动,要求各机关、团体和学校至1937年10月底前成立"一日一分运动委员会",开展捐款和征募活动,"以增厚抗战之力量"[④]。11月6日,厦门市新生活运动促进会再度发出公函,提出募集前方用品两项办法:(1)定于6日、7日两天为宣传期间,由各校员生及保甲长组织劝募队分区宣传。(2)定于8日、9日、10日三天为募集前方用品期间:各铺户由各校童子军率领警察局人员、清道夫携带货车分途募集;各住户由保甲长负责募集,汇送新运会[⑤]。

---

① 厦门市档案馆馆藏档案,A018-001-0045-003。
② 厦门市档案馆馆藏档案,A005-008-0020-0114。
③ 参见厦门市档案局、厦门市档案馆编《厦门抗日战争档案资料》,厦门大学出版社,1997,第167页。
④ 厦门市档案馆馆藏档案,A008-001-0039-0042。
⑤ 厦门市档案馆馆藏档案,A008-001-0039-0024。

第二章
抗日救亡运动高涨　保家卫国万众一心

1937年10月26日，金门沦陷，厦门危在旦夕。1938年4月下旬，日本集结20余艘战舰于福建沿海，面对严峻局势，无畏的厦门人民依然镇定地投入抗日救亡工作——慰劳人员甚至连续6天演出话剧，直至5月6日才闭幕。①

"我们一伙，都是一些穷苦的兄弟，我们没有钱贡献国家买飞机、买大炮、备办一切战时应用的东西。我们有的，就是我们自己身上的'力'，这便是我们救国的本领……我们一致起来打倒日本帝国主义，我们能做到人人'有钱的出钱，有力的出力'，我们相信，最后的胜利定是属于我们的！"这是厦门人力车夫抗敌服务团在1937年12月28日《抗日新闻》所发表的成立宣言。"有钱出钱，有力出力"，厦门人民想尽各种方法募集资金。在广大工友中，罗鸿荃发起"一日所得贡献国家"运动；太古南洋班"安徽"轮船华人员工自发每月从薪水中捐出救国金；太古栈房的华人员工长期节食，从省下的饭钱中捐出献金②。许多民众自动发起"献力运动"，参与修建各种防御工事，并自发筹款购买高射炮；厦门市募集国难防务捐委员会通过拍卖③、向前往香港的旅客劝募④等方式筹措国难防务捐；厦门市各界抗敌后援会等组织则通过"处分仇货"等方式，募集国难防务捐。

面对日寇的入侵，厦门人民展现出空前的爱国热情。1937年8月5日，厦门儿童丁心如（12岁）、蔡爱天（15岁）到厦门市抗敌后援会报名，要求参加抗日救亡工作；厦门同文中学高中部的12名学生致信《江声报》，表示"不敢坐忽国民之责任，除努力推进学生救国工作外，并将此次毕业所拟定各种费用，极力撙节，凑足国币五十元汇交贵报，希即转汇前方将士，聊表慰劳之意"⑤。在招

---
① 参见胡资周：《厦门沦陷的经过》，载厦门市地方志办公室、厦门市档案馆编《厦门抗日战争时期资料选编》（上），1986，第177页。
② 参见厦门市档案局、厦门市档案馆编《厦门抗日战争档案资料》，厦门大学出版社，1997，第176页。
③ 厦门市档案馆馆藏档案，A008-001-0036-0066。
④ 厦门市档案馆馆藏档案，A008-001-0036-0022。
⑤ 厦门市地方志办公室、厦门市档案馆编《厦门抗日战争时期资料选编》（上），1986，第53页。

募壮丁队员的过程中，厦门市郊区农民和城区市民同样体现出强烈的爱国情怀，积极应征。禾山区第二十六保的归侨吕明鼎，年近古稀，膝下仅有一子吕成发。面对日军侵华的暴行，他极为愤慨，亲自将儿子送到义勇队，让儿子参军杀敌，报效国家。寺庙的和尚们也派代表到市社训总队部，要求参加训练，为国效力。经过批准，70名和尚参加了军训，成为救护队员。[①]

1937年12月，厦门海军航空处因地处前线且无飞机可飞，面临裁撤（1938年2月被正式裁撤）。航空处的飞行员们以保家卫国为己任，许声泉、何启仁、傅恩义等13人赴京请缨，要求参加抗战。"中央嘉其志，而准其所请"。经过考核训练，傅恩义成为轰炸机飞行员；许声泉、何启仁、李学信等8人成为战斗机飞行员；其余4人成为空军地勤工作人员。他们一同投入抗日前线参与对日军作战。

1938年2月3日，日军飞机轰炸厦门市区，家住北砖仔埕的李文辉受伤住中山医院治疗。当第七十五师副师长韩文英前往医院慰问时，李文辉表示：伤好后，将房契交政府变卖，作为国防献金，"并将拼此微躯，杀敌报国"[②]。厦门市义勇常备大队在征募出征抗战百名志愿兵的过程中，厦门双十中学19岁学生黄笃灶毅然投笔从戎，成为抗战时期厦门学生从军的首创。1938年4月1日，他随队出征。抗战期间，黄笃灶被编入福建省保安第三团。1940年，他参加反攻南日岛作战，曾率15人小分队守卫白沙岛，与进犯的日军登陆部队激战一昼夜，击沉日军登陆艇2艘，消灭日军30多人；在反攻福清战役中，他孤军奋战、奋勇杀敌；1944年，他又加入中国远征军，赴缅甸与日军作战。面对日本侵略者，平凡百姓争先恐后、义无反顾地投身抗战，感人事迹不胜枚举，这与部分国民党军政大员贪赃枉法、贪生怕死形成了天壤之别。

1938年5月10日凌晨，日军进攻禾山五通时，为第一时间支援、慰劳前线杀敌将士，厦儿团和各抗日救亡团体沿街募捐慰劳品，送到禾山前线，同时监视

[①] 参见厦门市档案局、厦门市档案馆编《厦门抗日战争档案资料》，厦门大学出版社，1997，第61、64页。

[②] 厦门市档案局、厦门市档案馆编《厦门抗日战争档案资料》，厦门大学出版社，1997，第42页。

汉奸发送信号。①厦门市各界抗敌后援会的宣传工作团、慰劳工作团负责人及团员在得知敌人于禾山登陆后，马上分成若干小队，到前线救护伤员。厦门市商会发动全市商民募集各种慰劳品。在炮火猛烈、敌人空中威胁之下，庄金章、严焰等委员"不顾安危，在市区征集而送往前线劳军之物品，为数之多，不可胜计"。至厦门全部失陷时，厦门市商会还有169件前线慰劳品未能送出，这些慰劳品与市内其他物资一同沦入敌手。②

---

① 参见曾梅生：《一支红色的儿童抗日宣传队——厦门儿童救亡剧团始末记》，载厦门市地方志办公室、厦门市档案馆编《厦门抗日战争时期资料选编》（上），1986，第56页。

② 参见厦门总商会、厦门市档案馆编《厦门商会档案史料选编》，鹭江出版社，1993，第157页。

第三章

日本撤离驻厦领事　厦门部署抗战防御

第三章
日本撤离驻厦领事　厦门部署抗战防御

1937年7月7日，日本帝国主义制造七七事变，发动全面侵华战争。8月13日，日军进攻上海。面对日军的入侵，南京国民政府于次日由外交部发表《自卫抗战声明书》，宣布实施自卫、抵抗侵略。8月15日，蒋介石下达总动员令，调集部队保卫上海，淞沪会战打响。总体而言，面对日本帝国主义的步步进逼和不断加快的侵略步伐，国民党政府的态度呈现出复杂面：一方面，其依然秉持"攘外必先安内"的方针，对日本侵略者采取绥靖政策，步步忍耐、退让，仅以"自卫"名义应对日本侵略，始终不敢宣布与日本断交，直到太平洋战争爆发、美国政府对日宣战后，才于1941年12月9日发布《中国政府对日宣战布告》，正式公开对日宣战；另一方面，国民党部分官员对抗战缺乏信心，"抗战必败""抗战必亡"的论调在党内、军内及政府内蔓延，部分势力对抗战采取消极态度。与此形成鲜明对比的是，全国民间抗日救亡运动日益高涨，大江南北、长城内外的抗战呼声一浪高过一浪。

第一节　日本驻厦领事撤离　厦门局势骤然紧张

七七事变爆发之时，地处东南沿海的厦门虽远离华北战事，但民众对日寇入侵极为愤慨，抗日情绪高涨。然而，此时厦门市政府仍与日本驻厦总领事馆保持"正常"关系，厦门市政府市长李时霖要求市警察局注意报纸言论："查最近自卢沟桥事件发生，人心愤激，此固为爱国热诚所驱使，然若不坚持其志，徒暴其气，无裨实际。况中央政府现正积极交涉，沉着应付，以镇静和平之态度，防止事态扩大。此际报纸言论，自应格外审慎，否则，不独增加纠纷，抑且于地方治安有碍。"[①]李时霖还致电福建省政府主席陈仪："本市各报迩来持论激昂，

---
① 厦门市档案馆馆藏档案，A008-001-0021-0042。

日领颇多烦言，恳速派员来厦办理新闻检查，并乞先行电示。"[1]日本虽对厦门觊觎已久，日本驻厦总领事馆却恶人先告状，极力掩盖侵略意图。1937年8月3日，日本驻厦总领事到厦门市政府谒见李时霖，对厦门报刊的抗日宣传表示不满，称厦门报刊发表的抗日言论对日本不利，要求予以纠正。8月6日，面对日益紧张的中日局势和日本即将撤离的传言，日本驻厦总领事向各国驻厦领事声明，福州、厦门日台侨民"并无撤退准备，各国侨民可安心营业，不必张皇"[2]。日本驻厦总领事馆撤离前，丰岛面见李时霖称，厦门市面虽安然，但战事日渐扩大，台侨撤退为时间问题，嗣后侨民利益请代为管理，并请谅解。[3]事实上，日本驻厦总领事馆虽未接到正式撤退命令，但私下一直在准备撤退，安排船舶、军舰分批转移在厦日本人和日籍台人，他们开设的各类机构也相继停业。在对待日本驻厦总领事馆和日籍侨民去留问题上，由于国民党中央政府的态度不明朗，福建省政府和厦门市政府也没有明确指示，默许其自行决定。当时，正值国民党第一五七师部队进驻厦门，福建省政府主席陈仪害怕第一五七师与日本驻厦总领事馆及日籍侨民发生冲突，多次致电李时霖，要求对第一五七师入厦部队进行约束控制。

8月23日下午1时，陈仪密电李时霖："厦日领是否本日回国？日舰是否同时撤退？现一五七师拟派一团兵力来厦，如能于日人退尽后开到最好。"[4]当晚7时，陈仪致电李时霖："中央尚未宣告对日绝交，如我方正式令日侨撤退，国际惯例无此办法，但可由陈秘书长宏声以私人资格婉劝彼方，似以早日离厦免生摩擦之词恳切告之。"[5]4小时后，他再次致电李时霖："请兄即行赴漳，面商黄师长，务将到厦军队加以控制，避免冲突，俾（日籍）台人安全撤退为安。"[6]8月

---

[1] 厦门市档案馆馆藏档案，A008-001-0021-0036。
[2] 厦门市档案局、厦门市档案馆编《厦门抗日战争档案资料》，厦门大学出版社，1997，第16页。
[3] 参见厦门市档案局、厦门市档案馆编《厦门抗日战争档案资料》，厦门大学出版社，1997，第20页。
[4] 厦门市档案馆馆藏档案，A008-001-0060-0001。
[5] 厦门市档案局、厦门市档案馆编《厦门抗日战争档案资料》，厦门大学出版社，1997，第19页。
[6] 厦门市档案馆馆藏档案，A008-001-0060-0001。

24日晚11时20分，陈仪致电李时霖："已电黄师长饬到厦部队暂予控制，避免摩擦，俾日领日侨早日撤退。"①8月26日晚8时30分，陈仪电李时霖："据黄师长有已参二电称：已代电驻厦部队应取行动，以镇静态度进驻防地，地方维持仍责成警局布防态势，形成对敌控制。"②8月27日，国民政府军委会致电陈仪："有戌电悉。除电余总司令、黄师长饬属缓和行动，听其撤退外，希使台日侨（日籍台人）早日离厦为要。"8月29日晚11时10分，军委会再电："奉委座侍参京电开：已电余总司令、黄师长饬属缓和行动，听其撤退。希使台氓日侨早日离厦为要。"③

8月28日上午，日本驻厦总领事馆确定当日闭馆撤离厦门，并在鼓浪屿博爱医院升起日本旗，通过鸣炮的方式通知日本人和日籍台人集中撤离。当天下午，日本驻厦代理总领事高桥茂前往英国驻厦领事馆，称奉命离厦赴台，将于台北设立日本驻厦总领事馆办事处，委托英国驻厦领事马尔丁向厦门市政府市长李时霖转交日方在厦财产清册等文件。对于马尔丁代转的文件，李时霖以日本驻厦总领事馆未曾将其财产托人保管或移交清楚为由，不接收这些文件。下午4时，日本驻厦总领事馆降下日本旗，人员撤出领事馆，在鼓浪屿工部局局长巴世凯的护送下登上停泊在港仔后的日本军舰。5时许，日军两舰（"追风"号和"夕张"号）一轮（"长沙丸"号）离开厦门。④日本驻厦代理总领事高桥茂在撤离之前给李时霖打电话告别，说"此次返国，仍望不久之将来，再行到厦畅叙，共事中日两国之和睦邦交"⑤。日本驻厦总领事馆撤离厦门后，在台湾台北设立日本驻厦总领事馆台北办事处。

日本驻厦总领事馆突然急于撤退，据说与当时发生的一件事情有着密切的关

---

① 厦门市档案馆馆藏档案，A008-001-0060-0001。
② 厦门市档案馆馆藏档案，A008-001-0029-0026。
③ 厦门市档案馆馆藏档案，A008-001-0060-0001。其中，"台氓"为日籍浪人、日籍台人。
④ 参见厦门市档案局、厦门市档案馆编《厦门抗日战争档案资料》，厦门大学出版社，1997，第17页。
⑤ 厦门市档案局、厦门市档案馆编《厦门抗日战争档案资料》，厦门大学出版社，1997，第18页。

系。8月27日，第一五七师突然逮捕厦门要港司令部的司令林国赓，同时解除海军陆战队的武装，占领厦门要港全部炮台、兵营。当夜，鼓浪屿的便衣队员人数急剧增加，包围了日本驻厦总领事馆。日本方面的有关史料记载："进入厦门的中国军（即第一五七师），监禁了一向与我方有亲密交往的厦门要港林司令，解除了该司令指挥的陆战队武装，并占领了全部炮台、兵营……当夜在鼓浪屿的便衣队人数急剧增加，包围了总领事馆，形势非常紧迫……28日上午高桥……随即急速完成撤离准备……同日18时30分撤离厦门。"对于日本驻厦总领事馆来说，第一五七师进驻厦门及采取的抗日措施让他们感到十分紧张。因此，28日上午，日本驻厦总领事馆代理总领事高桥茂急速完成了撤离准备，并于同日下午撤离厦门。此事件发生的原因，按黄涛给蒋介石的密电，是因为林国赓"与日领勾结"图谋危害厦门。这一说法目前没有直接相关的档案史料可以证实，但应该与林国赓一向亲日立场有关。林国赓虽为厦门要港司令，却对日本的侵略行径一向采取包容态度。在处理"台探事件"过程中，厦门民间就有传言：当日本海军陆战队登陆厦门时，林国赓十分惊恐，立即派人向日本海军司令和驻厦领事表示，日本海军可以随时撤退，如果将来日本占领了中国其他地方，厦门可以拱手让日军占领，不必动武。抗战爆发后，当日本海军在厦门港耀武扬威、国人抗日情绪高涨之时，林国赓仍与日本海军司令相互拜访、互动频繁。第一五七师抗战情绪高昂，进驻厦门后积极备战，对林国赓的所作所为不能容忍，因此采取行动。但是，不管黄涛的动机如何，其与林国赓之间的矛盾在客观上对厦门的抗战产生了一些消极影响。

　　日本驻厦总领事馆撤离后，在厦日本人和多数日籍台人也随之撤离。撤离前，日本驻厦总领事馆于1937年7月底两次召集日台居留民会议员和日本商人开会，组织在厦日籍台人成立"青年义勇队"。队员自8月1日起报名登记，由领事馆发放武器及制服，在旭瀛书院操场开展训练。日领事及日籍人员撤离时，厦门和鼓浪屿仍有3000多名日籍台人未撤离，其中包括王昌盛、谢龙阔、李良溪、吴天赐、陈春木、谢阿发等一大批日籍浪人。他们潜伏在鼓浪屿，继续从事情报收集和破坏活动，准备在日军进攻厦门时充当内应。根据当时厦门警备司令部的情报，日本驻厦总领事馆撤离后，仅鼓浪屿上的博爱医院内就匿藏了日籍浪人444人①。

8月23日，日本驻福州领事馆武官山田等人从台湾抵达厦门，入住柏原旅社。此行目的是筹划组织"厦门治安维持会"；与其同行的日本二等飞行士则为接管厦门机场做准备。

8月底，为开展特务活动，日本军方在厦门鼓浪屿柏原旅社成立专门的特务机关，大熊少将任司令，山田英勇任特务长。该机关成员包括林震声（又名林新木）、赖克辉（原名赖百川）、苏亚民、李芦杞、谢龙阔、吴建、李良溪、吴天赐、陈春木、谢阿发、王振南等，下设鼓浪屿、禾山、厦禾路振芳洋行、镇邦路伟义医局四个分所，内部设有宣传、通讯、测绘、调查四课。该特务机关积极开展各项调查，甚至详细探查厦门的水井位置，以便日军登陆后使用；其军事行动计划以厦门港为核心，将水仙宫、民族路、沙坡尾、思明南路至大生里一带设为战时据点，意图压制我方炮台、夺取机场，并以自来水池、南普陀寺、鸿山寺等制高点为依托，配合日军行动。

在侵略厦门乃至福建的策略上，日本帝国主义起初企图以"和平"的方式侵占。例如，日本驻闽武官真方勋、山田英勇等人主张不以军事手段控制福建，而采用收买官吏的办法，在福建制造特殊区域，实现"自治"，进而达到控制福建的目的。②为此，日本方面先后策划了伪华南国、"福建自治"等活动。这些计划失败后，日本帝国主义改变了策略，准备以军事手段夺取福建。为从内部培植力量配合军事行动，日方加紧收买福建内地土匪，企图利用土匪在日军进攻时扰乱我军后方。1937年9月，日本派遣管原、林新木及李卢纪来厦门，与福建省内各地土匪进行联络勾结，希望用最短的时间完成收买土匪的工作。日本实施的计划是，先收买土匪，然后对土匪进行武装，具体措施包括：

（1）军火接济土匪：在日军开始入侵之前，先由土匪用渔船从澎湖或日本

---

① 厦门市档案馆馆藏档案，A008-001-0006-0127。
② 参见厦门市档案局、厦门市档案馆编《厦门抗日战争档案资料》，厦门大学出版社，1997，第5—6页。

军舰上把军火运送至内地；如果这一办法无法实施，则在日军发起进攻时，向土匪发送暗号，由土匪在各地进行捣乱，牵制我军后方，让日军容易上岸。待与日军联络后，土匪再换上日军武器，配合日军作战。

（2）利用土匪配合占领厦门：日军进攻厦门前，先让土匪潜入厦门，组成便衣队或伪装成"良民"，时机成熟时，即与其他敌伪势力联合，扰乱后方、烧毁浮桥、截断第一五七师退路；日军进攻厦门时，土匪先准备50艘船供日军登陆。

金门沦陷后的10月28日，日籍浪人谢龙阔等人在金门召开会议，谋划派遣特务假扮难民潜入泉州、同安，联络土匪配合日军进攻内地。

在情报收集过程中，日军除利用潜伏的日籍浪人外，还从台湾派来大批特务、浪人等进入厦门。1937年10月13日，日本驻香港总领事水泽及山田武官召集日籍浪人王阿海前往香港，面授侵略厦门计划，要求其在厦门组织敢死队。按计划，敢死队分为4区2特别区，各区分设4组，每组百人：第一区队长谢阿发负责第一分局辖区；第二区队长陈戆明负责第二分局辖区；第三区队长林滚负责第三分局辖区；第四区队长方秋因负责第四分局辖区。另设鼓浪屿特区及禾山区，其中鼓浪屿区队长由王阿海兼任。水泽要求王阿海等待时机，在日本海军未进攻厦门时不许盲动。与此同时，台湾军部配合日军开展间谍特务活动，招募200名汉奸进行训练，并于10月31日收缴了200名20～30岁归国华人的护照，目的是在训练结束后，让这批汉奸冒充旅日华侨潜入福建。[①] 日军不仅利用日籍浪人充当间谍，还起用大批妇女执行任务：或从台湾运送妓女伪装成难民潜入大陆，或收买与日籍浪人有旧情的大陆妇女为其服务。

金门沦陷后，成为日军侵略厦门的桥头堡和物资中转站。大批军火和间谍特务由台湾运送到金门，再潜入厦门。部分间谍由台北大同促进会、亚洲黎明协会选派，伪装成华侨，从台北经香港乘轮船来厦门。1937年12月12日，日军从台湾向金门运送400多名曾经居住在厦门的日籍浪人，计划利用他们组建敢死队，在进攻厦门时作为向导，在进行巷战时充当先锋。同月，日军通过"地厘丸""福建

---

① 厦门市档案馆馆藏档案，A008-001-0006-0037。

丸"两艘船向金门运送大批军火、汽油等物资,以及妓女、死囚、浪人等六七百人。其中,妓女充当间谍,死囚和浪人则作为日军进攻厦门的先锋和向导。1938年4月,日军再次利用商船运来大批浪人、妓女,经当地汉奸协助,分批派往内地,仅妓女就达50人,且都通晓闽南语。此外,日军还大肆收买大陆汉奸,潜伏在厦门五通、集美、鼓浪屿等地,刺探我方军情。日军甚至利用宗教人士开展间谍活动。1937年11月,日军由台湾军部出面,收买了20多名来自福清、福州、泉州的留台和尚,经过训练后发给每人200元经费,假装被日方扣留,由台湾经香港转送厦门、福州等地,交由慧明、智慧两位和尚分别负责(慧明负责闽南区域,智慧负责闽北区域),专门侦查我军情报。[①]潜入内地的日本间谍设有专属身份标志和接头暗号:部分以白衬衫、黑纽扣为标记,或手上有针刺伤痕、随身藏匿神像,背心右袋两角用黑蓝线打结;接头时以手掌第三、四两指内屈,大拇指、食指、小指外伸示意。妓女则多以丝巾等物品作为暗号。这些间谍分散在车站、码头、政府机关及部队驻地周边,刺探各类情报,严重破坏了我方抗战工作。

第二节　日军发起武力袭击　厦门军民奋起反抗

七七事变后,随着侵华步伐加快且军事进攻相对顺利,日军加速实施对厦门的侵略计划,积极筹备军事进攻以占领厦门。这一计划旨在:一方面,在中国南方开辟新战场,分散国民政府的防御力量,切断中国的对外贸易及战时物资输送路线;另一方面,企图将厦门作为向南进攻的基地。

1937年8月25日,日本第三舰队司令长官谷川清和日本外交大臣联合发表声明,宣布对中国中部和南部海岸的部分区域进行封锁,即自吴淞至汕头海域,

---

[①] 厦门市档案馆馆藏档案,A008-001-0006-0037。

在此禁区之内，不准中国籍的船舶航行。

8月28日，日本军舰驶入厦门港外的烈屿、大担、浯屿之间海面，企图封锁厦门海港。8月29日，日本航母及飞机6架侵入福州马江，劫去商船3艘。8月31日，日军轰炸机轰炸福建建瓯。

1937年9月3日，日本帝国主义彻底撕下伪装，对厦门发起武力攻击。当天凌晨4时许，日军3艘驱逐舰（"扶桑""羽风""若竹"号）快速窜到厦门外港大担岛海面，炮击白石炮台、曾厝垵海军飞机场，并攻击胡里山炮台。屿仔尾炮台的瞭望长观察到敌情后，立即报告炮台主官何荣冠。何荣冠当即下令开炮迎击，支援胡里山炮台。屿仔尾炮台炮手瞄准技术十分高超，一炮击中敌舰"若竹"号。敌舰受到打击，随即调转航向，以密集炮火向屿仔尾炮台攻击，屿仔尾顿时弹片横飞，硝烟四起。白石炮台也向敌舰展开攻击。此时，被我方炮台击中的敌舰"若竹"号丧失战斗力，在"扶桑""羽风"号的掩护下逃离战场。敌舰逃离后，在外港侦察、游弋的日军重型巡洋舰上起飞3架飞机，分头对胡里山炮台及曾厝垵飞机场进行轰炸，胡里山炮台开炮还击。直到10时许，敌巡洋舰才驶离。当天，敌机除对厦门沿海炮台进行轰炸外，还派出飞机对厦门市区进行轰炸，斗西路、瓮王巷、海军厦门要港司令部、民国路旭瀛书院等处均遭轰炸。[①]

"九三炮战"是厦门驻军与日军的首次交锋，中国军队取得胜利，极大鼓舞了厦门人民的抗日信心，市民和抗日团体纷纷前往炮台慰问抗敌将士。但厦门守军也损失严重：胡里山炮台炮长朱锡卿、炮手李玉生、林海旺等5人牺牲，号兵沈祖贻受伤；屿仔尾炮台班长彭碧龙受伤；白石炮台也有2人受伤。

在厦门首次对日军作战过程中，击退日军进攻和重创日舰"若竹"号是没有疑义的，但有两个问题，地方文史界存在争议：一是哪个炮台击中了日舰"若竹"号？二是是否击沉了日舰"若竹"号？关于第一个问题，部分观点认为胡里山炮台击中了"若竹"号并致其重伤沉没，依据来源于抗战胜利后相关人士的回忆；另有记者回忆报道称，击中该舰的是白石炮台。由于相关报道都是事后回忆，因

[①] 参见厦门市档案局、厦门市档案馆编《厦门抗日战争档案资料》，厦门大学出版社，1997，第23页。

此事实真相难以还原。但是，如果按常理分析，当时日本军舰在厦门港口游弋挑衅是经常的事，此前并没有出现过驻军炮台主动炮击日本军舰的先例。因此，对于此次前来挑衅的日舰，胡里山炮台主动攻击的可能性不大，应该是先受到日舰的攻击，然后仓促应战，胡里山炮台属于被动还击。屿仔尾炮台发现胡里山炮台受到攻击后，开炮支援并击中日舰。屿仔尾炮台属于主动参战，更能沉着应战，击中日舰的可能性也更大。因此，屿仔尾炮台击中日舰"若竹"号这一说法应更可信，这也得到当时一些报道的印证。针对"若竹"号是否被击沉的争议，有人称其受伤沉没，也有人认为该舰驶往金门维修。事实上，福建省政府收到的军事情报表明，9月6日"若竹"号还在东山海面活动[①]，且后续出现在日本海军编队中。这说明日舰"若竹"号只是受伤，而且是轻伤，并没有沉没，受伤后驶往金门，在那里进行维修，随后继续参与侵略作战。其实，是谁击中了日舰，是否击沉了日舰，这都不重要，重要的是当时击退了日舰，鼓舞了民心和士气。当时部分新闻报道存在夸大成分，如以《纪念厦门炮台三勇士》为题的报道：一天早晨，敌舰炮击厦门我方某炮台，"炮弹所经过之弧形炮程，速率不疾，可以让人瞧着"[②]，在炮弹即将落地爆炸时，炮台3名炮兵联手合力抱住了炮弹，炮兵牺牲了，但炮台保住了，其他将士的生命也被保全了。这种报道，只能当成对抗日勇士抗敌精神的赞颂，不应过度解读。

自"九三炮战"后，日军飞机、军舰对厦门的炮击、轰炸趋于常态化，其作战目的包含两层：一是企图摧毁厦门的军事设施，削弱抗战力量，制造社会混乱，为后续进攻铺路；二是对厦门驻军的防守能力进行试探，如果防守能力弱，攻击顺利，则一举登陆并占领厦门。

9月5日，日本海军将封锁范围扩大到中国全部领海。凭借强大的海空军实力，日军完全封锁了中国东南沿海，夺取了在中国的制海权和制空权。日军飞机、军舰在中国广阔的海空域来往自由，毫无顾忌地到处狂轰滥炸。

---

① 厦门市档案馆馆藏档案，A008-001-0009-0001。
② 余生：《纪厦门炮台三勇士》，载厦门市地方志办公室、厦门市档案馆编《厦门抗日战争时期资料选编》（上），1986，第139页。

9月6日下午，日军飞机轰炸厦门公园南路、中山公园、公园西路、演武亭海军无线电台。9月7日上午，日军飞机轰炸演武亭海军无线电台、演武亭海军陆战队团部和磐石炮台。当晚，福建省政府主席陈仪密电厦门市政府市长高汉鳌，通报驻台马公港日本海军舰队已奉令向闽粤海面出动，日驱逐舰"若竹""朝风"号等连日在东山海面巡视，有从该处登陆模样，要求高汉鳌注意防范[①]。

9月14日下午5时许，日军巡洋舰1艘、驱逐舰3艘，利用英国货轮"得忌利士"号进港时机作掩护，对胡里山炮台进行炮击。

10月25日，日军旗舰、航空母舰各1艘窜到厦门港外进行测量，被我守军击退。10月26日晨，日军在进攻金门的同时，出动军舰炮击厦门海岸，我守军开炮还击。当天上午，日本水上飞机3次由金门海面起飞轰炸胡里山炮台；下午，日机又从金门海面起飞，对厦门港、五通及同安澳头、水头、东石一带进行侦察。

日军攻占金门后，把金门作为进攻厦门的基地。失去屏障的厦门直接暴露于日军的炮火之下，日军飞机、军舰对厦门的轰炸和炮击更加频繁。

11月8日晨，日舰5艘从金门出发，窜到厦门禾山区何厝塔埔附近海面，对我海岸进行炮击。11月10日晨，日机1架对胡里山炮台进行侦察；9时10分，日机对胡里山炮台及市区龙王庙、沙坡尾、小埔头进行轰炸，市民多人受伤；同时，在海面上，日驱逐舰1艘、巡洋舰2艘炮击胡里山、白石炮台，胡里山炮台开炮还击。当天下午1时起，日机再次轰炸胡里山炮台，两次轰炸造成炮台营房受损。11月12日午夜1时55分，日机飞往胡里山炮台一带侦察。11月13日凌晨，日巡洋舰1艘，从金门窜到厦门五通海面，并抛锚停泊在欧厝海面；下午1时15分开始，日机先后4次对胡里山炮台进行轰炸；下午3时许，日小炮舰1艘挂英国国旗，在距离五通200米处海面探测水深，我守军发现后开枪扫射，日艇逃往欧厝海面，停泊此处的日本巡洋舰接到报告后，炮击我守军。11月14日晨7时，日舰1艘从金门驶往五通海面侦察；10时许，对五通进行炮击，我五通守军开炮还击；午后，日机对市区进行轰炸。11月19日下午2时10分，来自金门的日舰

---

① 厦门市档案馆馆藏档案，A008-001-0009-0001。

2艘炮击五通、浦口，凤头社正在构筑的防守工事受损，何厝村2人被炸身亡。11月23日上午10时20分，停泊在乌沙海面的日舰2艘，乘潮水上涨驶往距离五通2000米的海面上，对五通守军工事进行炮击，前后持续20多分钟。11月24日，日舰分别对同安莲河、澳头及厦门郊区禾山进行炮击；同时，日军出动飞机对厦门市区、禾山及同安澳头进行轰炸，企图破坏禾山守军的防御工事，但是没有得逞。

12月5日下午，日舰对禾山五通、何厝进行了半个多小时的炮击，炮弹多未爆炸。12月8日上午10时40分，日巡洋舰1艘从金门出发，驶向五通浦口海面停泊，后又转移到何厝海面，并放出小舰2艘，对厦门鸡山、何厝连续炮击。禾山守军发起反击，炮击日舰，日舰见我还击，遂转向西林、泥金海面继续炮击我沿海何厝、西林、香山、泥金等地。在炮战中，泊于何厝海面之日舰被我守军击中，日舰中弹后浓烟滚滚，只得仓皇逃离战场。在逃跑过程中，又被我澳头要塞守军炮击，逃到金门海面时，日舰已起火燃烧。吃了亏的日舰在当天下午1时半转向同安，攻击大嶝、莲河。12月15日上午10时30分，泊于何厝海面的日本驱逐舰，向何厝及香山炮击了30多分钟；下午3时20分，日舰继续炮击何厝及香山。12月26日12时50分，日军轰炸机3架侵入厦门市区上空，在空中盘旋一圈后飞向胡里山炮台上空盘旋侦察，并对炮台投弹轰炸。

1938年1月3日上午9时50分，停泊于金门的日舰5艘驶抵距离禾山五通千余米的海面上；10时05分，日舰开始炮击何厝、香山，"敌舰来势甚猛，且弹如雨下"。少顷，日军又有1艘巡洋舰驶来，与其他日舰一同炮击何厝、香山，随后又炮击了同安澳头。当天上午11时15分，禾山守军发起反击，向日舰开炮，其中1艘日军驱逐舰中弹受伤，"一时浓烟四起，火光灼天，敌舰即相率遁去"[①]。此次参与袭击厦门的敌舰数量众多，且受到我守军打击后并未撤退，依然环伺厦门。而且，根据侦察情报，日军在金门集结军舰10余艘，水兵二三千人。市面盛传日军将登陆厦门，厦门形势顿时紧张。1月4日，厦门警备司令部宣布全市

---

① 厦门市委党史研究室编《厦门市抗日战争时期人口伤亡和财产损失》（下卷），中共党史出版社，2018，第501页。

临时戒严，全体军警、警卫队及壮丁队均武装备战，军警严查行人、车辆。直到1月5日，局势才有所缓和，戒严随之解除。当时，由于台湾出现反抗日本统治的活动，形势不稳定，驻扎金门的部分日军被抽调回台湾。因此，在之后的20天里，日本飞机、军舰都没有对厦门进行炮击、轰炸。

1月25日，日机4架从日舰起飞，对厦门进行大规模空袭，当天共轰炸厦门7次，炸沉海关巡逻舰和民船各1艘，炸塌民房4栋；此外，日舰还对厦门进行2次炮击。同一天，日军飞机对漳州石码进行了3次轰炸。日军飞机、军舰的空袭与炮击，给无辜厦门市民造成巨大灾难，而停泊在附近海面的日本商船船员和乘客却"无不欢呼雀跃"[1]。1月26日，驻金门日舰炮击大嶝，发射炮弹30多发。1月27日，日本飞机4架对厦门市区进行轰炸，一家旅馆被炸，旅客伤亡多人。

2月2日，日军水上飞机4架，由港外飞五通，掷弹11枚。2月3日，日本飞机再次大规模空袭厦门。空袭从上午开始，第一次为上午8时40分，日机3架轰炸胡里山炮台；第二次为上午9时49分，日机3架进入禾山上空侦察；第三次为12时05分，日机3架空袭胡里山炮台；第四次为下午1时03分，日机1架轰炸禾山五通炮台、何厝炮台；第五次为下午2时45分，日机3架轰炸厦门市区，包括厦门海军司令部、厦门市警察局、市区出米岩、公园西路等处被炸；第六次为下午3时47分，日机3架轰炸厦门市区，中华路、北砖仔埕、中府巷、南寿巷、公园南路等处遭袭；第七次为下午4时21分，日机1架侵入厦门上空。当天的轰炸共造成厦门市民16人死亡，15人受伤，市区大量房屋被毁，其中倒塌民房47栋。[2]

2月4日晨7时53分，泊于金门的日本驱逐舰1艘，炮击同安大嶝。同时，日本重型巡洋舰1艘从金门古宁头港驶向大担，泊于大担海面。守军发现敌情后，立即严阵以待。9时14分，日巡洋舰向胡里山开炮攻击，胡里山炮台立即开炮还

---

[1] 李向群主编《见证：1938厦门——日寇入侵厦门前后报刊史料汇编》，厦门大学出版社，2015，第124页。

[2] 参见厦门市档案局、厦门市档案馆编《厦门抗日战争档案资料》，厦门大学出版社，1997，第37—38页。

击，磐石炮台、南炮台也同时向日舰开炮。在我三炮台夹击之下，日舰逃离战场。此次日舰炮击造成1人身亡。9时50分，逃回金门古宁头的日舰转向炮击何厝，损毁房屋多间，我驻禾山炮兵开炮还击。午后2时30分，日舰又开炮攻击厦门香山。2月8日，驻泊金门的日舰炮击厦门禾山、五通及同安的大嶝、莲河、澳头等处沿海地带。2月23日，为打击日军连日对我沿海不断空袭、炮击的嚣张气焰，我空军飞机飞往台湾台北，对日军设在台北的机场、机库、油库及飞机进行轰炸，给日军造成重大损失。2月24日午后，出于报复，日军派出大型轰炸机2架对厦门胡里山、曾厝垵、厦门港一带进行大规模轰炸，造成2人身亡，6人受伤，房屋倒塌10余间。

　　3月3日晨，厦门海面大雾。凌晨2时许，海关灯塔恐商船航行迷路，发空炮及鸣汽笛示警，金门日舰听到炮声，以为我驻军开始反攻金门，纷纷离开港口，环驶于厦门到烈屿与金门大嶝之间，向厦门沿海发炮11发，又向大嶝发炮11发。3月24日，日军飞机大规模空袭福州、漳州、厦门等地。《台湾日日新报》以《战果累累，荡气回肠　我荒鹫①空袭福州、厦门等地》为题作了如下毫无人性的报道："厦门方面，由从漳州撤离的某机组中的某机在下午2时55分执行轰炸，向曾厝垵的军事车辆投下20多枚炸弹，3时08分飞离厦门，炸死2人，炸伤6人。在四五个小时的短时间内向3个地方总共投下了100多枚炸弹，摧毁120～130间建筑，炸死60多人，炸伤100多人，效果巨大。"②3月间，金门方面的日军陆战队人数及飞机、军舰数量明显增加，兵力增至五千名，飞机增至20余架，军舰也有十六七艘之多。

　　4月5日，日机28架次，分袭漳州、厦门：向漳州投掷30余枚炸弹，死伤数人；厦门发出6次警报，被投掷10枚炸弹。此后直至占领厦门前，日本飞机、军舰不停对厦门进行侦察和轰炸。4月8日起，日本飞机连日对厦门市区、胡里山和厦门要塞等处进行轰炸。4月12日，15架日机袭击厦门要塞。4月13日、

---

　　① 荒鹫：日本人对轰炸机的称呼。
　　② 李向群主编《见证：1938厦门——日寇入侵厦门前后报刊史料汇编》，厦门大学出版社，2015，第127页。

14日，20多艘日舰陆续驶入厦门、福州海面，其中包括航空母舰1艘。[①] 4月15日，日机1架侵入厦门高崎、安兜上空盘旋多时，并投下传单、画报。4月24日晨，日舰3艘向厦门五通、何厝等处进行炮击，受到炮击的还有大嶝等处。4月25日，金门日舰再向厦门岛南部要塞区白石炮台及北部五通、何厝炮击33发。4月27日晨，日本重型巡洋舰1艘，由金门驶至厦门港外，向白石炮台开炮10余发。同日，又有小型巡洋舰1艘，向大嶝开炮八九发。4月28日晨，日舰两次向五通、何厝炮击6发；午前及午后，日机3次过厦，飞往漳泉一带侦察；当晚10时30分，日舰趁黑夜向厦门要塞白石炮台炮击5发。4月29日晨，日舰向大嶝岛炮击3发；中午，金门官澳日军临时炮台向小嶝岛炮击10余发。4月30日中午，金门日舰炮击大嶝岛。

5月1日午，金门日舰再次炮击大嶝岛。5月4日上午11时，日本小型舰艇及巡洋舰各1艘，汽船2艘，载水兵二三十名，驶至厦门海面距禾山三四百米处，偷探水道；下午3时，又有双烟囱日舰4艘驶抵附近海面。5月8日，日舰炮击白石炮台、塔头阵地等处。

日军在厦门沿海日益频繁的军事活动预示着，对厦门的全面进攻已迫在眉睫。

表3-1　日寇空中袭击厦门情况统计表

轰炸时间	轰炸地点	批次	架次	投弹数/枚	人员伤亡数/人 总数	人员伤亡数/人 死亡数	炸毁民房数/间	备注
1937年9月3日	胡里山、斗西路、瓮王巷	2	6	10	9	8	22	
1937年9月6日	公园西路、中山公园、演武亭等	1	2	8	1		3	
1937年9月7日	演武亭、磐石炮台	1	2	6				

[①] 参见李向群主编《近代厦门历史资料汇刊：申报纪闻》第十册，厦门大学出版社，2020，第21页。

（续表）

轰炸时间	轰炸地点	批次	架次	投弹数/枚	人员伤亡数/人 总数	人员伤亡数/人 死亡数	炸毁民房数/间	备注
1937年10月26日	胡里山炮台	3	3	6	1	1		
1937年11月10日	胡里山炮台	5	5	10				
1937年11月13日	胡里山炮台	5	5	7				
1937年11月14日	胡里山炮台	4	4	7				
1937年11月24日	禾山等处	1		7				
1937年12月26日	胡里山	1	3	3				
1938年1月25日	禾山等处	7		23			1	
1938年2月3日	胡里山、中华路、公园南路等处	7	17	41	25	11	47	
1938年2月24日	曾厝垵、厦港福海宫	2	5	8	17	5	20	
1938年4月5日	何厝	1	11	4				
1938年4月12日	高崎、庵兜	1	1					投传单
1938年5月10日	浮屿角、何厝、五通	2	12		15	15		1辆汽车被击中
1938年5月11日	厦门大学、凤屿监狱	3		50				敌机被击落1架

注：本表根据当时档案资料及报纸新闻报道整理，因档案资料不完整，统计情况不完全。

表 3-2 日寇海上袭击厦门情况统计表

轰炸时间	炮击地点	投弹数/枚	人员伤亡数/人 总数	人员伤亡数/人 死亡数	炸毁民房数/间	备注
1937年9月3日	胡里山、白石炮台、曾厝垵机场等处		9	5		敌舰出动3艘，其中"若竹"号被我方击中
1937年9月12日	胡里山炮台等处					
1937年9月14日	胡里山炮台等处	20余				
1937年10月26日	胡里山、何厝等处	20余				
1937年11月8日	何厝、五通等处	10余				
1937年11月10日	胡里山、白石炮台等处	80余	3		1	
1937年11月13日	五通等处	7				
1937年11月14日	五通等处	20余				
1937年11月19日	五通、何厝等处	20余	2	2		
1937年11月23日	禾山等处	20余				

（续表）

轰炸时间	炮击地点	投弹数/枚	人员伤亡数/人		炸毁民房数/间	备注
			总数	死亡数		
1937年11月24日	禾山、莲河、澳头等处	20余				
1937年12月5日	何厝、五通等处	10余				
1937年12月8日	何厝、五通等处	35			9	敌舰1艘被我击毁
1937年12月15日	何厝、香山等处	9	1			
1937年12月26日	何厝等处					
1938年1月3日	何厝、香山、澳头等处					
1938年2月4日	何厝、胡里山	20余	1	1	3	

注：本表根据档案及报纸新闻报道整理，因档案资料不完整，统计情况不完全。

由于厦门驻军没有制空权和制海权，除有限的高射炮和几门清末的大炮外，几乎没有其他防御设施。在此劣势下，日军飞机、军舰对厦门的轰炸、炮击肆意妄为。日军在空袭和炮击过程中，不仅针对厦门守军炮台，还将炮火延伸至郊区村庄，甚至对人口密集的市区实施无差别轰炸。日军企图通过这种轰炸吓倒厦门人民，削弱厦门人民的抗日意志。然而，日军的野蛮行径反而激起了厦门人民更强烈的仇恨，进一步激发了厦门人民团结抗战的决心与斗志。

第三节　进入战时紧急状态　厦门开展动员部署

随着日军侵华步伐加快，战事从北向南、从沿海向内陆蔓延。此时，地处东南沿海的福建虽然没有受到日军的直接进攻，但是受到的威胁日益严重，特别是潜伏的日籍浪人趁机制造混乱，导致社会动荡、百姓不安。面对日军的侵略和人民要求抗日的呼声，福建省和厦门市政府开始采取一些应对措施。

1937年7月20日，福建省政府致电厦门市政府市长李时霖："现在时局严重，深恐各地奸徒乘机扰乱地方，授人口实，务须严密防范弭患无形，对于外侨尤应切实保护。是为至要。"[①]

8月7日，为应对时局，厦门市政府转发福建省政府训令："公务人员，各有专职，不宜擅离职守，当此国难严重时期，尤应忠勤奋勉，以尽职责。凡我僚属，嗣后不准再有申请事假之举。"[②]8月11日，厦门市政府发布命令，市政府公务人员不准迁居鼓浪屿："目前，时局严重，工作紧张，较之平时，更为重要。乃近有本府少数职员，迁居鼓浪屿居住者。鼓厦一海相隔，一旦如有紧要事件，非特相距窎远，往返需时，抑且召集为难，有误公务。值此非常时期，尤易发生谣诼，亟应明令劝诰，嗣后本府职员勿再迁移鼓浪屿居住，以便召集，而息谣传。"[③]

8月13日，日军大举进犯上海。当天下午4时，福建省政府主席陈仪致电李时霖："沪战已接，厦门地方重要，仍应力持镇静，严维秩序，保护侨民。希饬警察局切实注意。"[④]

---

① 厦门市档案馆馆藏档案，A008-001-0438-0007。
② 厦门市档案馆馆藏档案，A025-001-0008-0036。
③ 厦门市档案馆馆藏档案，A009-001-1644-0001。
④ 厦门市档案馆馆藏档案，A008-001-0438-0001。

在军事防御准备方面，为适应抗战需要，在全国对日作战战区划分上，1937年8月20日，国民政府在全国设立五大战区，并相应成立战区司令长官司令部。广东和福建被划为第四战区，司令长官为何应钦。由于当时中国南方尚未受到日军的直接进攻，因此第四战区虽然设立，但未成立战区司令长官司令部。第四战区下辖第四集团军（1937年8月组建）和第十二集团军。1937年11月，淞沪会战后，上海、苏州相继沦陷，原负责浙江、江苏南部、上海作战的第三战区司令长官司令部从苏州先后迁往安徽休宁、江西上饶等地。为适应战局变化，国民政府对作战区域进行了相应的调整，将江苏、安徽南部、江西赣江以西地区及福建全境划入第三战区范围，司令长官为顾祝同。

按照上述战区划分，在抗战初期，厦门属于第四战区的管辖范围。国民政府对打败日本侵略者原本就没有信心，淞沪会战失败后，中国北方沿海各港口城市都被日军占领。在这种情况下，国民党党政军高层官员大多认为"沿海必亡"，加上当时国民政府海空军力量有限，因此国民政府对于包括厦门在内的大部分沿海城市没有认真布防。厦门及其一水之隔的金门，早就在日本帝国主义者的盘算之中。1934年以后，日本军舰进出厦门港如同进出日本港口一样自由，大批日本军舰频繁穿梭于厦门港口。尽管有识之士洞悉日本阴谋，呼吁政府当局警惕日本的侵略野心，加强防范，"厦门与台相隔一水，尤为敌人垂涎三尺，观其迩来游历境内，测绘港湾地图，放言租借厦门，召开对岸会议，凡此种种，都是敌人野心的最好暗示。加以籍民的繁多，浪人的扰乱治安，在在都足以增加厦门危险性的深刻化和尖锐化，若不防患于未然，恐怕这个绝好的海岛，将不复为我所有，所谓'一失足成千古恨'，岂不可怕吗？深望我政府及厦门当局，对此未来的危险，'早为之所，勿使滋蔓，蔓难图也'"[①]。然而，直至抗战全面爆发，除厦门要港司令部的海军陆战队一个团的兵力外，厦门和金门都没有其他正规部队驻防，这种防守松懈的局面与国民政府、福建省当局的态度密切相关。

---

① 茅乐楠：《新兴的厦门·自序》，载《同文书库·厦门文献系列》第五辑，厦门大学出版社，2022。

厦门抗日战争简史

抗战爆发后，国民党政府对抗战持消极态度，对日本进攻福建的急迫性和严重性认识不足。当时，国民党政府高层大多数人认为，福建对于日本来说，并不是急需进攻的重点地区，因此，对福建的防守未予重视。同时，由于要应对侵华日军在华北、华东开辟的两个战场，国民政府确实难以抽调更多兵力防守福建，仅依靠福建原有驻军进行防守。抗日战争全面爆发时，驻扎在福建的主力部队是国民革命军第四集团军和第十二集团军。第四集团军下辖第二军（1937 年 8 月在福建组建）第三师、第八十师，独立第六旅、第七十五师、第七十六师，福州马尾要港、厦门要港，总司令蒋鼎文，由于蒋鼎文当时在西北，总司令一职由福建绥靖公署主任（兼福建省政府主席）陈仪代理；第十二集团军下辖第六十二、六十三、六十四、六十五、六十六等军，但在福建的只有第六十五军第一五七师、第一五八师，总司令由何应钦兼任。除这两个集团军外，还有福建省保安部队，兵力约有七个团（分驻各地）及宪兵第四团。海上力量仅有炮舰"楚泰"号和炮艇"抚宁""正宁""肃宁"三艘。从上述福建区域内的驻军情况看，兵力似乎不少。但是，这些部队并不是全部驻防福建。例如，第七十五师原本并不在第四集团军战斗序列中，第七十六师属于第四预备军战斗序列；第二军第三师于 9 月 20 日奉军事委员会命令调往浙江江山；第六十五军第一五八师于 10 月 17 日从漳州南靖驻地调往广东河源、汕头一带驻防。因此，实际上能真正投入战斗的兵力（包括地方武装）总数不足 4 万人。[①] 以如此有限且战斗力不强的部队，守卫 3000 多公里长的海岸线，对抗蓄谋已久、装备精良的日军，显然力不从心。

厦门是中国东南沿海重要的港口城市，是福建的重要经济中心。而且，面对被日本占领后成为其南进基地的台湾，按理说厦门应该是军事防御的重要地区。然而，在相当长的时间里，厦门除了一个要港司令部管辖的由几尊清末老旧大炮组成的炮台和一个团的海军陆战队外，国民政府没有派驻其他正规部队。金门的情形还不如厦门，只有少数壮丁队驻守。抗战爆发后，厦门局势虽然极为紧张，但国民政府仍然没有派遣正规部队进驻防卫。

---

① 参见韩真：《民国福建军事史》，中国言实出版社，2000，第 554 页。

第三章 日本撤离驻厦领事 厦门部署抗战防御

随着全国抗战形势的恶化，特别是"八一三"淞沪会战爆发后，日军军舰环集厦门港外，厦门局势越来越严峻，市面气氛也越来越紧张。作为侨乡与华侨出入的重要口岸，厦门的严峻局势引起了广大海外福建华侨的强烈关注。华侨们心系家乡安危，纷纷呼吁国民政府派遣部队守卫厦门，保障闽南地区的安全。在海内外舆论压力下，1937年8月下旬，国民政府军事委员会决定派兵驻防厦门，命令第十二集团军第六十五军第一五七师进驻厦门。

第一五七师属于粤军，是一支抗战决心和战斗力都颇强的国军。第一五七师下辖2个旅，6个步兵团，1个师直属特务营，1个工兵营，1个通讯营，1个炮兵连，1个担架医疗队，全师约8000人。1936年10月，第一五七师奉命开赴漳州地区"剿共"，此后便驻扎在漳州。该师师长黄涛为广东蕉岭县高思乡程官村人，先后毕业于云南讲武堂第十五期炮科、德国陆军大学、陆军大学将官班甲级第三期，曾于1926年参加北伐；1927年任第四军第十一师中校参谋；1932年10月任广东南区绥靖公署参谋长；1934年任石井兵工厂厂长；1936年7月任第一五七师师长。

第一五七师将士中，许多人原属第十九路军，部分来自广东潮汕地区。在1932年淞沪抗战中，与日军交过战，并痛击日军。驻扎漳州期间，第一五七师大张旗鼓地进行抗日宣传，惩治汉奸，组织开展援绥募捐活动，调查、打击日籍浪人走私，积极推销国货，对日本侵略行径展现出强硬姿态。该师进驻厦门后，日本侵略者感到非常不安。日本南支舰队司令长官谷川清认为"厦门是一个顽固的抗日据点"，守军司令黄涛令他心寒。谷川清在对下属大熊司令官进行敌情交底时说："黄涛是一个很典型的德派军人，善于用兵。还有厦门的要塞炮台是威力很大的克虏伯大炮，你一定要小心谨慎！"[①]

第一五七师奉国民政府军事委员会命令驻防厦门，但其进驻过程却颇为隐秘。由于担心该师进驻厦门会引起日本驻厦领事的不满，也害怕该师官兵与厦门日籍浪人发生冲突，福建省政府主席陈仪多次要求厦门市政府市长李时霖与第一五七

---

① 参见洪卜仁主编《厦门抗战岁月》，厦门大学出版社，2015，第31页。

师师长黄涛协商，推迟进驻厦门。当得知第一五七师已进入厦门后，陈仪甚至直接电令黄涛，要求第一五七师保持低调，并对进驻厦门的部队进行约束，避免与日本驻厦领事和日籍台人发生冲突。

　　作为福建省军政首脑，陈仪在日本大规模侵华的背景下，对日军在福建的活动一直采取宽容、妥协的态度，不愿意也害怕与日本方面发生冲突，这种行径令人费解。陈仪为浙江绍兴人，早年留学日本士官学校和日本陆军大学，并参加"光复会"。1911年武昌起义后，陈仪参加浙江独立运动。辛亥革命后，他被委任为浙江都督府军政司司长。1927年，陈仪任国民政府军事委员会委员；1929年任国民政府军政部兵役署署长、军政部常务次长等职。1934年1月，福建事变后，陈仪被蒋介石任命为福建省政府主席；1937年9月，兼任驻闽绥靖公署主任、代理第四集团军总司令。陈仪属于亲日人士，在日本留学期间，娶了日本女子为妻。回国后，其妻子改名陈月芳。陈仪的对日态度和经历，正好迎合了蒋介石对日妥协的一贯主张。陈仪主政福建后，秉承蒋介石的意旨，提倡开展"国民外交"，推动所谓中日"亲善"，与日本人来往频繁，致使日本人在福建愈发嚣张。例如，1934年以前，外国军舰（主要是日本军舰）进入厦门，须于事前数日由该国驻厦领事通知厦门要塞司令部，获得同意后，才能进入；1934年以后，这一规定就被取消了。这对怀有侵略厦门野心的日本来说，无疑是大开方便之门，以至于日本军舰进出厦门港如同进出其国内港口一样方便。

　　对于陈仪的妥协态度，第一五七师并未完全迎合。该师奉命防守厦门后，于1937年8月22日派遣第四六九旅第九四一团的4个营从漳州开赴厦门。部队抵达后，立即分驻于南普陀、胡里山、虎溪公园一带，承担起厦门的守备任务，同时沿海岸检查行人，并对日本间谍、特务及汉奸采取了一系列打击措施。8月24日，第一五七师勒令具有文化侵略和特务机关性质的《全闽新日报》停刊。当天，在厦门的日籍台民开始分批撤离。此外，第一五七师组建了抗日民团，逮捕并处理了一批汉奸；对滞留在厦门的日籍台民实施了登记管理，逮捕了一批为非作歹的日籍浪人；侦破了日本驻厦总领事馆撤离前组建的特务组织"邦人义勇团"，并枪决了其重要成员柯阔嘴。这些措施体现了该师打击日本侵略势力的积极态度和坚定决心。当然，第一五七师采取的诸多措施中，也有一些是有争议的，有些甚至对社会及抗战造成了负面影响，其中包括制造了逮捕厦门要港司令部司令林国赓、海军陆战队第三团团长林耀东的"林国赓事件"。在这一事件过程中，第一五七师不仅抓捕了林国赓，还解除了厦门要港司令部海军陆战队的武装，占领了炮台、兵营，给抗战局势带来了冲击。在惩治汉奸的过程中，第一五七师还存在扩大打击面的问题，如以厦门自来水公司"供水资敌"为由，制造了冤案"黄世金供水案"，导致黄世金被以"汉奸"罪名判处了死刑。此案的发生，给厦门的富商群体造成了极大压力。

8月28日，第一五七师参谋长张光、政训处处长李育培、参谋处长李宏达等到厦门视察防务，并在国民党厦门市党部召开新闻发布会。李育培指出：当前的任务，一是要肃清汉奸，军人誓以全力保全国土，本师派部队驻厦，即抱定焦土抗战决心，誓以血肉之躯与日本帝国主义周旋到底，在此生死存亡关头，凡属国民，必须站在全民族抗战之阵线上，无所谓我是军人、你是民众，要实行军民融合，以取得最后胜利；二是要组织民众，开展抗日救亡和宣传工作，要强化各种抗战组织，发挥民众力量；三是要解决好粮食问题，要为抗战做好物资准备。

第一五七师的抗战态度是可取的，但也存在轻敌的表现。在华北、华东日军步步进逼、厦门战云密布之际，第一五七师仅以4个营的兵力进驻并布防厦门，试图以如此少量兵力抵挡对厦门抱有必取之心且拥有强大海空力量的日军，显然是非常困难的。8月29日，鉴于局势紧张，第一五七师又派第四六九旅第九三七团和师属炮兵连增援厦门。

当时，防守厦门的军事力量除第一五七师派驻厦门的部队外，还有驻闽海军厦门要港司令部的陆战队。厦门要港司令部是厦门地方政权的掌控者。厦门在此前十多年里一直是海军控制的地盘，也是近代中国唯一由海军长期主政的城市。厦门要港司令部的历史，要追溯到北洋军阀混战时期。1923年，福建因军阀混战宣布戒严，海军趁机扩展势力，成立闽厦海军警备司令部，杨树庄任司令。1924年6月，杨树庄率海军陆战队赶走盘踞厦门的皖系军阀臧致平，占领厦门，设立厦门海军警备司令部。在杨树庄的力荐下，林国赓由参谋长升任厦门海军警备司令部司令，掌控厦门军政实权。1927年3月，海军正式归附国民革命军。同年8月，厦门海军警备司令部改称国民革命军北伐军漳厦海军警备司令部。1928年4月，南京政府海军总司令部设立厦门要港司令部，林国赓继续任司令。1937年8月，林国赓与第一五七师师长黄涛之间的"乌龙事件"发生后，经陈仪调解，林国赓离开厦门，改任军衡司司长；海军陆战队第三团原团长林耀东调离厦门，高宪申（此前曾任"宁海""平海"等舰舰长）接任厦门要港司令部司令一职，并于1938年2月6日上任。厦门要港司令部约有一个团的海军陆战队兵力，下辖厦门胡里山炮台、磐石炮台、白石炮台、屿仔尾炮台、青屿鱼雷台等5座炮台，设中校总台长1名，共安设要塞炮9门，青屿鱼雷台安设鱼雷发射管2具；后又增设霞边、香山两个临时炮台，由厦门要港司令部管辖指挥，以海军陆战队1个营进行防御与掩护。

作为海军最重要作战力量的军舰，整个福建沿海也只有几艘舰艇。就这几艘舰艇，在日军强大海军面前，也基本没有发挥作用。空军方面，厦门原有海军航空处，1937年底因无飞机可飞被裁撤，飞行员被遣散。这也是在厦门保卫战打响之前，日本飞机、军舰可以对厦门进行肆无忌惮轰炸、炮击的重要原因。

1937年9月1日，为加强战时城市防御，以第一五七师为主，成立厦门警备司令部，黄涛兼任司令，下设参谋处、副官处、军需处、军法处、政务科、侦缉队等。警备司令部成立后，各部门按职责相继开始备战。

9月3日，日军出动飞机、军舰对厦门进行轰炸、炮击。这是抗战全面爆发后厦门第一次遭到日军的攻击，也让厦门市民首次直面战争的威胁。日军对厦门的炮击和轰炸不仅给厦门市区造成严重破坏，也让社会产生极大的恐慌——商户闭门停业，市民开始逃离厦门市区，包括时任厦门市政府市长的高汉鳌（1937年9月1日李时霖请辞获准，9月2日高汉鳌接任）也在鼓浪屿租赁房屋，为自己准备后路[①]。高汉鳌为海南文昌人，1892年生。他从广东中山大学毕业后前往德国学习经济，学成后回广东省教育厅任职，后通过关系调至福建省政府任参

---

① 参见韩真：《民国福建军事史》，中国言实出版社，2000，第556页。

第三章
日本撤离驻厦领事　厦门部署抗战防御

议。1937年8月，厦门进入战时状态，李时霖因过于书生气，被认为不适宜担任战时市长，因此调高汉鳌任厦门市政府市长。日军炮击、轰炸厦门期间，军方防御无力，政府亦未及时安抚民众，致使社会动荡、人心惶惶，混乱局面不断蔓延。直至9月8日，厦门市政府才发布安民告示："查本月3日敌舰敌机攻袭本市，当被我军奋勇击退，秩序亦即恢复。惟市民虑战事之再临，纷图迁徙，各商铺亦存观望，多未复业。在此全民族抗战声中，殊不宜有此现象，须知本市军事布置已极严密，敌人断难得逞。本市长负有守土保民之责，自应督同警察局维持治安，冀尽职责。凡我市民尤望联合起来共赴困难，当此非常时期，首宜沉着应付，照常安居营业，勿得自相惊扰，致碍秩序。除饬警察局切实劝告外，合行布告周知，仰即遵照勿违。"[①]

为应对日军的空袭和炮击，9月4日，也就是日军首次炮击厦门的第二天，厦门市政府组织成立厦门防空委员会，厦门警备司令部任命叶刚为主任委员（后改为李金来），陈文龙为副主任委员，设秘书处、情报处、警报处、第一科、第二科、第三科、第四科、第五科，以及消防队、救护队、警备队、工务队、交通整理队、防毒队、灯火管制队等七个大队。秘书处，由市政府和市警察局代表组成，掌管机要文件、批阅案卷；情报处，由电报局、福建水上警察第二大队等部门组成，负责情报的收发工作；警报处，负责警报工作，由第七十五师、市警察局、电灯公司等组成；第一科，由厦门要港司令部、市警察局等组成，负责防空情报、警报、灯火管制等；第二科，由医院、福建水上警察第二大队等组成，负责消防、防毒、警戒、交通等；第三科，由市政府建设科、电灯公司、自来水公司等组成，负责防务工事、伪装、避难所、防空壕等建设；第四科，由市党部、市政府等组成，负责宣传工作；第五科，由市政府、市商会等部门组成，负责掌管文书、会计等；消防队，由市各消防队组成，负责敌空袭、轰炸时的灭火与救援；救护队，由各医院医护人员组成，负责敌空袭、轰炸时的伤员救护工作；警备队，由第七十五

[①] 厦门市档案局、厦门市档案馆编《厦门抗日战争档案资料》，厦门大学出版社，1997，第65页。

127

师、市警察局等组成,负责敌军空袭期间对间谍、汉奸的防范工作;工务队,由市政府建设科、电灯公司等组成,负责敌空袭后损坏公共设施的修复;交通整理队,由市社训总队等组成,负责管理非常时期交通、难民收容、输送等;防毒队,由市警察局卫生科、海港检疫所等组成,防范敌人使用毒气;灯火管制队,由市警察局、电灯公司等组成,负责非常时期全市灯火管制。[①]

厦门防空委员会成立后,各部门依职责立即开展工作。委员会通过专家讲解、街头说书及放映电影、幻灯等方式,向市民宣传防空、防毒知识和方法,印制《国民防空防毒常识》5000册,制作标语及灯光管制、警报或解除警报识别标识图5000多份,以及大量避难所、防毒室、防空壕、国际飞机识别图等,分发给市民;在市区设立民众临时避难所120处,为市民减少敌人炮击、轰炸损失起了积极作用。

9月9日,厦门警备司令部发出布告,对厦门各码头实施分类管理,对允许通行的厦门各码头实施严格的检查,开放通行的码头为第一码头(担水巷)、第八码头(磁街道头)、第十一码头(岛美路头)、第四码头(洪本部口)、第九码头(港仔口道头)、第十八码头(沙坡尾)、第七码头(提督路头)、第十码头(史巷道头),其余码头一律禁止通行。

9月21日,厦门市抗敌会救护部与厦门市防空委员会合并组成救护大队,组织开展急救训练。9月26日,为降低敌机轰炸风险,厦门市警察局发出通告,要求将厦门市区内目标显著的高大建筑物及房屋全部涂成灰色。1938年2月28日,厦门市政府转发福建省政府关于国旗升降的规定:凡遇空袭警报时,应将国旗降下,警报解除后再重新升起;情况紧急时,可不受国旗升降仪式规定的约束。

在厦门市政府和驻厦军方进行防御部署的同时,其他厦门政府机构和民间团体也积极开展各种形式的战时防御准备工作。各类抗敌组织和战时服务组织相继成立,包括抗敌委员会、民众战地服务团、青年战地服务团、儿童抗敌会、战时救护队等,各组织按职责分头开展工作。

[①] 参见厦门市档案局、厦门市档案馆编《厦门抗日战争档案资料》,厦门大学出版社,1997,第73—79页。

表 3-3　厦门市各区防空壕和避难所调查表

区别	处数/所	可容避难人数/人	备考
东区	160	8340	
北区	38	870	
西区	22	4450	
南区	102	5620	
合计	322	19280	

资料来源：厦门市档案局、厦门市档案馆编《厦门抗日战争档案资料》，厦门大学出版社，1997，第78页。

表 3-4　厦门禾山区防空壕、避难所设备情况报告表

联保别	防空壕 个数/个	防空壕 长度/尺	防空壕 容纳人数/人	避难所 个数/个	避难所 容纳人数/人	备考
美仁联宫保	24	760	2400	4	364	
将军祠联保	106	2725	3610	3	425	
江头联保	34	850	1300	3	350	
寨上联保	52	1404	1508			
庵兜联保	25	650	2080			

（续表）

联保别	防空壕			避难所		备考
	个数/个	长度/尺	容纳人数/人	个数/个	容纳人数/人	
岭下联保	177	3616	4655			
高林联保	10	562	1240			
前埔联保	49	2878	2115			
曾厝垵联保	34	867	1326			
合计	494	13712	16119			

资料来源：厦门市档案局、厦门市档案馆编《厦门抗日战争档案资料》，厦门大学出版社，1997，第79页。

表3-5 厦门禾山区民众防空组织一览表

队别	分队数/个	每队人数/人	总人数/人	分布情形	备考
养路队	3	90	270	分驻各公路、乡村	
救护队	9	16	144	分驻美仁宫、江头、高崎等处	每队以6人负责抬担架，10人负责救护
消毒掩埋队	9	12	108	分驻各联保	
消防队	9	30	270	分驻各联保	以各联保义勇警察兼任之

资料来源：厦门市档案局、厦门市档案馆编《厦门抗日战争档案资料》，厦门大学出版社，1997，第79页。

第三章 日本撤离驻厦领事　厦门部署抗战防御

在抗战全面爆发初期，福建省各地民众抗敌热情高涨，各类抗敌团体如雨后春笋般涌现。因抗敌团体名目繁多、组织庞杂，为统一名称和事权，福建省政府要求各地成立动员委员会，负责指挥协调抗战事宜，并取消其他机构团体。1938年1月16日，厦门市动员委员会成立，办公处设在厦门市政府。

第一五七师驻防厦门后，为保卫厦门，采取了一系列积极的防御措施，包括部署防御兵力、开展战时动员、维护社会秩序等，还积极构筑防御工事、修整炮台、开展实弹演习等，在思想上和行动上都体现了坚定的抗战决心。

构筑防御工事是重要的战备工作，也是第一五七师进驻厦门后开展的一项重要工作。由于军情紧急，构筑防御工事刻不容缓。第一五七师根据厦门地形地貌和日军可能的进攻方向，在沿海和市区开展紧张的防御工事构筑工作。从1937年9月初开始，经过近两个月时间的努力，该师从厦门胡里山起向东沿海岸延伸，共构筑长约7.5公里的半永久钢筋水泥工事，包括轻重机枪掩体100多个，炮兵阵地两个，以及一批散兵战壕。同时，为加强炮兵火力，该师对原有的旧炮台进行了修缮，对连接前线工事之间的道路进行了必要的整修，还在岛上防御纵深处及市区构筑了一批防御工事。例如，9月30日，厦门警备司令部发布公告，在厦门第九码头构筑防御工事，禁止市民通行。

构筑防御工事时，第一五七师面临许多困难，如缺乏建筑材料。作为商业性城市，厦门构筑工事所需的材料都需要从外地运来，为此第一五七师从各处征购调运建材，并请求第四战区总部派员协助筹划构筑工事；不仅调用了厦门备用的铁路用铁轨，还拆卸了一部分从漳州到嵩屿的铁路路轨。比如，在修筑防御工事过程中，日军飞机不时进行侦察，并对修建中的工事进行炮击和轰炸。11月初，厦门沿海防御工事初步完成。11月8日，第一五七师司令部发出保护防御工事的布告："照得本师在闽南沿海各要区防御工事，现已次第构筑完成。此种工事，关系国防至为重大，凡属国民，均有维护及保守秘密之责。该工事上所有之土木、铁钉等，俱不得盗取破坏及牵放牲畜践踏。至于外人、汉奸，尤绝对禁止参观、绘摄。各乡保甲长统管全乡事务，对于国防工事，自应负责监护……仰所属人民，对于各项国防工事，务须加意保护，以固疆圉。倘敢故违，一经查出，不问何项人等，一律以军法惩处，决不姑宽，其各凛遵云。"[1]11月20日，厦门要港司令部奉海军部命令，厦门的要塞堡垒周边区域皆为要塞堡垒地带，禁止航空器飞越，且不得测量、摄影和描绘[2]。

在紧张构筑前线防御工事的同时，第一五七师和厦门警备司令部也要求厦门市政府和民间开展简易防御工事修建，做好防御日军飞机、军舰袭击准备。1937年8月28日，第一五七师四九一团致函厦门市政府，要求市政府通告全市商民，立即在店前准备5个沙包、4～5桶清水，以防敌机空袭。[3]1937年9月11日，厦门警备司令部转发福建省政府代电，要求"一切防空设备，应即切实规划，认真赶办，尤应指导并协助民众掘筑6尺深、2尺宽之简易防空壕沟，上盖木板，厚堆土层，随时构造，既便闻警觅避，尤属费省易举"[4]。

第一五七师还十分重视提高士兵的作战技能，经常开展实弹射击和演习。1937年12月1日至3日，禾山驻军在吴村（今梧村）一带举行实弹射击演练。

作为重要战备措施之一，同时进行的还有地方民众武装动员工作。厦门市政府和驻防厦门部队积极组织和训练壮丁。1937年7月底，厦门市各界抗敌后援会成立，下设社会军事训练总队（简称社训总队），由程超凡任总队队长，负责民众动员、登记和训练。民众受训后，编成义勇队，并成立义勇队指挥部，下设消防、防护、交通管制、粮食维持4个委员会，指挥部设于思明西路的大厦旅社内，8月30日起正式办公。社训总队规定：所有经过受训队员，均应参加义勇队；未受训壮丁，则须加入民众服务队；如有意图规避者，由各部函请义勇队指挥部依法拘办。第一五七师派出第九四一团官兵督促指导义勇队编练工作。

---

[1] 厦门市档案局、厦门市档案馆编《厦门抗日战争档案资料》，厦门大学出版社，1997，第51页。

[2] 参见厦门市档案局、厦门市档案馆编《厦门抗日战争档案资料》，厦门大学出版社，第52页。

[3] 参见厦门市档案局、厦门市档案馆编《厦门抗日战争档案资料》，厦门大学出版社，1997，第65页。

[4] 厦门市档案局、厦门市档案馆编《厦门抗日战争档案资料》，厦门大学出版社，1997，第66页。

1937年9月，禾山区首期壮丁队组建完成，全队568人，分9个联队，设区队长1人、副区队长2人、联队长9人、小队长87人，9月28日开始集训。① 到11月，全市组织训练壮丁数千人。

11月初，厦门抗敌义勇队总队部组织成立壮丁常备队一个大队，由程超凡兼任大队长，魏光汉、雷晋善、葛佑民等兼任中队长，队员从义勇队员中招募。11月6日，首批自愿参加常备队者85人，编成第一、第二大队。到11月中旬，参加壮丁常备队的市民达500多人。厦门警备司令部为常备队配发了军用鼎、水壶、军帽、腰带等物资，《厦门大报》发起了向常备壮丁队员募捐大衣的活动。大队长程超凡在接受捐献物资时表示："壮丁得我市民之爱护，更当各尽守土天职，坚决与厦门共存亡，终不辜民望云。"② 在后来抵抗日军进攻厦门的过程中，壮丁常备队英勇作战，确实没有辜负厦门市民的希望。

金门沦陷后，厦门成为前线，形势非常严峻。厦门警备司令部为提高壮丁常备队队员的战斗能力，抽调队员开展专项训练。例如，为提升壮丁常备队队员的射击技能，厦门警备司令部在蜂巢山开设了靶场，组织队员开展实弹射击练习。1937年11月14日，厦门市社训总队在厦门中山公园举行壮丁队检阅仪式，参加检阅的有常备壮丁队队员300多名，壮丁2000多名③。训练结束后，从11月17日起，壮丁队开始协助军警执行任务，义勇队组织巡查队在市区巡逻，防范汉奸、特务和不法之徒，维持社会秩序。

除动员社会民众外，厦门市警察局也行动起来，积极招募义勇警察，组成义勇警察队，给队员配发制服与武器，协助维持地方治安。东区警察分局招募义勇警察200名，于12月19日在厦门中山公园完成编队。1938年1月，高林等处义

---

① 厦门市档案局、厦门市档案馆编《厦门抗日战争档案资料》，厦门大学出版社，1997，第59页。
② 厦门市档案局、厦门市档案馆编《厦门抗日战争档案资料》，厦门大学出版社，1997，第62页。
③ 参见厦门市档案局、厦门市档案馆编《厦门抗日战争档案资料》，厦门大学出版社，1997，第60页。

勇警察力量增强，并配备钢盔、实弹等装备。

1938年1月初，福建水警第二大队组建水上壮丁义勇队，将水上壮丁编成一个大队，由陈文忠任大队长、谢斌任副大队长，下辖3个中队，1月8日完成集合点编。

为彰显抗战决心，1938年1月，厦门市政府转发福建省政府发布的命令，要求政府公务人员"以后非奉令准，不得撤退"[1]。尽管政府各部门例行公事层层转发该命令，但当日军对厦门发起进攻时，大多数政府官员都利用自己的有利条件先跑为快。

由于形势日趋紧张，为加快和加强防务工事建设，1938年2月14日，厦门市成立征募民工委员会，负责本市防务工事所需民工的征集工作。2月18日，厦门市又组织成立防务工事建筑委员会，蔡缄三、林启成、柯廷钟任委员，开展防务工事建设的协调和督办工作。

1937年8月底至9月初，第一五七师师长黄涛鉴于军民配合作战的必要，邀请厦门市政府市长李时霖、市警察局局长沈觐康、市社训总队队长程超凡、市商会会长洪晓春、国民党厦门市党部特派员陈联芬、鼓浪屿知名人士许春草、义勇壮丁队大队长魏光汉、大队副庄雪轩等军政长官，发起组织厦门市义勇常备大队。该大队由程超凡（社训总队队长）兼任大队长，下辖3个中队，共300余人，由第一五七师发给队员服装、武器，派驻军官兵进行训练。1938年1月，第一五七师奉命移防时，义勇常备大队武器悉数被收回，并被改编为2个中队。2月3日，日军飞机轰炸厦门海军司令部附近出米岩一带时，义勇常备大队队员不顾敌机扫射，冒险参与抢救。接防的第七十五师副师长韩文英听到义勇常备大队的事迹后，深受感动，立即命令配给装备，并让义勇常备大队分担胡里山、曾厝垵、禾山一带沿海防务。义勇常备大队接受任务后，一边进行军事训练，一边参与构筑防御工事，尽管敌机、敌舰不停轰炸、炮击，仍坚持完成工事修筑任务。1938年4月1日，厦门义勇常备大队百名志愿兵出征抗战，赴省接受改编为保安第六团第九中队，

---

[1] 厦门市档案馆馆藏档案，A009-001-0066-0135。

第三章
日本撤离驻厦领事　厦门部署抗战防御

完成改编后分别选送参加军官、军士、炮兵、高射炮兵等训练，同时还征选华侨驾驶及技术人员多人，分别派遣到前方各部队。义勇常备大队百名志愿兵出征后，留厦的常备队又征募志愿兵百名，补足缺额，继续开展战备工作。厦门保卫战打响后，义勇常备大队配合第七十五师在前线参与对日军作战。[①]

正当厦门抗战防御有条不紊地进行时，驻防厦门的部队发生了变动。在此前的1937年10月11日，驻防广东但没有明确区域防御任务的第六十三军第一五四师、第六十四军第一五六师奉命调离广东开赴上海参加战斗，当时任第十二集团军总司令的余汉谋请求国民政府军事委员会将第六十五军第一五七师调防广州、虎门。10月13日，军事委员会回复：漳厦为粤东屏藩，敌如窥粤必先攻厦，故第一五七师切勿调粤，因此间实无兵力可调漳厦接防。1938年初，广东局势紧张，第一五七师被调回广东潮汕驻防，国民政府军事委员会另调陆军第七十五师防守闽南。

第七十五师原为国民革命军第二集团军第十九师，1930年12月，由一批河南籍部队改编而成，隶属第二十路军。1934年，第七十五师奉命进驻闽赣交界处的黎川、建宁等地，"围剿"中国工农红军。1937年，第七十五师编入第二军；同年9月，划归第四集团军，下辖3个旅9个团，师长为宋天才。宋天才是河南嵩县人，早年加入刘镇华镇嵩军万选才部任连长，1925年升任营长。1927年，万选才归入冯玉祥部后，宋天才晋升为团长，在北伐战争中多次立功，升任国民革命军第八旅旅长。1930年"中原大战"中，冯玉祥兵败，万选才部被张钫部收编，宋天才被任命为三十二军军长。1931年，国民党军队缩编，宋天才改任第七十五师师长。

1938年1月12日，第七十五师奉命移防闽南，接替此前驻防漳州的第一五七师，负责福建省同安县到诏安县一带的防卫，包括厦门守备任务。第七十五师与第一五七师于是月"元（13）日交接完竣"[②]。第七十五师在"围剿"中国

[①] 参见厦门市档案局、厦门市档案馆编《厦门抗日战争档案资料》，厦门大学出版社，1997，第632—633页。

[②] 厦门市政协文史资料委员会编《抗战时期的厦门》，鹭江出版社，1995，第61页。

135

工农红军过程中，曾经杀害不少红军战士。此时的第七十五师装备差，战斗力弱。更重要的是，该师战斗意志低下，远不如第一五七师，包括师长宋天才在内的部队官兵大多对抗战缺乏信心。奉命防守闽南时，第七十五师编制不满，由原三个旅九个团整编为两个旅四个团，即第二二三旅、第二二五旅。第二二三旅下辖第四四五团、第四四六团，旅长由副师长韩文英兼任；第二二五旅，下辖第四四九团、第四五〇团，旅长为史克勤。

第七十五师接防后，将师部设在漳州，师长宋天才也坐镇漳州，由副师长兼第二二三旅旅长韩文英率部防守漳州东南及厦门。韩文英为河南嵩县人，1920年加入镇嵩军，在万选才营部当卫士；1927年至1928年任团长，参加北伐战争；1930年升任万选才部少将旅长，参加反蒋战争。"中原大战"后，万选才部被张钫部收编，归入张钫的第二十路军，韩文英任第七十五师副师长兼第二二三旅旅长，奉命参与"围剿"中国工农红军。1935年，第七十五师奉命进驻闽赣交界处的黎川、建宁等地，继续与中国工农红军为敌。1938年1月，韩文英奉命率部进驻厦门。在抵御日军进攻厦门的过程中，韩文英身先士卒，率部英勇抵抗日军，在身负重伤的情况下，仍然坚持在前线指挥战斗。厦门失守后，宋天才被撤职，韩文英升任第七十五师中将师长。

接到驻防厦门命令后，韩文英率第二二三旅旅部、第四四五团、第四四六团第二营，以及师属两个炮兵连驻守厦门，并兼任厦门警备司令部司令；以第四四六团（第一营和第三营）则负责厦门周边的马巷、同安、灌口、嵩屿、海澄等一线的防守。第七十五师的装备水平和官兵士气都不如第一五七师，却要以如此薄弱的兵力防御厦门，面对处心积虑想要占领厦门的日军，其防御难度极大，最终失败也在所难免。

由于第七十五师师部驻扎漳州，师长宋天才也坐镇漳州，因防务工作需要，宋天才不得已往返奔波于漳州、厦门之间。2月8日，宋天才从漳州到厦门，在厦门市商会召开军民恳谈会，号召民众支援抗战。2月18日，他再次来厦门视察防务，并前往鼓浪屿拜会英国驻厦领事兼领袖领事万乐思。3月4日，驻闽绥靖公署参谋长、福建省政府保安处处长赵南与宋天才同至厦门，先后与厦门警备司令部、

第三章
日本撤离驻厦领事　厦门部署抗战防御

厦门要港司令部官兵会晤，并视察厦门各炮台及沿海防务。

第二二三旅进驻厦门后，在原第一五七师防御设施的基础上采取了一些措施加强工事。对于日军进犯厦门的方向和地点，第二二三旅判断，日军侵犯厦门时从厦门岛东部五通的泥金、何厝一带登陆的可能性较大，遂在厦门岛东部一带加强了防守准备。从后来日军进攻厦门的路线看，第二二三旅的这一判断是准确的。但是，由于国民党各级政府和军政官员对抵御日军进攻没有信心，很多措施根本落实不到位，加上经费短缺，进一步加大了防御准备工作的难度。

1938年2月，国民政府军事委员会对第三、第四战区的防守范围和军事指挥系统进行了调整，第四战区包括福建、广东、广西等地，厦门仍属第四战区（1945年，福建划入第三战区）。由于第四战区司令长官司令部未成立，军事委员会电令余汉谋以副司令长官名义负责战区事务。3月5日，第四战区作战计划经广州行营批准执行。第四战区分为福建、广东、钦廉邕三个分区。福建分区部队由福建省绥靖公署主任陈仪指挥，全省分为福州、泉州、漳州三个守备区，分别组建第一、二、三守备队负责防御：第一守备队队长由第一〇〇军军长陈琪（兼第八十师师长）担任；第二守备队队长由福建省保安纵队司令黄珍吾担任；第三守备队队长由驻漳州部队长官担任（由于第七十五师师长宋天才驻守漳州，厦门处于前线，第三守备队队长一职由在厦门前线指挥作战的副师长韩文英代理）。

4月14日，韩文英主持召开厦门市党政军联席会议，决定厦门及禾山防务部署：由第七十五师第四四五团、第四四六团第二营及炮兵第一连、第二连各一排负责守备，海军厦门要港司令部及市政府负责海面防御工事。

4月19日，即日军进攻厦门的20天前，厦门警备司令部召开厦门市党政军长官会议，讨论战时防御问题。同样由于各长官思想不重视，心态消极，加上经费无着，会议没有解决任何问题——"海上防御之工事，惟经费困难，难以周到。胡里山炮台经加用石灰层掩护（上架铁丝网），但屿仔尾、磐石、白石三炮台因无经费尚未掩蔽，倘被敌机所毁，则胡里山炮台亦难以独挡"[①]。4月20日，第

[①] 洪卜仁主编《厦门抗战岁月》，厦门大学出版社，2015，第42页。

七十五师发布戒严令，禁止所有渔船出海捕鱼。

在第七十五师第二二三旅为抵抗日军进攻进行准备的同时，日军也加快了入侵厦门的步伐。1938年5月10日凌晨，蓄谋已久的日军发起了对厦门的进攻。

第四节　政府消极应对抗战　部署战时撤退工作

全民族抗战开始后，在全国人民要求抵抗日本帝国主义侵略的呼声下，国民党政府发表了对日自卫宣言。但是，以蒋介石为首的国民党政府官员对于抗战并没有信心，特别是在抗战初期，面对日军在华北、华东战场快速推进和国军一路败退的情况，许多国民党党政高官认为国军无力与日军抗衡，沿海必定要被日军占领，甚至散布"抗战必亡"的消极言论。在这种舆论影响下，国民党政府从上到下对抗战都采取消极态度，在前方与日军作战没有信心，在后方对防御日军入侵不作积极准备。福建省军政当局秉承蒋介石的旨意，以消极态度对待日军即将发起的侵略。虽然福建省军政当局在表面上对防御日军入侵采取了一些措施，但私下却随时准备逃跑。

1937年8月，国军还在上海与入侵的日军激战，远在福建的军政官员却在准备撤退。8月4日，厦门市政府发出密令，要求市政府各科室"重要案卷在平日本应随时酌量检集，以免分散。现值时局紧张，尤须先事准备，于必要时运往他处。"[①]9月3日，日军首次轰炸、炮击厦门后，厦门市政府各部门开始疏散办公：9月4日，市财政局疏散到市区角尾路办公，市工务局疏散到中山公园内办公。

由于敌机、敌舰持续对厦门实施狂轰滥炸，为保证安全，一些重要的文化、卫生、金融等设施也开始准备向内地转移，包括厦门大学、集美学校、中国银行、

---

① 厦门市档案馆馆藏档案，A025-001-0008-0034。

中央银行等。在疏散初期，重要党政军部门有的分散到市区偏僻处，不易引起关注；有的疏散到厦门对岸的鼓浪屿，觉得鼓浪屿是公共租界，日本不敢与西方列强作对，相对安全。例如，中国银行于1937年9月迁至鼓浪屿办公，1938年5月厦门沦陷后设办事处继续营业，其余人员分散到省内各处分行；1941年12月8日太平洋战争爆发次日，办事处停业，人员及业务迁往福建龙岩。福建省银行厦门分行于1937年9月迁往鼓浪屿营业，1938年5月厦门沦陷后迁往漳州。中央银行于1937年9月迁至鼓浪屿，1938年5月奉令撤往香港，此后又在鼓浪屿设办事处开展业务，太平洋战争爆发后停业。中国交通银行厦门分行于1937年抗战全面爆发后迁往鼓浪屿，厦门沦陷后迁至香港。随着局势的不断恶化，鼓浪屿也不再安全；加之进入岛上的人员过多，难以容纳，一些机构和部门开始迁往内地。厦门沦陷后，多数机关、企业撤至内地，部分单位在抗战期间还经历了多次搬迁。例如交通部广州航政局厦门办事处，1938年5月厦门沦陷后迁往鼓浪屿，1939年4月撤往晋江，5月迁至泉州永春，11月返回泉州。

在厦门抗战期间的疏散过程中，集美学校和厦门大学的内迁是两次重要行动。集美学校和厦门大学均由著名华侨陈嘉庚创办，为办好集美学校和厦门大学，陈嘉庚倾其所有。面对日军入侵的严峻形势，为保护教学资源、保障学生正常学习，两校决定迁往内地办学。

集美学校于1937年10月开始内迁：师范学校迁移到安溪城内，商业学校迁到安溪后坂乡，水产学校迁到安溪官桥乡，农业学校迁到安溪同美乡，小学则迁到同安的石兜乡。1938年，除小学仍设在石兜乡外，各中等学校都集中在安溪，奉令称为集美联合中学。1939年初，因为沿海的局势一天比一天紧张，且各校人数增加了很多，安溪的校舍无法容纳。于是，校方又呈请福建省政府批准进行第二次迁徙。1939年1月27日，水产航海、商业、农业三校迁移到大田城内，称福建私立集美职业学校。直到1945年底，集美学校才迁回集美原址。

陈嘉庚创办的厦门大学是当时东南沿海唯一一所高等院校。1937年7月1日，经国民政府批准，私立厦门大学改为国立。在敌机对厦门进行无差别轰炸过程中，厦门大学也成为其轰炸的目标。1937年9月3日，在敌机首次对厦门轰炸过程中，厦门大学生物楼被日军飞机炸毁。9月4日，厦门大学搬迁到鼓浪屿，借用福民学校继续上课。但这并非长久之计，为保住民族文化和教育人才，厦门大学决定迁往内地长汀，并向福建省政府申请5000元迁校费。1937年12月20日，厦门大学正式停课；经过3天的准备，12月24日，包括239名学生、83名教职员工在内的300多人向长汀出发。大家肩挑手提，跋涉800多里，历时23天，于1938年1月17日到达长汀。在搬迁过程中，学校所有的图书、仪器设备全部陆续安全转移到长汀。到达长汀后的第五天，厦门大学恢复上课，开启了在长汀八年的教育教学。厦门大学内迁长汀，既保护了东南沿海唯一的大学，也对长汀的教育和社会进步产生了重要影响。厦门大学没有迁往更远的内地，而是搬迁到长汀，是因为福建不能没有一所大学，也是为了向侵略者展现不屈的抵抗精神和勇气。厦门大学在当时成为距离抗战前线最近的一所大学，时任厦门大学校长的萨本栋说："我们必须要有一所中国的大学，屹立在敌人的面前！"

除集美学校和厦门大学外，厦门大同中学内迁到漳州海澄，双十中学内迁到漳州平和。直到抗战胜利后，这些学校才陆续迁回厦门。

1937年11月25日，国民政府迁都重庆。受此影响，厦门市政府也开始为撤退作准备。

1937年12月，福建省政府在发布政府公职人员"非奉命不准撤退"命令的同时，密令厦门市政府筹备撤退工作：要求未建成的沿海公路、桥梁立即停工，对已建成的，立即准备于必要时进行破坏，避免被敌人利用，对应破坏设施要进行调查和登记，对破坏公路、桥梁的方法也作了详细的规定。第七十五师工兵营第二连也派出工兵对破坏公路、桥梁的工作进行指导。1938年1月29日，福建省政府又致电厦门市政府，要求5日内将破坏地点及准备情况"快邮呈核"。厦门市政府接到命令后，立即命令厦门市警察局和禾山区公署办理。同时，厦门市政府致函福建省水警第二大队，要求对辖区内渡船进行登记编队，勘定紧急集结地点，于必要时进行破坏，并先行准备破坏船只的材料。2月6日，厦门市政府将厦门市战时应破坏公路、桥梁、码头等列表呈报福建省政府。厦门市政府的工作，也从此前的全力准备抗战防御工作，转入防御与撤退、疏散准备工作同步进行。一些防御工事停止建设，改为建设战时难民疏散设施。

2月13日，海军厦门要港司令部疏散到厦门市海后路办公。

3月，福建省绥靖主任公署根据战时其他地方在撤退过程中容易出现的问题，致电厦门市政府，提出三点撤退时需要注意的事项：

（1）未撤退时，对于粮食问题、所有军用器材，均应妥善处置；撤退时，应将粮食、器材及一切可供军用之物品工具尽量携走，否则应尽力焚毁之，或掷于附近河流之内。

（2）各机关、部队的机密公文，应于平时妥善保管，撤退时应全部携走或焚毁，务使我方秘密不泄露于敌人。

（3）各地方在野官僚、退伍军人及较有声望的士绅商人，应令其全部撤退至后方，务使敌人所到的地方，傀儡组织无法建立。

4月10日，厦门市政府训令各政府部门及所属单位按照福建省政府要求，分头进行准备。4月16日，厦门市警察局召开局务会议，讨论决定各项撤退准备措施。4月19日，厦门市警察局局长沈觐康向市长高汉鳌报告警察系统撤退工作准备情况："关于粮食一项，似应由粮食编制委员会督促各粮商编组运输队，并预备运输器具，于必要时自行搬运，较为妥善。至于秘密公文，本局现已着手整理，计分应行焚毁、移送内地、撤退时保存预备携带三类。凡属远年无用案卷，均予焚毁，其无关现用而有保存价值者，即先移往内地寄存，仅留重要及现用者一部分，装备木箱，俾便临时携带。至于在野官僚、军人、士绅等，亦经饬属调查列报，以便临时执行。"[①] 厦门市警察局同时密令各科、队、分局执行，4月底前完成全部准备工作。

在人员撤离方面，厦门市相关部门当时也做了相应准备，特别是注意到了老幼妇女的撤离问题。1937年8月第一五七师进驻厦门后，为防范日本军舰、飞机

[①] 厦门市档案局、厦门市档案馆编《厦门抗日战争档案资料》，厦门大学出版社，1997，第215页。

的炮击、轰炸，厦门市警备司令部、厦门市政府对防空和疏散工作进行了相应的部署，鼓浪屿作为公共租界也采取了相关的措施。9月25日，鼓浪屿工部局发出通告，明确要求：当日军飞机轰炸厦门时，各码头渡船应立即驶往厦门运载市民到鼓浪屿躲避，"以应互相救援之义务"。作为应急准备，对于进出鼓浪屿的"良民证"发放工作，工部局也重新进行了规定："中国人民由华人议事会发给，外国侨民由各领署发给，于必要时施行。"[①]

为应对战时市民撤退时可能出现的拥挤和混乱局面，1938年3月4日，福建省水警第二大队、厦门市警察局联合呈文厦门市政府，要求做好市民撤退预案，对撤退时使用的码头设施进行修理和完善，呈文指出："本市四面临海，人口按最近统计，尚在十二万有奇。一旦剧战发生，难民之数，当不下数万人，仓皇移避，密集一二码头，恐后争先，企图渡登彼岸，匪特船只赶运不及，而秩序紊乱，适足以资敌人机轰炮击之目标，危害之大，何堪设想。"[②] 为此，福建省水警第二大队、厦门市警察局经会商后提出建议：必要时，将全市难民指定各附近码头分区输送；初步确定旧路头、中国银行栈房、茂记米栈、新填地、小学路（2处）、角尾路、豆仔尾新区（3处）等10处码头用于战时紧急疏散撤退，并指出这些码头遇退潮时船只无法靠岸，须加以改造。此外，思明北路（浮屿）、故宫路、斗西路三处码头（当时厦门市区范围主要在厦门岛西南部，这些地方离市区较远）有公路与市区连接，必要时可以用于撤退。4月17日，厦门市政府市长高汉鳌向厦门市政府建设科签发手令，要求市政府建设科对沿海一带各码头或进行修理，或延长路面，"以便低潮泊舟，于必要时输送老弱妇孺离开阵地"[③]。4月19日，厦门市政府建设科根据市长手令，划定思明北路、角尾路、斗西路、小学路等处码头作为撤退疏散码头，并对连接码头的道路进行延长和路面修理[④]。

---

① 厦门市档案局、厦门市档案馆编《厦门抗日战争档案资料》，厦门大学出版社，1997，第69页。
② 厦门市档案馆馆藏档案，A008-001-0011-0011。
③ 厦门市档案馆馆藏档案，A018-001-0053-0036。
④ 厦门市档案馆馆藏档案，A018-001-0053-0036。

事实上，当时厦门市政府及相关部门虽预判了战时可能出现的极端情况并制定了应对措施。但战事爆发后，由于进攻厦门的日军推进速度快，第七十五师第二二三旅守军抵抗无力，加上厦门市政府高层官员未败先逃，造成市民恐慌，市民撤离工作毫无秩序，陷入一片混乱，战前的各项撤退措施没有取得预期效果。

1938年5月10日，日军攻入厦门市区后，大量市民涌向中山路口轮渡码头，试图逃往鼓浪屿。由于缺乏有效组织和疏导，密集的人群成为日军飞机轰炸和扫射的目标，众多民众不幸遇难。

5月11日下午，当守军与日军在厦门市区激战时，厦门市政府及各机关人员与难民同时撤退到鼓浪屿。厦门沦陷后，厦门市政府撤退到漳州海澄并设立办事处，其他政府机构、民间组织及企业等也相继撤退到内地。

第四章

英勇抗击日军入侵　军民浴血保卫厦门

第四章
英勇抗击日军入侵　军民浴血保卫厦门

1937年6月，日本华中方面军司令官松井石根大将在台湾召开由日本海陆空军参加的入侵华南军事会议。在这次会议上，日本军方确定了侵略中国华南地区的军事方略，具体部署如下：陆军以厦门为据点，由松井指挥，兵分两路进攻——一路由澳头（同安）、集美（厦门）进攻泉州，入江西；一路由嵩屿（漳州）、海澄（漳州）入漳州，占潮州，进逼广州。海军同样以厦门为据点，由日本海军将领大熊少将统率第三舰队第五水雷舰队及第十三、第十五两支舰队，封锁诏安（漳州）、东山（漳州）、泉州沿海及湄洲（莆田）、南日（莆田）两岛屿，随时准备登陆，并由东山、南澳进攻汕头，会合陆军进攻广州。空军亦以厦门为据点，由空军大佐炳文庄指挥，轰炸闽粤军事要地，配合、掩护陆海军进攻。后勤保障则以台湾为基地，为入侵华南的海陆空军提供军需物资。一个月后，七七事变爆发，打乱了松井入侵华南的计划。

日本发动全面侵华战争后，由于国民党政府的消极抵抗，日军在华北和华东战场接连获胜。日本帝国主义狂热分子被侵华战争初期取得的暂时性胜利冲昏了头脑，认为日军战无不胜，迫不及待要开辟新的战场。这一时期，日本对华进攻的主力是陆军，因此日本陆军在日本国内赢得了很高的声望。而日本海军则被认为毫无建树，在日本国内抬不起头来，这引起了日本海军的不满。松井石根认为，日本海军"闲散无事"，应加以利用，可以让其扰乱中国沿海；如能攻占一处重要港口，"华军将被迫分散实力，以巩固海防，不能开往北方前线"，"沿海如有扰乱，中国军火亦将受阻，不能运入香港"[①]。松井的建议被日军大本营采纳，这为急于发起南线作战且拥有强大力量的日本海军提供了表现机会。

8月16日，日本驻广州总领事向日本外务省提出南侵政策建议：以武力封锁中国华南，迫使英国政府屈服，逼法国放弃广州湾商务。

9月28日，台湾总督向日本海军大臣米内提出建议：在短时间内占领琼崖、汕头、金门、东山、三都澳等地，以应付未来的世界大战。经米内同意，这一建议被转报给日本首相近卫。其制定的计划如下：以台湾地区军队为核心，抽调日

---

① 韩真：《民国福建军事史》，中国言实出版社，2000，第565页。

本陆军步兵、炮兵等约10万兵力，配合28艘海军作战舰艇及400余架空军飞机，进犯中国华南地区。具体策略为：先进攻广州，以此试探英国的态度；如果英国出面干涉，则占领海南岛，切断中国与香港地区及南洋的联系；如果国际社会不进行干涉，则立即占领厦门、金门、东山、三都澳，并夺取广州。为落实这一计划，日军飞机对广州、漳州等地展开频繁轰炸。

厦门是中国华南地区日本觊觎已久的目标。但是，当日本大规模发动侵华战争并在华北、华东等局部地区取得胜利之时，从何处下手侵犯华南是日本必须做出的选择。在日本看来，广东和福建都是可以进攻而且必须拿下的目标：广东因为有第一五七师驻守，防御力量较强，且英、法等西方列强势力介入较深，国际关系较为复杂，日本担心一时难以得手；与广东相比，福建沿海海岸线长，防守困难，且当时福建的防守兵力薄弱，在日军看来更容易突破。更重要的是，对于日本来说，从福建入手，取得厦门后，既可北上呼应北方日军行动，又能向南进攻，打通南下的通道；同时，进攻福建可使中国军队陷于腹背受敌的境地，并切断华北、华中战场的海上补给路线。在这种情况下，日本帝国主义决定把厦门作为其进攻华南的首要目标。

1937年10月，日军侵占金门。1938年5月10日，日军向厦门发起进攻。

第一节　金门失守屏障破　厦门危急旦夕忧

金门，旧名浯洲、仙洲，位于福建省厦门湾，是厦门港东面海上的岛屿，因"固若金汤，雄镇海门"之意得名。其面积149平方千米，距祖国大陆最近处仅2000多米。明朝政府曾筑城于岛上，郑成功在此驻兵，将其作为收复台湾的基地之一。历史上，金门在行政上属福建省同安县。1914年，厦门岛从同安县析出独立设县，称思明县，金门划归思明县管辖。1915年，金门从思明县划出独立设县，辖域为金门、烈屿、大嶝、小嶝等岛屿。由于金门位于海中，岛上地瘠民贫，历史上各朝各代都未给予过多关注。

金门东望台湾，西对厦门。对于厦门而言，其地理位置十分重要：金门扼守厦港咽喉，是闽南屏障，可以说是厦门的门户。对于意欲侵占厦门乃至整个福建的日军来说，夺取金门和占领厦门同样重要。占领金门后，日军既可以放心进攻厦门及大陆，又可以将其作为侵略跳板。日本对于金门岛也确实是早有企图。1899年，日本企图在厦门强划专管租界期间，当日本驻厦领事馆提出在鼓浪屿设立专管租界遭到西方驻厦门领事一致反对时，一度提出索要金门作为其专管租界，但由于遭到反对，未能得逞。1921年10月，正当厦门人民为海后滩主权进行激烈抗争之时，有消息说日本要占领金门岛，企图将金门作为将来侵略福建的基地，并计划采取两项措施：一是派遣日籍浪人进入金门，故意挑起事端，以保护日本侨民为由，将金门侵占；二是派遣便衣日警（当时日本驻厦领事馆在厦门设有警署，配置有日本警察）潜入金门，扰乱地方，趁地方混乱之机，将金门占领。1921年10月25日，上海闽商公所邀集旅沪福建同乡召开紧急会议，决议电请厦门交涉员向日本驻厦领事提出严正交涉，并致电外交部，要求其向日本驻华公使进行交涉。厦门交涉员接电后回复上海闽商公所："有电悉，金门岛为厦门门户，关系重大，彼邦意图占据，殊堪愤恨。自当随加监察，严行交涉。诸公爱国爱乡，至深钦佩。特此电复……"[①]

为侵占金门，1937年4月，日军派海空军要员多人，秘密前往金门测绘飞机场地图，并探测金门海港地形、水深。1937年7月全面抗战爆发后，日军军舰、飞机在金门海空域来去自如，并对厦门及大陆沿海进行炮击、轰炸。对于这样一个具有重要战略地位的金门岛，国民党军政当局却毫不重视，未派遣一兵一卒的正规军进行防守，"金门原属第一五七师作战地境，地广兵单，该岛孤立海外，

---

① 李向群主编《近代厦门历史资料汇刊：申报纪闻》第七册，厦门大学出版社，2020，第225页。

未派兵守备"①，而把防守重任交给了只有二三百人的金门县保安队和群众自发组织的抗日壮丁队，这显然是军政当局极度不负责任的体现。当时，金门县人口5万多，县长邝汉对固守金门没有信心，就任不久便向福建省政府袒露弃守意图：如敌来，必要时撤退至大嶝。

1937年10月24日，日军乘坐数艘汽艇企图在金门后湖至水头海岸登陆，遭到县保安队和义勇壮丁队的阻击，日军登陆企图未能得逞。当天，福建省政府电告邝汉：守土有责，应与城共存亡……如情势加紧，当固守待援，不得仓皇退却，致于重究。

10月26日凌晨4时，日本军舰炮击金门。拂晓，3艘日舰侵入金门后埔港，对岸上目标进行炮击；同时，日军还出动飞机对海岸目标进行扫射、轰炸。上午9时，在飞机和战舰炮火的掩护下，日本海军陆战队300多人分乘8艘小艇，在联队长友重丙指挥下，从水头、后埔、古宁头等地强行登陆。守卫在滩头阵地的200多名金门县保安队员、壮丁队员英勇迎战进犯的日军，坚持战斗近一个小时，终因敌众我寡和装备陈旧而无力抵抗，伤亡惨重，日军乘机登陆。金门保安队员和壮丁队员大部分被日军残杀。登陆后的日军分三路向县城进犯，于中午12时占领县城，金门就此沦陷。

县长邝汉在日军登陆时擅离职守，逃离金门。登陆后的日军一路杀人放火、强奸抢劫：在古岗，日兵枪杀了走避不及的村民董停；在泗湖，后浦浯江小学校长张维熊的养女藏身于村外田埂下，日兵发现后，残忍地将其四肢砍断；日军入城时，居民洪水俊躲在厕所中，日兵发现后，把他拖到外面，用刺刀杀死。日军占领金门后，兽性并未收敛，继续在城乡大肆奸淫掳掠。

由于缺乏档案资料，金门沦陷的具体经过难以详细了解。通过对有限的相关档案资料进行分析，可以对当时的情况及政府、军方、民间的态度、表现有一个大致的了解。10月26日当天，日军进攻之前可能并不知道金门岛上没有任何

---

① 福建省档案馆编《日本帝国主义在闽罪行录（1931—1945年）》，福建人民出版社，1995，第22页。

第四章
英勇抗击日军入侵　军民浴血保卫厦门

驻军，因此在实施登陆之前，为减少部队伤亡，按惯例对岛上进行一番猛烈炮击、轰炸，随后实施登陆。金门县政府毫无戒备，驻守的保安队面对日军的进攻，仓促应战。虽然保安队和壮丁队进行了英勇抵抗，但军事素质和武器装备与日本正规军无法抗衡，很快就处于下风并被打散，日军毫不费力就成功登陆，保安队和壮丁队只得边打边撤。保安队和壮丁队与日军奋战之际，县长邝汉收拢部分溃散下来的保安队员，带着县政府公职人员及自己的家属，弃守职责、不顾百姓，乘"金星号"船逃往大嶝岛。群龙无首的保安队和壮丁队员虽拼死抵抗，却终究无力回天，大部分被日军残杀。邝汉逃到大嶝后，将县长职权交给县社训处教官陈文照，自己则逃往漳州，后在漳州被驻军扣押。日军几乎没有付出代价就占领了金门。此时，福建省政府还不知道金门已经沦陷。当天上午10时许，福建省政府保安处处长赵南致电厦门市政府市长："金门电讯不通，究竟现状如何，请详示，并请转告黄师长速派队伍前往为荷。"[①] 当天下午，厦门市政府回电福建省政府：金门已失陷。

金门当地百姓面对野蛮的日军，能做的就是想方设法离开，或逃往大嶝，或逃往厦门，或逃往同安的澳头等地，先后逃出8000多人。厦门市政府也是通过从金门逃出的难民的口述，初步了解了金门的情况。

10月28日，日军飞机和军舰轰炸、炮击烈屿岛。随后，日本海军陆战队200余人登陆烈屿，占领该岛。

10月31日，日军扶持金门县前商会会长、汉奸王廷植及汉奸许维实、周永国等人，组织伪临时地方维持会。其中，王廷植任主席，许维实任财政管理员，他们充当了日本侵略者的走狗。

金门的沦陷，令福建省政府主席陈仪极为震怒。因为金门不仅是全面抗战开始后福建第一个沦陷的县，也是东南沿海丢失的第一块土地。陈仪为了挽回面子，下令驻军将临阵脱逃的金门县县长邝汉扣押，解送福州。1937年12月17日，福建省政府以"未奉命令，无故放弃应守之要地，致陷军事上重大损失"为由，认

[①] 厦门市档案馆档案，A008-001-0006-0008。

定邝汉犯临阵脱逃罪并将其枪决。陈仪曾说："此次金门县长与其率领的保安队太怯懦，没有发挥牺牲精神，致使敌人很容易的、不花什么代价，便占领了我们的地方。"① 处决邝汉，陈仪想要杀一儆百，但没有达到他想要的目的。其实，对于金门沦陷的责任，邝汉作为负责守土安民的一县之长，在战争开始不久就弃民不顾、临阵脱逃，在战时按军法从事，确实该当其罪，并不冤枉。但是，陈仪自己作为一省主席，身兼驻闽绥靖公署主任和福建军管区司令，对金门的防守没有进行积极的布防，只让一个小县城的保安中队承担守土重任，这本就是不负责任。一方面，保安队不仅作战能力差，武器配备也十分落后。在当时的战场上，连正规的国军与日军作战都节节败退，更何况是保安队？这一点，陈仪不可能不清楚。这只能说明，陈仪一开始就准备放弃金门。另一方面，作为当时驻防漳厦的第一五七师，对于处于最前沿的金门，不仅在其失陷前未派出一兵一卒驻守，失陷后也未采取任何收复失地的措施，同样难辞其咎。因此，若论责任，上级军政当局的责任更大，但他们却未受到任何追究。后来日军进攻厦门时，厦门市政府市长高汉鳌也未败先逃，先躲到鼓浪屿，随后撤往漳州，同样未受处理，以致有人在当时福州的《南方日报》上公开发表《为邝汉鸣冤》的文章，可见陈仪"杀一"并未起到"儆百"的效果。

金门沦陷后，迫于压力，陈仪命令第一五七师收复金门。但是，第一五七师师长黄涛说，出兵收复金门需第四战区副司令长官余汉谋同意。于是，陈仪向蒋介石求助。10月28日，蒋介石电令余汉谋速派第一五七师收复金门。黄涛又以闽省岛屿林立、兵力不敷分配相推脱，表示无力收复失地，还分别密电何应钦、余汉谋及陈仪，称："如今之计，应以确保漳、厦为主，金门如为敌小部队，即驱逐之可也。"② 金门原属第一五七师防区，沦陷后，陈仪将金门防区改属于以陈琪为师长的第八十师。陈仪遂改令陈琪"亟图收复"③。但陈琪以厦金海域风

---

① 韩真：《民国福建军事史》，中国言实出版社，2000，第563—564页。
② 厦门市政协文史资料委员会编《抗战时期的厦门》，鹭江出版社，1995，第61页。
③ 厦门市政协文史资料委员会编《抗战时期的厦门》，鹭江出版社，1995，第61页。

高浪急、跨海作战风险高、难度大，且无海空力量支援为由，一直采取拖延态度，收复金门之事遂不了了之。

日军占领金门后，陆续派遣1200多人的部队进驻，其中十之六七为东北人，十之二三为台湾人，日本人占极少数。进入金门的日军，300余名分驻县城金门公学、金门小学、县政府等处，琼林、料罗、沙美、烈屿等乡各驻扎数百名日军。日军在道路上架设了机枪，主要道路上还布设了钢炮。日军舰艇则分别停泊在金门水头、后浦、料罗湾和烈屿等处海面。日军还在金门五里浦修建机场，大批军用物资被运输到岛上。金门成为日军下一步侵略福建沿海的军事基地。

由于金门岛上物资缺乏，日军经常借口搜查民间军火，以日籍浪人为向导，在城乡挨家挨户进行搜查，将居民家中所有值钱物品掠夺一空，甚至连米粮、地瓜等基本食物也不放过。日军在搜查过程中，一旦发现壮丁便立即枪杀；如果在居民家中搜出壮丁服装或抗日文件，就将全家杀害。他们还通过散发传单，强制要求当地百姓在路上遇到日军时必须双手上举以示不抵抗，否则即刻遭到杀害。此外，日军还强令当地商人开市，并要求在商店门前悬挂日本国旗。

1938年4月，日军在金门设立司令部，暂以停泊金门的日本海军主力舰舰长为正司令（因主力舰屡有调动，故正司令人选不固定），日本人高桑任副司令，下设守备队、壮丁保卫团和常备队。[①]

1938年11月，日本侵略者扶持的伪金门治安维持会正式成立，王廷植任会长，一众汉奸粉墨登场，卖国求荣，助纣为虐。

金门沦陷后，金门县政府四处迁移。1938年初，金门县政府及县党部奉令在大嶝岛田墘村借用民居办公。厦门沦陷后，时任县长的韩延爽计划将金门县政府及从金门逃出的民众迁移到南安、同安等地，但金门民众不愿迁走，表示要留下来协助军队抵抗日军，誓与大嶝岛共存亡。从1937年金门沦陷到1945年8月日本投降，屈居大嶝的金门县政府虽然只是以办事处形式出现，但在这期间，基本

[①] 参见福建省档案馆编《日本帝国主义在闽罪行录（1931—1945年）》，福建人民出版社，1995，第23页。

的政府职能没有丧失，机构正常运转。大嶝金门县政府办事处的存在，使金门岛上的日伪政权始终处于非法且尴尬的地位。从1938年7月起，金门县政府便担负起领导大嶝民众抗日的重任。

金门沦陷对福建抗战产生了极其消极的影响，这也是陈仪将邝汉军法处置的重要原因。

首先，金门是福建抗战开始后失守的第一个县，在政治上造成了极其不利的影响，助长了侵略者的气焰，打击了福建人民的抗战热情。

其次，因为金门沦陷，金门人民开始了长达八年的亡国奴生活。在沦陷初期，日本侵略者为实施殖民统治和掠夺资源，采取了一系列残酷的措施。一是精神毒害。占领之初，日伪即在金门设厂制造吗啡，从台湾运来罂粟种，分发各乡，强迫乡民种植鸦片。日伪在金门后埔设立大规模吗啡制造厂，由日本人山本主持，大量制造吗啡，除诱惑金门民众注射、毒化金门全岛外，还利用奸民将毒品倾销至内地。此外，日伪还从台湾运来土烟膏，由伪金门治安维持会经营，公开售卖，并派兵保护台湾流氓地痞开设的烟馆。当时，仅金门后埔一隅，就有烟馆70余所，其余各乡亦有数十所。二是经济掠夺。金门为海上孤岛，物资匮乏，民众生活所需大多依赖岛外供给。自沦陷后，金门与福建漳、泉沿海隔绝，食米等物资都极度缺乏，造成物价高昂。日伪趁机从台湾运来物资推销，高价出售。金门人民赖以生存的南洋汇款也因沦陷而断绝。为掠夺侨汇，金门日伪命令汉奸周永国筹办民信汇兑局，要求金门百姓致函南洋家人向家中汇款，且汇款必须由台湾中转。日伪虽然百般威胁利诱，但终无所获。三是文化奴役。日伪在金门开办日语讲习所，推行日本教育，传播日本文化。在厦门被勒令停办的《全闽新日报》在金门复刊，刊登虚假新闻，造谣煽惑、欺骗金门人民。

最后，金门沦陷，导致厦门失去了屏障，给厦门的防务造成了非常不利的影响。金门成为日军军事进攻厦门的基地和跳板：一是开展间谍特务活动。日军占领金门后，利用金门与厦门距离近的条件，把金门作为培训间谍特务的基地和中转站，不断加强对厦门的渗透。日军在金门设情报支部，刺探华南军情，尤其注重厦、漳、泉及汕头方面的情报。为加强间谍特务活动，日军在金门设立女间谍团，以日本女子芳川练子为团长，台妇陈吴氏（在厦原名吴嫦娥，原在厦门经营新南旅社）为副团长，广招曾在厦门、福州、汕头、广州等地久住的台妓为团员，经培训后将她们分别派遣到闽粤内地刺探军情，并勾结汉奸开展特务活动。[①]二是监视厦门驻军动态，并对厦门港进行警戒。三是把金门作为日军进攻厦门的临时军事基地，大批日军及装备进驻该岛。日军的飞机和停泊在金门海面的军舰直接对峙厦门，频繁对厦门、大陆沿海乃至内地进行军事攻击。

1937年11月12日，也就是金门沦陷半个月后，日本海军第三舰队第五水雷战队司令大熊少将率领各舰长及炮兵将领到金门开会，讨论进攻厦门问题。12月下旬，日军驻金门司令部连日密集召集会议，参会人员包括伪金门治安维持会委员等，专门研究进攻厦门的策略。会议决定：派遣停泊在金门的水上飞机轮流轰炸厦门的防御工事及海岸各炮台；收买汉奸潜入厦门五通、集美、鼓浪屿等处，侦察我方军情；同时计划由日军及伪金门治安维持会利用夜间派遣水兵和日籍浪人登陆，占领南太武，夺取厦门屿仔尾炮台。1938年5月9日，进攻厦门的日本海军舰队在金门料罗湾集结，并趁夜向厦门发起攻击。

金门失守后，厦门直面日军威胁，局势更加危急！

第二节　军民浴血齐奋战　共卫厦门志如钢

1938年3月，台儿庄战役打破了日军不可战胜的神话。日军的侵略锋芒受到重挫，急需一次胜利来鼓舞士气。在此情形下，日军决定发起对厦门的进攻。4月，日军进攻厦门的军事部署紧锣密鼓地展开。5月10日凌晨，日军向厦门发起

---

① 参见李向群主编《近代厦门历史资料汇刊：申报纪闻》第十册，厦门大学出版社，2020，第6页。

进攻，厦门保卫战就此打响。

当时，敌我双方的兵力情况如下：

厦门守军由三部分组成：一部分为厦门守备队；一部分为厦门要塞海军陆战队及炮台；还有一部分为地方武装（义勇队及壮丁队）。

作为防御作战主力的厦门守备队，由第七十五师第二二三旅第四四五团3个营、第四四六团1个营（第二营）、第七十五师师属炮兵营2个连及工兵营1个排组成。师长宋天才兼任守备队队长，驻漳州；副师长兼第二二三旅旅长韩文英任代理厦门守备队队长，驻厦门，负责守备队的指挥。海军厦门要塞守备队2个中队，包括胡里山炮台（炮2门）、磐石炮台（炮2门）、白石炮台（炮1门）、何厝炮台（炮1门）、屿仔尾炮台，由厦门要港司令部指挥。在兵力部署上，第七十五师第二二三旅根据厦门地形和敌情判断，采取重点防御方式进行部署。厦门西南部是内港，对面为漳州海澄大陆，鼓浪屿是西方列强盘踞的"公共租界"，且海面有保护侨民的外国军舰停泊，韩文英估计日军不会从鼓浪屿方向进攻厦门；东北方向地势平坦，面对金门，障碍物少，涨潮时舰艇几乎可以直接靠岸，最有可能成为日军的登陆点。据此判断，并经与第四四五团团长水清浚和第四四六团团长焦克功商议，将厦门岛东北部定为全岛重点防御地区。

具体兵力部署：以第四四六团第二营（营长王建章）驻防厦门岛沿海高崎、五通、禾山至何厝一线；以第四四五团第二营（营长杨永山）驻防厦门岛中部洪山柄一带；以第四四五团第三营（营长高思宪）驻防厦门岛沿海何厝以南至市区一线；以第四四五团第一营（营长宋天成）为预备队，机动作战，支援其他部队；师属炮兵营一部分部署在胡里山海神庙附近。以上兵力约2000人。厦门要港司令部所属海军陆战队1个团（约1000人），驻守胡里山及磐石、白石、屿仔尾等炮台，并在霞边、香山设临时炮台。除第七十五师和厦门要港司令部所属的海军陆战队外，地方武装厦门义勇常备大队的2个中队（1个中队约100人）也驻守前线。其中，第一中队驻胡里山、曾厝垵一带；第二中队驻禾山一带，配合第二二三旅作战，但其装备差、无作战经验，战斗力有限。市警察保安队的3个中队，约400人，战斗力不强，主要任务是维持市内秩序（日军攻入市区后，也参与抵抗日军的作战）。此外，市社训总队壮丁队有一二百人。厦门保卫战开始后，第七十五师先后从大陆调派两个营（编制不足，各缺一个连）的兵力投入战斗，实际投入战斗的正规部队加上地方武装，总兵力超过 5000 人（"厦门有五六万的壮丁，有五百以上的警察，和一旅以上的正规军"[①]，当时一个旅的兵力约 4000～5000 人）。防御工事设施方面，要塞炮台为永久性工事，重要地段构筑有部分土木结构的半永久性工事，其余均为野战工事。

在兵力配备上，1938 年 4 月 20 日，日本海军"中国方面舰队"从各海军镇守府抽调陆战队组成第二联合特别陆战队，包括横须贺镇守府第二特别陆战队（司令山冈昭一中佐）、佐世保镇守府第七特别陆战队（司令志贺正成少佐）、吴镇守府第三特别陆战队（司令福岛耕次郎少佐）等，司令官为宫田义一少将。5 月 1 日，日本大本营将第二联合特别陆战队编入第五舰队。同日，日本海军第五舰队司令长官组建进攻厦门的作战部队，并将这支部队命名为"D 部队"，将这次攻取厦门的作战命名为"D 作战"。[②]5 月 3 日，日本中国方面舰队司令官川古志郎中将向日军第五舰队下达占领厦门的命令。[③]参与作战的日军共 5 个大队，总兵力 4895 人。[④]

日军配有各种作战舰艇 31 艘[⑤]，包括："加贺"号航空母舰；重巡洋舰"妙高"；轻巡洋舰"多摩""天龙""龙田"；驱逐舰"岛风""滩风""汐风""芙蓉""朝颜""刈萱"；其他舰船"室户""江岛""丹岛""隼丸""第八南进丸""第三十一南进丸""大兴丸""生田丸""广德丸""首里丸""华山丸"等。其中，"加贺"号航空母舰可搭载 60 余架飞机。

5 月 3 日，第二联合特别陆战队在司令官宫田义一少将率领下，离开日本佐世

[①] 参见厦门市地方志办公室、厦门市档案馆编《厦门抗日战争时期资料选编》（上），1986，第 165 页。
[②] 参见洪卜仁主编《厦门抗战纪事》，厦门大学出版社，2014，第 213—214 页。
[③] 参见洪卜仁主编《厦门抗战岁月》，厦门大学出版社，2015，第 40 页。
[④] 参见洪卜仁主编《厦门抗战岁月》，厦门大学出版社，2015，第 43 页。
[⑤] 参见厦门市委党史研究室编《厦门市抗日战争时期人口伤亡和财产损失》（上卷），中共党史出版社，2018，第 24 页。

保军港，向厦门出发。5月7日上午，第二联合特别陆战队舰队到达马公港，与日本海军少将大野一郎率领的第五舰队的部分舰只会合。大野一郎是日军进攻厦门战役的指挥官。5月8日，进攻厦门的部队在马公港集合完毕，因当天马公港海面风浪大，"D部队"转移到澎湖岛南侧。5月9日上午，日军舰队在完成补充给养后，驶向金门。傍晚，进入金门料罗湾。次日凌晨，日军对厦门发起进攻。

　　日军为什么选择5月9日夜里进攻厦门？可能的原因之一是，5月9日是国民政府确定的"国耻日"①，每年的这一天都要举行纪念活动。1938年5月9日的纪念集会，由于组织方担心日本飞机轰炸，将惯例白天举行的活动改在晚上，第七十五师驻厦守军部分官兵也到市区参加活动。有人认为，日军是特意选择这一天进攻厦门，理由是纪念活动会降低军民的警惕性，且参加纪念活动的部队从市区返回驻地时已是深夜，战斗力会受到影响。其实，这只是主观揣测。日军在5月9日深夜发起对厦门的进攻与"五九"纪念活动无关。进攻厦门的日军是从日本本土出发，一路南下，于5月9日上午到达金门，并在当天深夜对厦门发起攻击，这是顺理成章的军事行动。当时，日军大批间谍早已了解厦门的防卫情报，又自恃武力强大，并不需要特别掩饰进攻企图。况且，日本海军当天的活动厦门驻军也已知道，"9日，敌舰封锁金、厦交通，其运输舰之往来极为活跃，攻厦企图益形显著"。因此，日军在5月9日进攻厦门，与"五九"纪念活动只是时间上的巧合。当然，由于当天的纪念活动结束时已是深夜，参加纪念活动的官兵徒步从市区返回五通营地时，已人困马乏，时间也到了5月10日凌晨。此时正是守军战斗力最弱的时候，日军选择在这时发起进攻，无疑会对守军作战造成不利影响。此外，5月9日（农历初十日）夜间为弦月，光线较暗，且海水于凌晨4时开始涨潮，这些都有利于日军隐蔽靠岸登陆。

　　日军又为什么选择在五通登陆？日军图谋厦门已久，为进攻厦门进行了详细的侦察和勘测，曾拟定多个进攻厦门的登陆地点，在此之前也曾多次尝试登陆。

---

　　①1915年5月9日，袁世凯与日本政府签订卖国条约"二十一条"，国民政府将这一天定为"国耻日"。

经研究比较后，日军认为，一方面，五通与金门接近，在进攻厦门前和进攻厦门的过程中，利于兵力快速调动集结；另一方面，五通海滩平缓，利于登陆后快速推进。此外，五通附近的香山炮台是厦门守军炮台中威力最小的，如果选择其他地点登陆，更容易受到胡里山、白石、磐石等处炮台火力的攻击（1937年9月3日，日军首次炮击厦门时曾吃过亏）。因此，日军选择从五通一带海岸登陆进攻厦门，可以避开守军主力炮台的火力。

5月9日黄昏，厦门守军发现大担海面有日舰5艘，似有进攻厦门的企图。代理厦门守备队队长韩文英立即电话报告守备队队长、第七十五师师长宋天才，并命令前线守军严密防守。

5月10日凌晨，日军开始实施登陆作战计划。凌晨1时许，日舰8艘、登陆艇10余艘、民船30余艘离开金门料罗湾，由大、小金门之间的水道悄悄进入距离厦门五通2500米处的海面抛锚。

3时30分，日本海军陆战队士兵换乘橡皮艇，利用弦月微光，偷偷向五通一线海岸靠近。此时，前线守军轮值士兵竟然脱岗，因而并未及时发现敌情。[1] 当韩文英致电第四四六团第二营营长王建章询问前线防守情况时，王建章称"无事"[2]。

3时40分，日舰向何厝、泥金、五通等处炮台和野战工事发起炮击[3]。王建章向后方报告，阵地前面的海面出现十余艘日舰，正以炮火攻击我沿海阵地，似有登陆迹象。韩文英将前线情况报告宋天才，并命令王建章于薄弱部位加强兵力防守。由于日军炮兵火力强大，且先发制人，压制了守军的还击，何厝、江头、香山、五通、霞边等处炮台大部分被摧毁，野战工事遭到破坏，守军伤亡很大。

4时许，首批日军乘坐30多艘登陆艇、橡皮艇等（500多人）在山冈昭一和

---

[1] 参见李向群主编《近代厦门历史资料汇刊：申报纪闻》第十册，厦门大学出版社，2020，第83页。

[2] 李向群主编《近代厦门历史资料汇刊：申报纪闻》第十册，厦门大学出版社，2020，第83页。

[3] 厦门市档案馆馆藏档案，A008-001-0006-0127。

志贺正成的带领下兵分两批实施登陆并推进：第一批为山冈昭一中佐带领的横须贺镇守府第二特别陆战队；第二批为志贺正成少佐带领的佐世保镇守府第七特别陆战队。福岛耕次郎少佐带领吴镇守府第三特别陆战队紧随其后实施登陆。

山冈昭一中佐带领第一批日军（以下称山冈部）分乘登陆艇，在浦口社南方海岸（从浦口社南端到泥金社的海岸）登陆。当时，驻守浦口前线阵地的部队，只有第七十五师第四四六团第二营第五连80多人。守军发现日军开始登陆后，急忙应战。约半小时后，日军突破防线登陆上岸，抢占滩头阵地。韩文英得知战况后，命令第四四六团第二营加强防守，并向师长宋天才报告。

4时30分，志贺正成少佐带领的第二批日军（以下称志贺部）分乘登陆艇，在五通渡口南侧海岸（从五通渡口到凤头社的海岸）靠岸，登陆五通凤头社，进逼我方守军阵地。第四四六团第二营守军发现后，立即以步机枪猛烈射击，阻止日军前进。志贺部的登陆小艇被海边养殖牡蛎的设施所阻，前进困难，日军官兵跳入海中，涉水登陆。志贺部的鬼冢队和松本队分左右两路登岸。在志贺部左翼队鬼冢队的正面是丈余的绝壁，鬼冢队靠岸后，搭成人梯，攀爬绝壁。守军察觉后，向日军投掷手榴弹。日军也以手榴弹还击，并很快攀上绝壁，突破防线，向纵深进攻。

为配合日军登陆，自凌晨4时45分起，海上的日本舰队对香山野炮阵地、白石炮台及虎仔山守军阵地进行猛烈炮击。5时，日军出动飞机分批次不间断对何厝、五通守军阵地、军事设施、村庄及市区进行轰炸与扫射。厦门大学也遭到轰炸，生物学院和化学院全被炸毁，其他建筑也受损严重。在军舰、飞机的配合下，日军部队陆续登陆。

由于厦门东部泥金一带地势相对平坦，几乎没有防登陆障碍物，易攻难守。山冈部登陆艇靠岸后，日军立即抢滩登陆，向泥金社发起攻击。防守泥金社东南侧海岸的第四四六团第二营守军虽然顽强作战，但面对有飞机、军舰炮火配合的日军，终究寡不敌众，边战边退。营长王建章一面向韩文英报告前线战况，一面率营预备队投入战斗，组织反攻，力图夺回阵地。

韩文英接到王建章报告后，严令第四四六团第二营坚守抵抗，不得已之时也要

第四章　英勇抗击日军入侵　军民浴血保卫厦门

确保东宅、高林一线，以待援军第四四五团第一营到达，合力将登陆日军压迫于泥金海滨地带歼灭，并命令炮兵第一、第二连集中火力炮击日军。同时，韩文英将战场情形及战斗部署报告师长宋天才。远在漳州的宋天才此时按照之前上报并获军事委员会批准的作战计划，命令守备部队坚决抵抗，趁日军登陆立足未稳之际集中力量加以消灭。宋天才还命令驻扎嵩屿的第二二三旅第四四六团第三营和驻扎漳州的第二二五旅第四四九团第二营，立刻启程赶赴厦门增援，归韩文英指挥。韩文英奉宋天才命令后，即率第四四五团第一营（营长宋天成）步行赶往高林前线支援。[1]

激战过程中，第四四六团第二营营长王建章以求援为名，离开战场，从高崎逃往漳州角尾。[2]第四四六团第二营五连连长安治国中弹牺牲；副营长马忠喜重伤无法撤退，爬到树上继续打击日军，最后被日军包围射击，尸体挂在树上。[3]日军后来在《作战研究》中说："敌方（指我军民——编者注）在海边展开布设铁丝网和水泥碉堡等，以机关枪和手榴弹等进行了激烈顽强的反抗。"[4]

5时许，山冈部突破泥金社阵地防线。5时30分，浦口被日军占领，日军司令官宫田义一随军登陆。至早晨6时，志贺部左翼队鬼冢队推进到距海岸约2公里的店里社；志贺部队右翼队松本队靠岸后，一边压制守军火力，一边破坏守军设置的铁丝网，同样突破了防线。

6时许，厦门地方武装保安队百余人分乘车辆从厦门出发，经浮屿、祥店赶往前线增援，途中不幸遭日军飞机轰炸，大部伤亡。与此同时，潜伏的日籍浪人也窜至前线，不仅制造谣言、破坏防御设施，还为日军充当向导，引导日军避开守军正面火力，绕道从东宅、内山头、马厝等村进攻高林、田头。

---

[1] 参见《陆军第七十五师厦门守备队战斗详报》，载洪卜仁主编《厦门抗战岁月》，厦门大学出版社，2015，第53页。

[2] 李向群主编《近代厦门历史资料汇刊：申报纪闻》第十册，厦门大学出版社，2020，第188页。

[3] 参见洪卜仁主编《厦门抗战岁月》，厦门大学出版社，2015，第44页。

[4] 洪卜仁：《洪卜仁学术文集》，鹭江出版社，2018，第287页。

6时30分，日军福岛耕次郎少佐率领的吴镇守府第三特别陆战队（以下称福岛部）在第一批和第二批日军登陆点中间地带登陆上岸，向其预定目标推进。此后，川崎部队的大部在浦口社南岸登陆，其余后续部队也陆续靠岸，参加战斗。守军面临的压力越来越大。

7时许，日军山冈部一部开始向北推进，进攻高林、湖边、鸡山一线阵地。此时，韩文英率领的增援部队第四四五团第一营抵达高林，对日军展开反攻。但是，由于阵地大半已被日军突破，登陆上岸的日军源源不断地加入战斗，战局对于守军十分不利。虽然守军与日军展开殊死搏斗，但死伤惨重，无法扭转战局夺回阵地，只能且战且退。

7时15分，日军司令官宫田下达总攻命令，志贺、山冈两部分路进攻守军。福岛部配合志贺部，向金山、虎仔山一线发起进攻。8时许，日军志贺部向西推进，进攻后坑、穆厝等地。

10时许，山冈部一部占领观音山、香山一带，并继续向后坑、蔡塘推进。守军在此组织防线顽强抵抗，日军进攻受阻。当守军与日军激战之时，潜伏的日籍浪人带领日军迂回到守军左侧进攻，守军前后受到夹击，不敌日军，向后撤退。面对强势的日军，守军官兵不畏强敌，反复冲锋，英勇作战。韩文英身先士卒，奋勇杀敌。11时，韩文英在战斗中中弹受伤，但坚持不下火线，仍继续在战场督战。时任第四四六团第三营营长的赵康侯后来回忆说："我军退至第二线阵地后，敌又屡屡来攻，攻前敌机总是先来轰炸一番。我军在敌机轰炸时均掩蔽起来，待敌机离去敌步兵进攻时则奋起反击。韩文英虽已负伤，但坚持不退出阵地，在后督战；见此，其他负伤军官也不肯退下火线。如此，敌军数次进攻均被我打退。"[1]

由于战斗激烈，守军伤亡惨重。至上午12时许，第四四五团第一营营长宋天成牺牲[2]，韩文英也因伤重无法继续指挥战斗。韩文英命令守军撤退至东芳山、

---

[1] 厦门市委党史研究室编《厦门市抗日战争时期人口伤亡和财产损失》（下卷），中共党史出版社，2018，第539页。

[2] 参见《陆军第七十五师厦门守备队战斗详报》，载洪卜仁主编《厦门抗战岁月》，厦门大学出版社，2015，第53页。

龙山、江头一线，继续组织抵抗，并令第四四五团团长水清浚率第二营（营长杨永山）从洪山柄赶往支援。日军志贺部和福岛部相互配合，趁势突破金山、虎仔山之守军防线，攻占穆厝，并一路尾随撤退的守军向前推进。敌我双方在江头一线再次开展激战。厦门义勇常备大队第二中队在大队长程超凡、副大队长魏光汉的带领下，与江头义勇警察队、壮丁队在江头与日军展开激战，虽英勇顽强，但终不敌日军，江头及其附近交通要道陆续被日军志贺部占领。团长水清浚中弹负伤。第七十五师第二二三旅参谋主任楚怀民奉命赶赴前线督战[①]。随后，志贺部进入浦园社，占领前村山。12时30分，日军占领高崎，并切断高崎至厦门市区的主干道路。由山冈带领的日军一部向金鸡亭方向推进，中午时分进抵莲坂附近，准备向莲坂发起进攻，莲坂前后受到夹击。

在浦口社南方海岸登陆的日军川崎部队一路向南朝何厝、前埔方向进攻，9时30分进攻何厝，11时30分占领前埔山；一路沿守军撤退方向追击，夺取前埔各要点。此后，该部兵分两路，一路留守前埔，一路朝莲坂方向推进，于午后3时半许与前方日军部队会合。

下午1时许，第四四五团第三营营长高思宪报告，一部日军在飞机、军舰的掩护下，从厦门岛东南部石帽头、黄厝沿海一带突破守军第四四五团第三营的防线登陆，并发起猛烈攻击。面对海陆空协同作战的日军，第四四五团第三营的守军顽强抵抗，与日军展开殊死战斗。其间，"反复肉搏，屡进屡退，达五六次之多，双方死亡甚巨"[②]，终因敌我力量悬殊，何厝、黄厝一线阵地相继失守。第四四五团第三营退守曾厝塔、虎山、观音山、云顶岩一带，利用山地，继续抗击日军。

下午2时，日军志贺部留守江头，由随行跟进的福岛部队接替进攻吕厝社。

下午3时，200余名日军开始从江头向莲坂、梧村方向进犯。日军司令官宫田义一少将亲自到前线督战，并对作战任务进行调整，令志贺部以江头社为据点，

[①] 参见《陆军第七十五师厦门守备队战斗详报》，载洪卜仁主编《厦门抗战岁月》，厦门大学出版社，2015，第54页。

[②] 《陆军第七十五师厦门守备队战斗详报》，载洪卜仁主编《厦门抗战岁月》，厦门大学出版社，2015，第54页。

牵制厦门北部的守军,山冈部负责进攻莲坂。宫田义一亲率主力向吕厝社、莲坂社攻击前进。

福建省政府主席陈仪得到战报后,命令第七十五师驻厦部队"迅复原防,虽余一兵一卒,不得擅离厦港,务与厦门共存亡"[1]。

下午4时,日军夺取天王山,并在此设立日军司令官指挥所,为次日进攻作准备。

莲坂社是进入厦门市区的重要门户,是双方必争的战略要点。日军在飞机支援下,分别从金鸡亭、江头方向朝莲坂发起攻击。守军与日军在莲坂展开激战,战斗异常惨烈。第七十五师第二二三旅参谋主任楚怀民在战斗中遭日军飞机轰炸牺牲。日军司令官宫田义一见进攻莲坂的山冈部进展受阻,便亲赴第一线指挥督战。与此同时,日军飞机也对守军阵地展开轮番轰炸。

下午5时,在日军多路夹击下,守军无力支撑,东芳山、龙山、莲坂等地相继失守。守军被迫撤离阵地,但未远离战场。

由于代理队长韩文英重伤、第四四五团团长水清浚负伤、参谋主任楚怀民牺牲,此时战场上只剩营级指挥员。因此,所有部队由第四四五团第二营营长杨永山统一指挥。就在此时,由张星平代理营长的第七十五师第二二三旅第四四六团第三营(编制少一连)从嵩屿赶来增援。[2] 该营抵达前线后,立即投入战斗,并占领金鸡山一线,战场危局暂时得以缓解。由于敌我双方均伤亡惨重,一时都未采取进一步行动。

占领莲坂后,宫田义一对日军进行重新部署,将山冈部调到第二线,以福岛部作为第一线,令福岛部于次日早晨继续发动进攻。宫田又将后续赶到的川崎部配备在莲坂社的东、北两侧,以防守军夜袭。傍晚,日军向禾山区公署一带发起进攻。

---

[1] 厦门市政协文史资料委员会编《抗战时期的厦门》,鹭江出版社,1995,第63页。
[2] 参见《陆军第七十五师厦门守备队战斗详报》,载洪卜仁主编《厦门抗战岁月》,厦门大学出版社,2015,第54页。

第四章　英勇抗击日军入侵　军民浴血保卫厦门

当天下午，在中部地区激战之时，日军舰艇突破守军炮台封锁，进入厦门港口，控制了厦门海面。

当晚 10 时，韩文英致电陈仪，报告厦门战况："敌人配备完全，火力甚猛，左翼之敌已进逼文灶一带，右翼进逼茂后一带，厦门危急。"①

当天深夜，第七十五师驻漳州的第二二五旅第四四九团第二营营长杨凌岫率部赶到厦门增援②。因敌前渡海困难，第四四九团第二营实际只到位 3 个连兵力，为凑成一个营，临时武装常备队及义勇警察等 200 余人，合编成一个营开赴前线。该营到达梧村后，统归第四四五团第二营营长杨永山指挥。杨永山组织指挥部队展开反攻，由梧村向江头方向发起攻击。

5 月 11 日拂晓，守军一度将江头、莲坂等失地收复③，并乘势收复东芳山、龙山一线阵地。但是，由于日军有所准备，此次战斗十分激烈，增援的第四四九团第二营营长杨凌岫重伤，3 个排长阵亡。

当日凌晨，日军福岛部队 1000 余人在飞机的掩护下，从江头、金鸡亭两个方面向莲坂进行夹击。守军不支，步步后退，向美仁宫、将军祠方向退守，日军则一路紧追不舍。

6 时半，日军进攻将军祠，守军和壮丁队、保安警察奋勇迎敌，展开巷战。同时，日军出动飞机 6 架对厦禾路和市区轮番轰炸、扫射。由于敌我力量悬殊，加上日军飞机的轮番轰炸，守军后路多被切断，前线守军弹药、物资接济困难。

在敌我双方激战之际，日军飞机在对市区进行轰炸、扫射的同时，还散发传单，声称日军即将进攻市区。由于我方没有制空权，日军飞机嚣张至极，持续低空轰炸、扫射。当时，一架日军飞机从市区转入莲坂上空投弹时，被莲坂守军战士用步枪击中，坠落在吕厝社。飞机残骸先被当地村民收藏，战后被当作废

---

① 韩真：《民国福建军事史》，中国言实出版社，2000，第 568 页。
② 参见《陆军第七十五师厦门守备队战斗详报》，载洪卜仁主编《厦门抗战岁月》，厦门大学出版社，2015，第 54 页。
③ 参见《陆军第七十五师厦门守备队战斗详报》，载洪卜仁主编《厦门抗战岁月》，厦门大学出版社，2015，第 54 页。

品出卖，后由政府收缴。此外，日军飞机还飞往鼓浪屿上空投下传单，声称将占领厦门全岛，驱逐岛上的中国守军，并劝告居住在厦门市区的外国人撤离，要附近海域的外国船舶驶离。①

9时30分，日军进攻美仁宫，逼近市区。为防守市区外的最后一道防线，守军与日军展开殊死搏斗，壮丁队也全部投入战斗，壮丁队员有枪的则持枪与日军搏杀，没有枪的则每人发给手榴弹二至三枚参加战斗。此时，日军飞机对厦门市区和前沿阵地的轰炸持续进行，给守军和市民造成极大伤亡。10时，韩文英伤重昏迷，被送往后方急救。

在日军从北部向厦门市区进攻的同时，8时许，第四四五团第三营营长报告，又有一部日军在飞机的配合下，从厦门岛南部海边的黄厝、塔头一带登陆，围攻白石炮台，另有驱逐舰3艘、炮舰2艘向该台正面猛烈攻击。守军第四四五团第三营和海军炮台官兵奋勇应战。10时30分，胡里山、磐石两炮台及白石炮台均被围攻，各炮台官兵坚决死守，抗战尤为激烈。终因弹尽援绝、伤亡惨重，加之敌机数十架分途狂炸，白石炮台守军无力继续抵抗，撤往胡里山炮台。日军在海空优势兵力的支持下，由曾厝垵大道一路向西推进。第四四五团第三营官兵不畏强敌，且战且退，顽强抵抗。

5月11日整个上午，第七十五师守岛官兵和地方武装在厦门岛上南北地区与日军鏖战不息。此时，弱势的守军已与日军激战近两日，前线弹药物资供应不上，兵力也已"伤亡过半"，福建省政府主席陈仪因"无兵可调"而束手无策，无奈之下致电蒋介石、何应钦，请示厦门保卫战进退之策："应否仅以韩旅兵力与厦岛共存亡，或不顾一切抽调陈（琪）师一旅，与厦敌决战，敬祈察核示遵。"②蒋介石接电后当即回复："应独立守备，但须增强该地附近沿岸守备之兵力为要。"③

---

① 参见厦门市地方志办公室、厦门市档案馆编《厦门抗日战争时期资料选编》（上），1986，第147—148页。
② 厦门市政协文史资料委员会编《抗战时期的厦门》，鹭江出版社，1995，第64页。
③ 厦门市政协文史资料委员会编《抗战时期的厦门》，鹭江出版社，1995，第64页。

第四章 英勇抗击日军入侵 军民浴血保卫厦门

这意味着，厦门被蒋介石放弃了。

中午，日军福岛部攻占将军祠，一部日军突入市区。潜伏在厦门市区内的日籍浪人趁机作乱、助纣为虐：他们在市区内的新世界、台湾银行、台湾公会、旭瀛书院等处挂起日本太阳旗，四处造谣，制造日军已经占领厦门的假象；同时杀人放火、奸淫掳掠，扰乱后方秩序，动摇军心民心。

下午2时许，大批市民逃离厦门，厦门市政府机关及职员也撤退到对岸的鼓浪屿，市长高汉鳌亦随难民逃往该处。一同撤到鼓浪屿的，还有从前线退入市区的少数部队。

日军攻入市区时，在厦门市区以北地区坚持抵抗的第四四五团主力，因退往市区的后路被截断，除距市区较近的少数部队撤回市区外，大部分仍在原地抵抗日军。

下午4时，当守军与日军在美仁宫一带的战斗相持不下之时，日军利用水上飞机将身穿中国军服的90余名陆战队队员空降到筼筜港，从浮屿登陆，突袭守军背后，与进攻美仁宫和厦门港的日军形成策应，向市区推进。日军陆战队推进到厦禾路新世界附近时兵分两路：一路沿厦禾路向东攻击美仁宫守军后方，一路从浮屿角攻入开元路，沿大路向鹭江道逼近。守卫海口的壮丁队与日军展开激烈巷战，厦门市民亦义无反顾地拿起武器参战。据载，有一名店员从厦禾路车站的窗口向街上敌寇开枪，击毙两名敌兵后被包围，最终举枪自尽。[1] 壮丁队因敌众我寡，无力抵挡，且战且退，退无可退之际纷纷跳入海中。日军凶残本性暴露无遗，竟以机枪扫射海中壮丁队员，鲜血染红了鹭江水面。日军继续沿海岸直逼海关口，进至大同路。水上警察义勇队也在此截击日军，双方激战一小时许。尽管第七十五师将士、壮丁队队员、义勇队队员、武装警察奋勇抵抗，但因力量悬殊、弹尽援绝、工事尽毁，死伤惨重。许多壮丁打完子弹后不甘受辱，跳入海中，却惨遭日军机枪扫射，壮烈牺牲。

在厦门岛东南部与日军作战的第四四五团第三营官兵，在日军的步步紧逼

---

[1] 参见厦门市总工会编《厦门工人运动史》，厦门大学出版社，1991，第208页。

下，沿曾厝垵飞机场、自来水池、白石炮台、胡里山等处节节死守、且战且退。下午4时，第三营官兵退入厦门大学、南普陀及虎头山、镇南关一带，与日军展开巷战。义勇常备大队第一中队与第三营官兵一起，英勇作战，抗击日军。

黄昏时分，厦门市区沦陷。

下午6时，日军福岛部一部占领厦门大学校区。此时，战场局势对于守军而言已无力回天。福建省政府主席陈仪电告蒋介石："侵厦之敌陆海空军协同围攻七十五师，韩旅及地方团警伤亡奇重，厦门情势似难挽回。"同时，他又电告第七十五师师长宋天才："密令该地军警于不得已时，乘夜撤出，并将各炮台、炮位及水电设备，务予破坏。"[①]根据陈仪的撤退命令，宋天才向厦门前线守备部队下达撤退命令：以目前战况，似难以挽回危局，拟于本（11日）晚由高崎渡海向集美方面撤退。[②]战场代理指挥员杨永山接到宋天才的命令后，于当晚8时下令守军分头撤离战场，北向澳头、集美，西向靠近大陆的排头、东屿等处分散撤出厦门岛。

当晚，日军进攻磐石炮台，炮台台长邓宝初组织守军撤离炮台，磐石炮台被日军占领。

5月12日上午8时，第七十五师残部撤退到集美、排头等处。厦门要港司令高宪申也奉陈仪命令撤往漳州。在撤退过程中，第七十五师部队遭日军截击，再次出现伤亡。

至此，驻守厦门岛的第七十五师将士在与日军交战30多个小时后，最终不敌日军，主力部队退出战场。此时，分散在岛上东南部无法撤离的守军及壮丁队员还有200余人。他们坚持孤军奋战，继续在禾山、南普陀、虎头山等处与日军拼杀。

5月12日晨，日军福岛部向仍在胡里山炮台坚守的中国海军陆战队发起攻击。

[①] 厦门市政协文史资料委员会编《抗战时期的厦门》，鹭江出版社，1995，第64页。
[②] 参见《陆军第七十五师厦门守备队战斗详报》，载洪卜仁主编《厦门抗战岁月》，厦门大学出版社，2015，第54页。

上午9时，福岛部占领胡里山炮台，炮台守军与日军死战到底，守军大部壮烈牺牲，炮台台长张元龙失踪。11时半，白石炮台被占领。日军大部队进入市区，厦门岛完全沦陷。

5月12日下午，日军开始对海口行人实施检查，逃离厦门的难民在经过海口时，受尽日军侮辱。

厦门对岸的屿仔尾炮台守军仍在坚守。厦门沦陷后，磐石炮台台长邓宝初组织各炮台幸存官兵，冒着敌人的炮火渡海开赴屿仔尾，与屿仔尾炮台官兵共同作战。

5月13日上午，日军集结部队对厦门岛西北部地区进行扫荡，同时出动飞机、军舰对屿仔尾炮台进行轮番轰炸、炮击。炮台官兵在主官何荣冠的指挥下奋力抵抗，不断攻击日军军舰。当天下午，日本军舰进入厦门港，对屿仔尾炮台进行炮击，屿仔尾炮台弹药库及炮位被炸毁。随后，日军登陆屿仔尾。

5月14日凌晨，屿仔尾炮台官兵奉命撤退，官兵们忍痛炸毁大炮，撤离炮台。当晚，第七十五师二二三旅派官兵袭击屿仔尾日军并击溃日军，收复屿仔尾。

厦门虽然沦陷，但此时仍有少部分守军滞留岛上，继续袭击日军，坚持抵抗。5月14日、15日两天，日军对岛上坚持战斗的国军战士和壮丁进行"围剿"。直到5月17日，厦门岛上有组织的抵抗才结束。

5月18日，大批日军进入厦门（此前进入市区的日军曾一度撤回军舰），分驻各处。5月19日，日本侵略者在厦门中山公园举行攻占厦门"阅兵式"，"庆祝"占领厦门。从此，日本帝国主义开始了对厦门长达7年5个月的殖民统治。

在厦门保卫战中，以国民党军第七十五师第二二三旅为主力，辅以常备大队、义勇队、壮丁队、义勇警察等地方武装在内的中国军队，与日军搏杀3天，沉重打击了日本侵略军。厦门军民共击毙日军280多人，击落日军飞机1架[①]。第七十五师、各地方武装及厦门百姓也付出了极大伤亡，7000多人惨遭日军杀

[①] 另一说法：日军"作战研究"称，日军战死20人，伤员84人。详见洪卜仁主编《厦门抗战岁月》，厦门大学出版社，2015，第48页。

害[1]。其中，第七十五师第二二三旅参谋主任楚怀民、第四四五团第一营营长宋天成、第四四六团第三营代理营长张星平等29名军官阵亡；第七十五师副师长兼第二二三旅长、厦门守备队代理队长韩文英，第四四五团团长水清浚，第四四五团第二营营长杨永山，第四四九团第二营代营长杨凌岫等23名官兵受伤；阵亡士兵597名，受伤士兵177名，失踪士兵134名、军官2名。在厦门保卫战中，担任主力的第七十五师二二三旅第四四六团第二营伤亡最为惨重，副营长和4个连长全部牺牲。战后，该营营长王建章在漳州角尾收容该营官兵，经过20余天才收容6人。海军方面，各炮台阵亡16人、伤10人、失踪9人；要港炮台总台参谋龚庆龄被俘，炮台总台台长兼胡里山炮台台长张元龙潜逃（先是报失踪，后被下令通缉）。厦门失守后，要港司令高宪申奉令撤往漳州，在嵩屿收容失散员兵129人。义勇常备大队也伤亡惨重：一中队在胡里山、曾厝垵一带与登陆的日军展开顽强战斗，从曾厝垵飞机场、自来水池、白石炮台、胡里山、镇南关等一路且战且退，顽强抵抗，退至市区时仅余30多人；二中队在莲坂作战时，二中队程超凡（兼）大队长、魏中队长选拔敢死队员40名反攻日军，与日军展开顽强拼搏。莲坂失陷后，二中队继续战斗，至5月12日撤退渡海时全队仅余60多人。此后，常备大队调至福州编入保安特务大队第四中队，经过训练后转入各正规军参加抗战，其中8人参加长沙一、二、三次大会战。抗战胜利后，出征的义勇队队员仅生还10人，原有200多名的常备队队员仅生还33人。

  历时3天的厦门保卫战，以国民党军失败、日军占领厦门告终。在抵抗日军进攻厦门过程中，驻守厦门的第七十五师第二二三旅官兵武器装备不如日军，没有空中和海上力量支援，不断遭到日军飞机、军舰的轰炸、扫射和炮击。尽管如此，第二二三旅官兵仍然顽强奋战：长官身先士卒，士兵不怕牺牲，步步为营、节节抵抗。壮丁队、义勇队、常备大队、武装警察乃至平民百姓，面对日军飞机、大炮毫不畏惧、奋勇向前。从曾厝垵、胡里山抗击日军登陆，到江

---

[1] 参见厦门市档案局、厦门市档案馆编《厦门抗日战争档案资料》，厦门大学出版社，1997，第363页。

头、莲坂的阵地守卫，再到市区美仁宫、鹭江道的巷战，厦门军民始终英勇作战、不畏牺牲，以简陋的武器抵抗强悍野蛮的日军，许多人在战场上壮烈牺牲，涌现出无数感人至深的事迹。例如，第七十五师第二二三旅参谋主任楚怀民率队赶赴莲坂增援过程中遭日机轰炸牺牲。第七十五师副师长兼第二二三旅旅长、厦门守备队代理队长韩文英身先士卒，负伤不下火线，坚持在前线指挥战斗。第四四五团第三营通讯班班长王心诚和上尉军医杜镇砧，在战争爆发前一天奉命回同安团部领取军饷，接到参战命令后立即赶回厦门前线。在回厦门途中，杜镇砧在渡海时遭日军飞机轰炸牺牲；王心诚泅水到高崎，不顾歇息即奔赴战场。连长张永泰于5月9日请假回同安探亲。战争爆发后，他步行数十里赶回部队参战，并在战斗中英勇牺牲。英雄不止这些。林狮，厦门鼓浪屿人，战前发动11名鼓浪屿有志之士加入常备大队。在厦门保卫战中，林狮任班长，配合第七十五师官兵驻守厦门曾厝垵自来水池阵地。战斗失利后，他率队掩护第四四六团第三营主力部队撤退，并负责破坏防御设施。退入市区后，林狮带领全班仅有的7人，继续与日军进攻市区的先头部队激战，往返抢救难民至口吐鲜血，直到5月12日拂晓才奉令渡海撤退。林书，常备队二中队代理排长，在战斗中以步枪击伤日军飞机一架[1]。当前线物资缺乏时，他冒险往来奔走，运送弹药给养，直到最后与林狮一同撤退。林能隐，归国华侨，1936年从菲律宾归国后，1937年当选禾山第八联保主任。5月10日日军进攻禾山之时，他召集全保壮丁在前村阻击，虽然顽强作战，但最终抵挡不住日军的进攻，由云顶岩撤到村里社。5月11日早上，林能隐带领队员与日军再战，被日军机枪扫射，殉难于村里社。云顶岩寺住持觉仪和尚，战前积极参与修建前线防御工事。当日军登陆厦门、战火蔓延到云顶岩附近时，他不忍看到国土沦陷，为免遭日敌俘虏而自杀身亡……类似的英雄事例不胜枚举。厦门保卫战虽然只坚持了3天，却处处彰显了"一寸山河一寸血"的悲壮，充分体现了中华儿女面对敌人入侵时顽强作战、

---

[1] 参见厦门市档案局、厦门市档案馆编《厦门抗日战争档案资料》，厦门大学出版社，1997，第634页。

宁死不屈的民族精神。

惨无人道的日军进入厦门后，奸淫掳掠、残酷屠杀手无寸铁的平民百姓，让这座城市遭受空前劫难。从1937年七七事变爆发到1938年5月10日厦门保卫战打响，厦门军政当局为抵抗日军进攻做了一些准备，保卫战中厦门军民也英勇无畏、浴血奋战，但坚守不到3天，厦门便告失守。为什么厦门保卫战失败得如此迅速、惨烈？这确实值得反思。分析其原因，主要有以下几点：

第一，客观上不得不承认的事实，作为侵略者的日军，在装备和兵员素质上，明显强于国民党军第七十五师。虽然第七十五师第二二三旅的4个营，加上战时增援的2个营和要塞海军陆战队的1个团，以及常备大队、义勇队、壮丁队、武装义勇警察等地方武装，实际投入战斗的兵力与日军大致相当，但是第七十五师总体上抗战意志不强，军事素质不高，武器装备落后——其武器基本是步枪，配属的炮兵连火炮陈旧，且没有防空力量。海军要塞炮台兵员少，实际不足200人，且炮台和大炮建于清末，射程近，操作不便，面对日军的新式武器，毫无胜算可言。因此，尽管守军与参与作战的日军兵力在数量上大致相当，但战斗力远远不如日军。加上日军还有大批飞机、军舰配合作战，占据海陆空优势，守军的失败在所难免。参与进攻厦门的日军主力是日本海军，这是其创建后首次独立实施登陆作战，参战部队有陆战队、舰船部队、航空部队，各兵种之间协作密切，是海陆空三军共同实施的立体战。面对这样一支海陆空协同作战的强敌，以第七十五师的装备和兵力，是难以抵抗的，战败只是时间问题。

第二，缺乏信心，准备不足。国民党政府对沿海城市的防守不作充分准备，是抗战初期的普遍情形。在此之前，华北、华东许多沿海城市已经落入敌手。当时，在国民政府高层官员中，"沿海必失论"甚嚣尘上。在他们看来，厦门沦陷也是迟早的事。因此，对于厦门，当局也同样未予以应有的重视。在厦门的军事布防上，以抗敌意志和战斗力弱的第七十五师替换第一五七师；作为厦门重要屏障的金门，甚至没有一兵一卒的正规军驻防，以致日军几乎不战而得。在对敌意志上，福建军政当局对日军未战先怯，在日军进攻厦门的几个月之前，防御工事还没有准备好，就已经开始布置撤退，以此种心态对待日军是难以取胜的。

第三，第七十五师战斗力差且上层不负责任。第七十五师接防厦门后，仅以1个团、1个营、2个炮兵连的兵力驻守厦门（战斗打响后先后紧急从漳州调来2个营增援），师长宋天才[①]本人驻漳州，派副师长兼第二二三旅旅长韩文英驻防厦门，并代理厦门守备队队长。战斗打响的第一天，当副师长兼旅长重伤、参谋主任牺牲后，团营级指战员非死即伤，导致军心动摇、指挥混乱，陷入群龙无首、各自为战的局面。在这种情况下，第七十五师师长宋天才既未亲自到前线督战，也未派合适人选到前线指挥战斗，而是把战场指挥权交给第四四五团第二营营长杨永山，由杨负责指挥。一个营长如何指挥4个营（后又增援2个营）？何况当时战局已处于十分不利的境况，一个营长如何掌控局面？传说宋天才要自漳亲来督战，后又没来，"据说是因为漳州更为重要的缘故"[②]。5月11日，当战场兵员伤亡过半时，高层坚持不再派兵增援，而是要求守军"独立守备"。主官如此不负责任，失败在所难免。

第四，没有发动民众。在战争爆发前，面对日军的侵略，厦门人民充满抗战激情，积极捐款捐物，有钱出钱，有力出力。厦门军政当局在抗日救亡运动过程中，迫于形势，曾通过各种方式发动、组织民众，也可以说做了一些工作，如组织各种壮丁队进行作战训练，开展各种演习等。但是，最终国民党政府还是不敢相信民众，害怕群众被发动起来，特别是对于中国共产党领导下的抗战救亡组织，国民党政府从一开始就采取了限制甚至打压的措施，更不敢武装民众。在战前，厦门市政府曾在民间开展"献枪"抗日活动，市民积极响应政府号召，纷纷把枪支捐献出来。可是，当日军入侵之时，许多民众要求政府发给武器与日军战斗时，却遭到公开拒绝，之前的"献枪"变成了"缴枪"，以至于壮丁队、义勇队员们不得已徒手上战场，而保存在厦门市商会的2000余支枪悉数留给了日军。民众空有满腔爱国热情，结局却是"英雄无用武之地"。

第五，地方官员临阵脱逃。日军对厦门发起进攻后，地方官员不仅没有协助

---

① 因厦门沦陷，1938年11月宋天才被撤职。
② 李向群主编《近代厦门历史资料汇刊：申报纪闻》第十册，厦门大学出版社，2020，第84页。

军方进行防御，反而带头逃跑。福建水上警察第二大队大队长邱铮有"通敌嫌疑"，所部水警队"不战而退"；厦门市警察局局长沈觐康"临阵退缩"；厦门市政府市长高汉鳌早于5月11日下午即"弃城逃匿于鼓浪屿鹿耳礁私寓，不与市城共存亡"[①]。故当时有人指出：沈觐康、邱铮、高汉鳌可杀，"以其守土有责之长官，前方未失守，而后方先退却也"。[②] 由上述可见，厦门的沦陷，势所难免。

第六，汉奸、日籍浪人没有彻底清除。在第一五七师进驻厦门后，虽曾大张旗鼓治理日籍浪人，逮捕了一批并枪毙个别罪大恶极的汉奸，但厦门市政府及驻军对日籍浪人打击不彻底。为图利益，对部分日籍浪人采取以罚代刑的做法，只要交钱便不深究。尤其金门沦陷后，占据金门的日军将其作为汉奸训练基地，向厦门及内地派遣大批日籍浪人，而当局未予以足够重视，更未予以有力打击，致使日军进攻厦门时，日籍浪人得以助纣为虐。当日军在五通一带登陆时，早已做好准备的日籍浪人立即为日军充当向导，引导日军向内陆进攻；当守军与日军还在郊区激战时，日籍浪人却在市区大肆散布谣言、公然行凶抢劫，既扰乱后方秩序，又动摇前线军心、削弱守军士气。

由于上述多重因素的影响，尽管前线官兵奋勇杀敌，勠力抵抗，厦门岛最终仍告沦陷。

第三节　处心积虑谋租界　日军占领鼓浪屿

鼓浪屿位于厦门岛西南，是厦门湾中的小岛，面积不到2平方公里，与厦门

[①] 厦门市政协文史资料委员会编《抗战时期的厦门》，鹭江出版社，1995，第67页。
[②] 另一说法：市长、防御专员和其他厦门市官员乘摩托艇前往内地，其他中国官员和职员登上一艘道格拉斯航线的船前往香港。

第四章

英勇抗击日军入侵　军民浴血保卫厦门

隔海相望。鸦片战争后，日本就在鼓浪屿岛上设立领事馆。19 世纪末，日本提出要在厦门设立专管租界，由于地方爱国官员的反对和西方列强利益冲突等原因，日本的企图未能得逞。鼓浪屿成为公共租界后，日本贼心不死，企图控制工部局，也未能如愿。1938 年 5 月 10 日，日军进攻厦门时，尽管对鼓浪屿垂涎欲滴，但碍于英、美等国势力，不敢肆意妄为。进攻厦门期间，日军仅以飞机向鼓浪屿空投传单，要求居住在市区的外国人撤离，并令海上的外国船舶驶离厦门海域。

日军进攻厦门过程中和厦门沦陷后，厦门岛内的大批民众逃离市区，渡海进入鼓浪屿，厦门市政府机关也临时撤往鼓浪屿。"厦门居民几全避至该处，街上难民成千上万，途为之塞，而各学校、教堂公共场所，亦为难民寄居之所。"[①]最高峰时，鼓浪屿的难民达 11 万之多，岛上人满为患，严重超负荷，饮食、居住都面临严重问题。为了安置、救助难民同胞，一些有识之士，如时任毓德女子中学校校长的邵庆元等人，出面组织"鼓浪屿各界联合救济会"。随后，又有中外人士联合成立"鼓浪屿国际救济会"，设立难民收容所，最多时鼓浪屿岛上共有 54 处难民收容所。到 1938 年底，鼓浪屿仍然滞留难民 1.4 万多人，这些人既不愿返回厦门，又无处可去，物资供给十分困难。而且，还有许多儿童无法上学，流落街头，而创办学校又面临经费困难等问题。1938 年 11 月 28 日，鼓浪屿国际救济会不得已致函新加坡福建会馆陈嘉庚："……此间现在留所难民尚有一万四千余人，皆不愿回厦，均须长期给养，而粮食、服用、医药等费，按现在所存捐款尚可继续维持。近创办一难童学校，入学儿童二千余名顺序上课，唯经费缺乏，进行颇感棘手。希望贵会所存叻币五千余元，可否拨为设立难童学校之用，俾得顺利进行。同人智力浅薄，并祈垂赐指导，藉免愆尤。是念切祷。"12 月 21 日，陈嘉庚复函鼓浪屿国际救济会："……承示举办教育难童学校，在此长期抗战之中，遭灾而流难失学之儿童，比比皆是，实应注意亟加设法救济也，本会馆至表赞同。兹谨遵命将前各方热心侨胞汇存赈款计叻银五千八百○一元三

[①] 厦门市委党史研究室编《厦门市抗日战争时期人口伤亡和财产损失》（下卷），中共党史出版社，2018，第 525 页。

角八占,悉数由华侨银行汇上。附呈该银行汇票列六——六六三号一纸,志国币一万八千〇二十元〇九角二占。至希察收,制给收据,并盼赐覆是幸。"[1] 由于各方的共同努力,鼓浪屿难民的生活问题得到较好解决,儿童教育等相关问题也得到较好的处理,但这些对于占领厦门的日本侵略者来说却不是好事。

占领厦门岛后,一直对鼓浪屿念念不忘的日本侵略者,虽然想一并占领鼓浪屿,但当时的形势迫使日本不敢轻易与英、美等列强作对。而且,对日本侵略者来说,此时还有更重要、更紧迫的事要处理,那就是维护和强化对厦门的占领,诱骗在鼓浪屿岛上的难民回到厦门。

自从日军的兽蹄踏上厦门之时,厦门岛上的居民就开始大逃亡,鼓浪屿成为当时绝大多数人的选择。当日军占领厦门后,他们发现,这里成了几乎没有居民的土地。此后,尽管日军使尽了伎俩宣传美化其在厦门的殖民统治,但逃离的厦门人并不愿回到曾经的家园,这让日本侵略者口中的"王道乐土"成为笑话,以至于在很长时间里,日军不仅找不到支撑门面的傀儡,成立不了汉奸政府,还因大批壮丁逃离厦门,连劳工都无法征集。日本军方无可奈何地说:"鼓浪屿租界潜藏抗日分子、中国游击队、中国特务机关,给予'皇军'政治上军事上不少威胁。厦门居民大多迁居鼓浪屿不肯回归,使'皇军'繁荣厦门工作,遭遇不少阻碍,欲排除厦门的威胁及繁荣厦门,必须占领鼓浪屿租界。"[2] 由于鼓浪屿是公共租界,本就是各类人物聚居之地,其中不乏抗日人士。在厦门沦陷后,许多抗日志士和壮丁随难民一起进入鼓浪屿,他们不时打击日本侵略者,而日军因租界限制无法公开抓捕,对此恼怒不已。更让日军抓狂的是,鼓浪屿上还存在中国政府的官方机构——会审公堂,其屋顶飘扬着中华民国的青天白日旗。日军威胁会审公堂,要求撤下旗帜,也要求工部局禁止其悬挂中国国旗,但都没有得逞。气急败坏之下,日军派出日籍浪人偷偷砍倒旗杆。但他们不知道的是,能砍倒会

---

[1] 厦门市地方志办公室、厦门市档案馆编《厦门抗日战争时期资料选编》(上),1986,第204页。

[2] 赵家欣:《鼓浪屿租界事件始末记(摘录)》,载厦门市地方志办公室、厦门市档案馆编《厦门抗日战争时期资料选编》(下),1986,第690页。

第四章
英勇抗击日军入侵　军民浴血保卫厦门

审公堂屋顶上的旗杆，却砍不倒中国人民心中的国旗。之后，日本又要求挂上太阳旗，会审公堂堂长罗忠谌坚决拒绝，宁愿让旗杆空着，也不挂日本旗。

日军要求鼓浪屿工部局遣返厦门难民，取缔抗日活动，均被拒绝。日本驻厦总领事馆恢复后，为了控制鼓浪屿，极力攫取工部局的权力，并向鼓浪屿难民救济会渗透势力，但没有太大的效果。日本驻厦总领事馆向鼓浪屿领事团提出让其陆战队登陆的请求，遭领事团拒绝。领事团表示，如果日本军队强行登陆鼓浪屿，英、美、法各国也将派兵登陆，以维护鼓浪屿的治安和外国侨民的生命财产安全，且一旦发生不幸事件，日军须负完全责任。日军因此不敢造次。

由于鼓浪屿被英、美等国控制，日本不敢公然挑衅，但也不会善罢甘休。例如1938年6月1日，日军派遣100余名士兵登陆鼓浪屿，搜查、抓捕抗日人士，强抢壮丁回到厦门。[①] 面对英、美等国的强势抵制，日本一边等待机会，一边实施阴谋活动。同月，日本驻厦总领事馆在鼓浪屿成立特务队，由总领事馆司法课课长平山四郎任队长，队员由日籍浪人担任，在鼓浪屿搜捕抗日人士。

1939年5月11日，日本等到了期待已久的机会。这一天，伪厦门治安维持会委员、伪厦门市商会会长、汉奸洪立勋在鼓浪屿被刺身亡。日军以此为借口，向鼓浪屿公共租界当局发难，制造了"鼓浪屿事件"。

5月11日，在未通知其他国家领事馆的情况下，日本海军陆战队200人登陆并占领鼓浪屿，控制公共租界。日军以搜查行刺者为借口，疯狂搜捕抗日人士、查抄中国人的房子。在5月12日至15日的几天时间里，日军以"反日"分子为名抓捕百余人并押解到厦门。日军在鼓浪屿交通要道和战略要地上架设机关枪，并升起日本太阳旗，日籍浪人也在街道上横行无忌。日军的行为引起其他各国的强烈不满，各国驻厦领事要求日军撤离，日本驻厦总领事予以拒绝，并表示：既然日军已经登陆，就必须等反日活动停止后才撤退[②]。由于英、美、法等国态度强硬，

[①] 参见厦门市地方志办公室、厦门市档案馆编《厦门抗日战争时期资料选编》（下），1986，第655页。

[②] 参见厦门市档案局、厦门市档案馆编《厦门抗日战争档案资料》，厦门大学出版社，1997，第264页。

日本将登陆士兵人数减少到 42 人。英、美、法等国为维护自身在中国的利益，于 5 月 17 日以同等数量的海军陆战队士兵登陆鼓浪屿，双方形成对峙。日军本想借汉奸洪立勋之死武力占领鼓浪屿，没想到英、美、法的态度突然变得强硬起来。与英、美、法硬干，日本还没有底气，因此只得采取政治手段与之周旋。日本驻厦总领事开始与各国驻厦领事进行谈判，提出五项要求：工部局取缔抗日、排日分子；工部局局长兼巡捕长、秘书长等重要职务应尽先任用日本人；日籍台人有选举和被选举为工部局董事的权利；工部局空缺的 3 名华董由日籍台人补充；日本驻厦总领事馆警察得以与工部局警察协同取缔抗日、排日分子。对此，鼓浪屿领事团回复日方：工部局对于政治运动及不法行为素来注意；工部局重要职员都称职，要求改换碍难答应；日籍台人参加选举不符合租界《章程》规定；空缺华董由日籍台人补充不符合租界《章程》规定；对于搜捕不法政治活动或扰乱租界和平分子，可请日方协办。这一回复相当于拒绝了日方的要求。不满意又不敢撕破脸皮的日本驻厦总领事分别与英、美、法三国驻厦领事谈判，提出五项新的条件：工部局副巡捕长 1 名由日本人充任；工部局秘书 1 名由日本人充任；鼓浪屿全体巡捕改换日籍台人；鼓浪屿英、美、法陆战队自动撤退；来往鼓浪屿的日用品完全由厦门负责。这些要求又遭到领事团的拒绝，日军恼羞成怒。5 月 25 日下午 5 时起，日军封锁鼓浪屿与厦门、漳州的交通，中断鼓浪屿的物资供应，企图迫使岛上的难民返回厦门。同时，日军指使日籍浪人在鼓浪屿进行捣乱，甚至公然绑架劫掠，使租界秩序混乱不堪。7 月 27 日，在日军指使下，厦门汉奸社团举行所谓"鼓浪屿租界时局大会"，提出"驱逐美、英在鼓浪屿的恶势力"，要求"皇军协助收回公共租界"。日方还指使伪厦门特别市政府（7 月 1 日成立）向英、美等国提出收回鼓浪屿公共租界的要求。此后，双方互不相让，僵持不下。9 月 1 日，第二次世界大战欧洲战争爆发，英、法海军陆战队退出鼓浪屿，日军乘机加紧对鼓浪屿的封锁和捣乱，工部局无力维持，最终屈服。10 月初，英、美、法与日方代表共同成立鼓浪屿"租界问题细项协定委员会"，讨论日方提出的要求。10 月 17 日，双方达成协议，英、美、法妥协，签订《鼓浪屿租界协定》，日本的要求得到满足。10 月 18 日，日、美两国陆战队同时撤出鼓浪屿，日方解除对鼓浪屿的封锁。鼓浪屿公共租界事件宣告解决。在西方列强的让步下，日本一步步加强对工部局的控制。12月2日，日本从上海调福田繁一任鼓浪屿公共租界工部局副巡捕长。

汉奸洪立勋被刺，死有余辜。只是因为一个汉奸的死，让本已处在水深火热中的鼓浪屿人民雪上加霜。

1941年1月17日，伪厦门市地方法院院长黄仲康在鼓浪屿三丘田遭刺杀。日军以此为借口，派兵登陆鼓浪屿，向鼓浪屿公共租界领事团施压，要求工部局聘用日籍巡捕，遭到拒绝。日军再次封锁鼓浪屿，并派遣日籍浪人到鼓浪屿抢购粮食，制造恐慌。

2月，在日本驻厦总领事馆的胁迫下，长期担任鼓浪屿公共租界工部局秘书兼局长的英国人巴世凯"退休"，白俄人胡锡基接替局长一职，日方指派福田繁一为副局长，实际上控制了工部局。

12月8日，日本海军偷袭珍珠港，太平洋战争爆发。此前一天，日本驻厦总领事已从东京得知消息，即连夜电召驻金门的永野率日本海军来厦门。永野接电后即率180余名陆战队员乘"大通丸"来到厦门。8日早上，在日军偷袭珍珠港的同时，日本海军陆战队兵分三路，从龙头、内厝澳、田尾登陆，占领鼓浪屿。日本海军厦门根据地队司令部发布告示：限制厦门、鼓浪屿之间的交通，禁止厦门与大陆间、厦门与浯屿间、厦门与金门间的海上交通，禁止鼓浪屿与大陆、金门、浯屿间的海上交通。

随同日本海军陆战队登陆鼓浪屿的还有日本海军厦门根据地队司令部、兴亚院厦门联络部、警察本部的大批特务人员。日军登陆鼓浪屿后，立即宣布实行戒严，特务、日籍浪人随即闯入预先确定的机关、学校和外国人住宅进行搜查，鼓浪屿岛上的英、美侨民被日军集中看管。一时间，鼓浪屿岛上的居民惊慌失措，财产物资被掠夺。日方将其认为"可疑"的人员逮捕，其余人员则被命令集中。中午，日军对集中起来的人群进行训话，称"皇军"奉令占领鼓浪屿，已对英、美等国宣战，强迫众人服从命令。日本军人还强迫众人举手宣誓"拥护皇军"。午后3时左右，民众才被放回家。

日军占领鼓浪屿后，日本驻厦总领事馆发布告示，宣布即日起使用日本时间（比厦门时间早1小时）。日伪厦门特别市高等法院宣布接管鼓浪屿会审公堂，派汉奸杨廷枢为堂长，升起南京汪伪政权的"国旗"。12月9日，日本驻厦总领事馆对鼓浪屿公共租界工部局进行改组，成立新的董事会，由日本人小幡次郎任工部局董事长，英、美等国董事名额被取消。12月14日，福田繁一被提拔为工部局秘书兼局长。至此，工部局、会审公堂沦为日本帝国主义对鼓浪屿人民进行殖民统治的工具。日本驻厦总领事馆和伪厦门特别市政府的政策、法令，都以工部局的名义发布。

继厦门岛后，鼓浪屿同样沦陷于日本侵略者的魔掌。1941年12月14日，日本驻厦总领事馆、伪厦门特别市政府、鼓浪屿公共租界工部局发布通告，对鼓浪屿居民生活必需品实行限价。12月15日，工部局发布通告，规定所有公私文书一律改用日文和中文，废除英文。1942年3月，工部局通告成立鼓浪屿保甲联合会，实施保甲制度，居民必须办理"良民证"——经过严格审查，无"抗日"和"共产"分子嫌疑者方可领证，且必须随身携带以备检查。如要往返厦门和鼓浪屿，还要另外申请"通行证"。经过码头时，须向站岗的日伪军警检查人员"行礼"。为应对食品匮乏，1942年7月18日，鼓浪屿公共租界工部局宣布实施粮食配给制度，严格控制居民食品供给。日本政府为加紧推行"以华制华"的阴谋，授意南京汪伪政府策划"收回"鼓浪屿公共租界的闹剧。1943年1月9日，日本与南京汪伪政府联合发表《关于协力完遂战争之中日共同宣言》，同时签署所谓的《中华民国、日本国间关于交还租界及撤废治外法权之协定》。3月，南京汪伪政府成立所谓的"厦门鼓浪屿租界接收委员会"。4月8日，南京汪伪政府发布法国放弃鼓浪屿公共租界行政权的照会。5月20日，汪伪政府外交部发表"收回鼓浪屿公共租界"声明，同时发布"收回鼓浪屿租界行政权"通告。5月28日，伪厦门特别市政府与日本驻厦总领事馆举行所谓的"鼓浪屿租界行政权移交式"，宣布"废除工部局"，成立伪厦门特别市政府驻鼓浪屿办事处。6月5日，南京汪伪政府司法部接收鼓浪屿会审公堂，"收回鼓浪屿公共租界"的闹剧结束。1944年3月15日，伪厦门特别市政府鼓浪屿办事处改为伪厦门市鼓浪屿区特别区公署。

第四节　以厦门为前沿基地　日军轰炸闽南沿海

日军占领厦门后，以厦门为基地，利用从厦门海域日军航空母舰和金门、台湾等地机场起飞的飞机，不断对闽西南、闽东甚至粤东等地进行袭扰、轰炸。其目的有二：一方面，日军企图通过炮击、轰炸，侦察我国东南沿海一带的防御力量，为进一步侵占我国沿海寻找机会；另一方面，日军妄图通过不断对闽西南、闽东甚至粤东等地进行炮击、轰炸，吸引和削弱我国的防御力量，减轻其他战场上日军的压力。日军频繁的炮击和轰炸给福建、广东造成重大人员伤亡和财产损失。

1938年5月10日，日军入侵厦门的当天，出动飞机多架，对同安县大同、马巷进行轰炸。此后，日军飞机频繁对同安县城及周边村镇进行轰炸、扫射，造成大批民众死伤，大量商店、民房倒塌。

5月13日，日机狂炸梅县、潮安，共掷弹48枚，其中有重量达500磅的炸弹，大片民房被毁，平民死伤十余人。日机又在西阳湖洋尾平民区掷弹11枚，毁屋十余座，死伤无辜平民数名。

5月14日上午9时许，日机经饶平、澄海侵犯潮安，在城郊机场投弹16枚，震毁附近民屋多间，伤农夫1名。9时30分，日机沿韩江南下窥汕头市，在市区上空低飞扫射，遭我防空高射炮迎头痛击。

5月22日上午8时30分，日军炮兵从厦门湖里、寨上、高崎等地同时向大陆沿海进行猛烈炮击，并以机枪向东坑、水头、白塔等处射击。日机在空中投弹轰炸，日舰也同时炮击大陆沿海。当晚，日舰以小汽艇运载水兵数百名抵鱼仔尾，企图登陆海澄。

5月24日上午，日舰2艘，运载小汽艇17艘至梅花港，企图偷袭。因我方驻军严加戒备，日军未能得逞。当天午后，踞厦日军向同安方向的澳头、集美两地开枪射击。

5月26日，盘踞厦门的日军炮击澳头、集美等处。

五六月间，日舰以汽船分载水兵，企图登陆闽南惠安县属之獭窟秀涂南半岛。守军及壮丁队以机枪、步枪扫射，日军败退。

7月4日，日机轰炸同安县后田村，村民林亲家中弹，一家三口及来自厦门的一难民遇难。

8月2日，日军从厦门禾山炮击同安县琼头村，村民7人被炸身亡，许多房屋被毁。

9月18日下午3时，日机3架空袭海澄，共投弹7枚，炸毁房屋30余间，死伤居民各1人。

1939年3月29日，日机轰炸同安县丙洲村下洋礁，3人被炸身亡，1人受伤，20多艘船被炸。

4月22日，日机轰炸同安县潘涂村，村民林满水的母亲、妻子、儿子被炸身亡。

5月6日早晨7时许，日军水上飞机1架，窜至同安县城上空，盘旋数周向南飞去。11时，日机再到同安县城上空盘旋，投下炸弹4枚，并以机枪扫射，计死伤20余人，死警察1人。下午1时许，日机再到同安县城投弹4枚，死伤20余人。4时，日机又进入同安县城上空投弹4枚，死4人，伤5人。全天3次共投下炸弹12枚，炸死30多人，炸伤30多人，炸毁房屋30余座。

5月7日上午，日机2架窜入集美后溪扫射，对潘涂、高浦、孙厝等乡社进行轰炸，死伤颇重。下午4时，日机1架飞至同安县城上空，投弹2枚，炸毁房屋6座。当日下午，日机8架轮流轰炸集美。

5月9日上午9时25分，日军从厦门海面起飞轰炸机4架，侵入晋江县，向十八湾地区投弹1枚，炸毁房屋1座。午后1时05分，日机二入晋江，向晦鸣中学投弹3枚，弹落门口，死5人；崇福寺中2弹，伤2人，寺院被毁2间；中山南路义美纸店中燃烧弹1枚，酿成火灾；开元寺中弹1枚，落入地下室，地窟全座被毁，经发掘，发现尸骸10余具；中山中路中弹2枚，死4人，倒屋8间；花巷中弹2枚，死数人，倒屋数间；明伦堂中弹1枚，厨房被毁，死伙夫1名；泉州中学中弹2枚；泉州同乐会（即七十八保三甲）中弹1枚，死5人，伤6人。从厦门日舰起飞的另4架日机，由澳头经刘五店、马巷、安海、石狮等地，侵入晋江，对晋江第一市场、南街教堂、涂门支路、开元寺、明伦镇、平民小学等处进行轰炸，炸毁房屋百余间，幸市民及时躲避，死1人，伤2人。

5月12日上午，日机11架由厦门飞袭漳泉，投弹共60余枚。12时许，另8架日机轰炸漳州。下午2时，日机5架轰炸海澄城内，共死伤40人。

5月20日，日机8架2次轰炸海澄（内轰炸机3架），死伤20余人。

8月12日，日机3批9架次轰炸同安县马巷镇，6人被炸身亡，1所学校被毁，10余间民房遭到破坏。

1940年2月17日上午9时许，日舰数艘驶抵海澄县属海面，以汽艇数十只，分载日军千余人，在白塘、清洋两处强行登陆，遭守军阻击败退。

1940年春，日机轰炸同安县潘涂村。

3月30日，日机18架轰炸大、小嶝岛，19人被炸身亡，大批房屋被毁。

4月，日机8架轰炸同安县潘涂村。

8月17日，日机轰炸同安县琼头村。

12月18日上午，日机结队整日轰炸大、小嶝岛等沿海各村镇。中午12时20分，日机又侵入灌口上空，投弹5枚，死9人，伤十数人。

1941年1月14日，厦门海面日军航空母舰上的飞机，自早晨7时许至午后4时，先后6次起飞，大肆袭扰闽南各地。福清惨遭三度滥炸，中弹21枚，死20人，伤2人，倒屋数十幢，伤亡惨重。同安、澳头及惠安所属之崇武、蜂尾亦被侵袭，4处共计中弹15枚。其中，崇武中弹3枚，死13人，伤15人，毁民屋数十幢；同安中弹6枚，倒屋10余幢，伤4人。

3月2日，日机72架狂炸闽南沿海各地。

3月3日上午9时10分，日机1架由晋南飞入泉州上空，向中山南路、万寿支路、水巷及聚宝街等处投下7枚炸弹，除中山南路捷利报关行屋后的1枚炸弹因落水未爆炸外，其余 6 枚全部爆炸，死伤 52 人，倒屋 14 座，损失惨重。

3 月，日军军舰到同安县后田村海面劫持渔船。

4 月 7 日上午，泊厦门海面日机 1 架轰炸同安，死伤 5 人，毁屋 1 间。

7 月，日军军舰在同安县后田村海面劫持渔船。

8 月 13 日上午 6 时 55 分，日机 10 架从厦门海面起飞：7 时 06 分，其中 5 架到集美投下炸弹 7 枚；7 时 25 分，2 架向海澄投弹 7 枚；3 架于 8 时 28 分到集美投下 4 枚炸弹。9 时 20 分，厦门海面又起飞日机 4 架，并于 9 时 32 分在集美投下 4 枚炸弹。

8 月 18 日上午 6 时 50 分，从厦门海面起飞日机 4 架，进入龙溪上空，投下炸弹 8 枚，闽南医院及龙溪中学、进德女中等处被炸。8 时 45 分，厦门海面再起飞日机 4 架，又到龙溪投弹 7 枚，陆安东路教堂及协和医院两处被炸受损，死伤 10 余人。11 时 12 分，厦门海面又陆续起飞日机 5 架，在海澄第三区南炮台地方投弹 10 枚。

12 月 30 日，日机 2 架轰炸同安县马巷镇，林氏祠堂和马祖宫被炸为平地，村民陈海瑞身亡。

1942 年 2 月 16 日上午 8 时许，日机 1 架侵袭泉州市，炸死多人，受伤 10 人，房屋被炸毁 4 栋。8 时 58 分，日机侵入同安城区投弹，死伤各 1 人，炸毁房屋 6 间。9 时 19 分，日机 1 架由同安掠经海澄县空，于 9 时 30 分窜袭龙溪，投弹 3 枚，震塌房屋 1 座。

8 月 3 日凌晨 5 时许，日机 1 架由厦门起飞袭击同安，投炸弹 3 枚，多落在空地上。7 时 50 分，日机 1 架又袭同安，投弹 4 枚，炸毁房屋七八间，死伤 6 人。

9 月 10 日，日机 1 架由厦门 5 次飞袭闽南沿海各县，其间，2 次飞晋江轰炸，投弹 4 枚，炸死小孩 1 人，毁屋 3 间。

1944 年 1 月 20 日上午 8 时 40 分，日机 7 架由西北方向飞入漳州市上空，在东桥亭、下营、东闸口、大路头、澄观道、航民小学、霞薰里等处滥投炸弹 20 余枚，共炸死 39 人，伤 43 人，倒塌房屋 49 间。

上述日寇入侵的桩桩罪恶行径，是中华民族刻骨铭心的伤痛。唯有铭记历史、勿忘国耻，方能汲取力量，更好地开创未来。

第五章

中共组织坚持抗战　发动群众救亡图存

第五章
中共组织坚持抗战 发动群众救亡图存

中国共产党厦门地方党组织建立于1926年2月，经中共广东区委批准，罗扬才、李觉民、罗秋天3名共产党员在厦门大学召开秘密会议，宣告中共厦门大学支部成立，罗扬才任党支部书记。中共厦门地方党组织成立后，积极推动厦门工农和学生运动发展，旗帜鲜明地反对日本帝国主义侵略中国。1931年"三二五"事件（指设在鼓浪屿的中共福建省委机关遭国民党当局破坏事件）发生后，中共中央决定成立厦门、福州两个中心市委，分别领导闽北和闽西南的党组织和革命斗争。中共厦门中心市委成立于1931年7月15日，厦门的革命斗争开拓了新的局面。

1931年九一八事变后，全国掀起抗日救亡运动高潮。中共厦门中心市委把工作重点转移到抗日救亡运动中，组织领导厦门人民广泛开展抗日救亡运动。1931年9月21日，中共厦门中心市委发布《工农兵一致动员起来反对日本帝国主义出兵东三省》号召书，同时借助自创的秘密刊物与公开发行的报刊开展宣传，营造抗日舆论氛围。

1932年2月2日，中共厦门中心市委发出《告工农兵学群众书——以民族的革命战争反对日本帝国主义进攻上海》，号召闽南地区广大工农兵群众"发展游击战争，实行土地革命"[①]，将日本侵略者驱出中国。为更好地发挥互济总会的作用，中共厦门中心市委在其中建立党团组织，许包野、何尹萍先后任党团书记。

1933年1月7日，中共厦门中心市委发出《为年关到来告厦门工人群众书》，号召开展日货检查，没收日货，救济失业工人、灾民、东北义勇军。

1934年4月20日，在中共的组织领导下，上海成立中国民族武装自卫会筹备会，中共厦门中心市委随即响应，成立反帝部，并着手筹备全闽南民族武装自卫会。10月，为抵制日本在厦门培植侵略势力、派遣大批日籍浪人进入厦门为非作歹，中共厦门中心市委组织成立中华民族武装自卫会闽南分会（当时，宋庆龄等在上海发起成立抗日爱国组织中华民族武装自卫委员会），争取厦门社会名流参加，张圣才任名誉主席，郭荫棠任主席，李纯青负责组织工作。

[①] 杨锦和、洪卜仁主编《闽南革命史》，中国计划出版社，1990，第164页。

1935年8月1日,中华苏维埃中央政府、中共中央发表《为抗日救国告全体同胞书》(即《八一宣言》),呼吁停止内战,建立抗日民族统一战线,共同抗日。

1936年1月1日,闽西南军政委员会在上杭召开第二次会议,分析了当时的政治军事形势,明确了在闽西南地区开展抗日斗争的策略,提出了武装保卫漳州、厦门的任务。当时,由于国民党政权的残酷打击和王明"左"倾教条主义的影响,中共厦门中心市委遭到国民党政权的严重破坏。受中共安溪中心县委委派前来厦门汇报工作的安南永红军游击队"红二支队"支队长尹利东(尹林平)发现这一情况后,立即联系鲁默、戴世钦等一批党员,于7月建立中共厦门临时工委。当月,在中共厦门临时工委的组织下,厦门有影响的报刊《星光日报》《江声报》等发表了许多关于"停止内战""一致抗日"的专稿。8月,厦门民众歌咏会成立。在中共厦门临时工委的支持和动员下,该会日渐壮大,更多民众加入进来。他们不仅投身于教唱民众歌曲的活动中,还创作了不少贴近生活、通俗易懂的抗日救亡歌曲。这些歌曲迅速在广大工农群众中传唱开来,成为启蒙民众思想、激发爱国热情的有力武器,被厦门双十中学校长黄其华盛赞为"救国之声"。10月,中共厦门临时工委得到中共南方局工作委员会(简称"南委")的认可,改为中共厦门工作委员会(简称中共厦门工委),隶属"南委",下辖厦门文化界党支部、店员党支部、鼓浪屿党支部、妇女党支部、禾山党支部及岛外的中共南同边区支部等,共有党员50多名。[①]中共厦门工委成立后,立即积极开展抗日救亡活动。12月,在苏州、上海等地积累了推广《义勇军进行曲》等抗战歌曲经验的刘良模来到厦门,在中共厦门工委戴世钦、童如等协助下,向厦门民众教唱抗战歌曲。自此,在学校的教室、公园的空地、教会的礼堂,到处都能看到男女老少学唱抗日救亡歌曲的情景。

七七事变爆发后的第二天,中共中央向全国发出《中国共产党为日军进攻卢

[①] 参见中共厦门市委组织部、中共厦门市委党史办公室、厦门市档案馆编《中国共产党福建省厦门市组织史资料》,福建人民出版社,1989,第49页。

沟桥通电》，指出："平津危急！华北危急！中华民族危急！只有全民族实行抗战，才是我们的出路！"7月15日，中共中央书记处发出关于组织抗日民族统一战线、扩大救亡运动的指示，号召"共产党员应实际上成为各地救亡运动与救亡组织之发起人、宣传者、组织者"。8月22日至25日，中共中央在陕北洛川召开政治局扩大会议，研究党在抗日战争时期的任务和各项政策，会议通过《关于目前形势与党的任务的决定》《中国共产党抗日救国十大纲领》，阐明了中国共产党在抗战时期的基本主张和任务，指明了坚持长期抗战、争取最后胜利的具体道路。9月22日，国民党中央通讯社发表《中国共产党为公布国共合作宣言》。9月23日，蒋介石发表谈话，实际上承认中国共产党的合法地位。《中国共产党为公布国共合作宣言》和蒋介石的谈话，宣告国共两党第二次合作的实现，标志着以国共两党合作为主体的抗日民族统一战线正式形成。

中共厦门工委根据党中央的指示，高举抗日民族统一战线旗帜，广泛深入群众、发动群众、组织群众，积极参加并领导抗日救亡组织开展抗日救亡运动，把厦门抗日救亡运动不断推向新的高潮。

第一节　建立广泛的抗日民族统一战线

全面抗战爆发后，作为海防前线的厦门，面对虎视眈眈的日本帝国主义，危机日益加深。在国家、民族与厦门危亡之际，厦门的抗日救亡运动不断高涨，厦门职工抗敌后援会、鼓浪屿青年抗敌后援会、厦门儿童救亡剧团、中国妇女慰劳前方抗战将士总会厦门分会、厦门市各界抗敌后援会、厦门文化界救亡协会等抗日团体如雨后春笋般相继成立。此前，中共厦门地方党组织受到国民党持续不断的打击，遭到严重破坏，即便日本帝国主义入侵，这种迫害仍未停止。但在民族危亡之际，中共厦门工委毅然肩负起领导厦门抗日救亡运动的重任。中共厦门工委根据党中央"白区党员打进国民党的各种公开组织，利用他们的合法形式，发动群众，进行工作"[1]的指示，积极推进抗日救亡工作：派遣党员担任《星光日报》《江声报》《星星晚报》等报社副刊编辑，通过撰写文章、时评等宣传抗日；组织党员深入厦门的抗日救亡群众团体，广泛联系各阶层群众，组建抗日宣传队伍，不断扩大抗日统一战线；同时，组织成立由党组织领导的各种抗日救亡团体。

1937年7月28日，厦门市各界抗敌后援会成立，这是一个由国民党厦门市党部发起组织的全市性抗日救亡团体，隶属福建省抗敌后援会，下设宣传、募捐、慰劳、救护、救济、交通、侦察等11个部，国民党厦门市党部特派员陈联芬任主任委员。同一天，由中共厦门工委主导的厦门文化界抗敌后援会也在厦门通俗教育社举行成立大会，提出"保卫厦门"的口号，中共党员施青龙、洪学礼、许展新是主要组织者和领导者。该会联络厦门市"蓝天""鸽翼""青年"三个剧社，通过募款公演、街头演出等形式开展抗日宣传，《义勇军进行曲》《大刀进行曲》《工农进行曲》《厦门永远是咱的》等歌曲响遍厦门大街小巷。

8月6日，由于各地抗日救亡团体众多，为集中力量、规范管理，福建省抗敌后援会要求各界抗敌组织都应加入抗敌后援会，厦门市各界抗敌后援会相应改称福建省抗敌后援会厦门分会。

8月19日，中共党员谢亿仁等发起组织中国妇女慰劳前方抗战将士总会厦门分会，谢亿仁（即谢怀丹，妇女党支部书记[2]）任团长，黄楚云任组织股股长，陈康容任宣传股股长，谢亿仁、陈康容、王筱光、黄楚云等中共党员当选执行委员。该会成立后，高举抗日救亡旗帜，广泛开展抗日宣传，喊出"走出厨房，负起救亡责任"等抗日救亡口号，组织广大妇女开展捐献活动，为前方将士制作衣服、干粮袋等。

中共厦门工委按照中共中央关于"共产党员不应拒绝去参加国民党所包办的、

---

[1] 杨锦和、洪卜仁主编《闽南革命史》，中国计划出版社，1990，第209页。
[2] 杨锦和、洪卜仁主编《闽南革命史》，中国计划出版社，1990，第212页。

有群众的抗敌后援会""参加的目的是在争取后援会的群众走上积极抗日道路，团结其中左倾的积极分子在自己的周围，并利用后援会的合法组织与其中的积极分子去开展群众的救亡运动"①的指示精神，指示厦门文化界抗敌后援会及中国妇女慰劳前方抗战将士总会厦门分会整体加入福建省抗敌后援会厦门分会，分别成为其宣传部和慰劳部。谢亿仁任慰劳部部长，成员包括中共党员陈康容、黄楚云等人；宣传部的主导力量仍然是中共党员施青龙、洪学礼、许展新等人。

11月5日，福建省抗敌后援会厦门分会各部改称工作团，宣传部、慰劳部分别改为宣传工作团、慰劳工作团。1938年3月22日，抗敌后援会改选，王连元、洪素香、谢亿仁任慰劳工作团副团长。②

在中共厦门工委的有力领导下，宣传工作团和慰劳工作团积极开展各种抗日救亡活动，成为福建省抗敌后援会厦门分会中工作成效最为突出的两个工作团；同时，该分会其他部门的工作也卓有成效。

在慰劳工作团中，中共党员谢亿仁、陈康容、黄楚云等人按照党组织的指示，积极组织团员开展抗日救亡活动。他们通过公演话剧筹集慰问金，在街头高唱救亡歌曲，在闹市展开演讲宣传。当第一五七师进驻厦门时，慰劳工作团团员冒雨到该师驻地慰问，令驻军官兵深受感动。厦门"九三"炮战后，团员们前往炮台慰问受伤官兵；金门沦陷后，又先后到胡里山炮台和五通前线阵地慰问驻军，鼓励官兵英勇抗敌。此外，慰劳工作团还经常开展募捐活动，动员家庭妇女缝制棉背心、制作慰问袋、做布鞋等慰问驻军官兵。当大量金门难民涌入厦门时，谢亿仁带队前往难民营进行慰问。1938年2月22日，慰劳工作团在厦门教育会召开全市妇女反侵略运动大会，到会妇女团体代表及各界妇女代表近千人。谢亿仁和黄楚云先后上台演讲，号召大家一致奋起参加抗战，会议通电全国妇女："凡我国姐妹，均宜一致奋起，同赴国难，小而拒用仇货，大至束装从戎，为中华民族

---

① 林天乙主编《中共闽粤赣边区史》，中共党史出版社，1999，第340页。
② 参见厦门市地方志办公室、厦门市档案馆编《厦门抗日战争时期资料选编》（上），1986，第24页。

求解放，为人类正义求伸张。""厦门妇女……必须团结起来，在政府的领导下，联合一切不做亡国奴的同胞们，帮助驻厦国军，打倒日本帝国主义，保卫我们的福建，争取中华民族的独立解放。"[①]

在宣传工作团开展工作的中共党员施青龙、洪学礼、邓贡直等人，为更好开展抗日救亡宣传，筹办了周刊《抗敌导报》。该刊于1937年9月26日创刊，由洪学礼任主编，邓贡直、张兆汉、许展新等人为编辑，工作人员还有林云涛、施青龙、谢亿仁、戴世钦、陈康容等中共党员和进步青年。《抗敌导报》以政论文章为主，大力宣传中国共产党全面抗战的主张，成为中共厦门工委开展抗日救亡活动的重要舆论阵地。创刊当日，谢亿仁发表《在抗战中的厦门妇女》，呼吁"唤醒全厦门的妇女"，并把她们"武装起来"；陈康容发表《厦门妇女怒吼起来了》，疾呼："保卫厦门，就是保卫我们的祖国""妇女们，不再沉闷着把岁月耗在昏暗的家庭里、昏暗的灶头下"。

由于《抗敌导报》积极宣传中国共产党的抗战主张，对国民党片面抗战路线进行了批评，引起国民党政府的注意。《抗敌导报》出刊到第四期时，被国民党新闻检查处迫令停止发行。经据理力争和多方交涉，停刊近1个月的《抗敌导报》于11月18日复刊。1938年1月10日，《抗敌导报》第九期印好即将寄发时，又遭到福建省政府的封杀。

尽管国民党当局一再打压中国共产党领导的抗日救亡运动，但以共产党员为主力的抗日救亡团体仍然坚持开展活动。宣传工作团积极利用各种形式开展抗日救亡宣传。例如，1937年9月25日至29日，该团举办了抗敌宣传周活动，分别在厦门禾山、鼓浪屿等地通过演讲、演出等形式进行抗日宣传。1938年3月，宣传工作团组织万人"献力运动"，协助驻军第七十五师挖战壕、修工事，全市累计3万人次参与，历时一个多月。"献力运动"促进了军民团结，增强了驻军抗敌卫国的决心和信心。

[①] 厦门市档案局、厦门市档案馆编《厦门抗日战争档案资料》，厦门大学出版社，1997，第127页。

第五章　中共组织坚持抗战　发动群众救亡图存

慰劳工作团也经常配合宣传工作团开展活动，通过歌咏、戏剧、演讲、募捐等形式发动群众。其中，街头宣传是最经常的活动形式。团员们以教唱救亡歌曲、演讲和表演街头剧等方式进行宣传，深受市民欢迎。例如，在演讲过程中，当群众听到日军对沦陷区人民犯下的滔天罪行时，群情激昂，义愤填膺，振臂高呼"打倒日本帝国主义"；街头剧《放下你的鞭子》更是深深打动了大批群众。

1937年10月26日，日军侵犯金门，金门沦陷，厦门告急。10月28日，中共闽粤赣省委发出《为对日抗战保卫漳厦宣言》，提出由中国共产党领导部分抗日义勇军奔赴前线，协同国民党军守护漳厦。《抗日新闻报》率先刊登了这一《宣言》。《宣言》中称："闽粤赣边共产党，前既秉承中共中央意旨，力争闽南、闽西、赣南的和平，处兹危急之秋，当再本一贯抗日救国主张，领导闽粤赣边所有红色部队及广大群众准备与日寇决一死战！"[①]《宣言》提出如下主张：福建省政府应有全局抗战的决心与措施，要广泛开展救亡运动，普遍武装民众，坚决扑灭汉奸活动，采取中国共产党的主张，实现国共两党在闽粤赣的合作，促成各党各派的合作，共同抵抗日寇的进攻，主张由中国共产党领导一部分抗日义勇军开赴前线，配合国民党军队保卫漳州、厦门。由于国民党当局有顾虑，中共闽粤赣省委的主张没有实现，但在各阶层群众中引起强烈反响。[②]

10月，在中共厦门工委的指导下，鼓浪屿"英华""毓德""慈勤"等学校的师生组成了一个六七十人的"鼓浪屿青年抗敌服务团"，开展抗日救亡宣传活动。服务团的成员们穿梭在厦门的大街小巷，演出《小英雄》《打回老家去》等话剧，引领群众激昂唱响《松花江上》《义勇军进行曲》《大刀进行曲》等歌曲，还走进黄家渡码头工人俱乐部、龙头海员俱乐部教工人们唱抗日歌曲，深入农村教村民们用方言唱《厦门，你是我老母》《滚！滚！滚！中国打日本》等抗日歌谣。

[①] 厦门市档案局、厦门市档案馆编《厦门抗日战争档案资料》，厦门大学出版社，1997，第198页。

[②] 参见杨锦和、洪卜仁主编《闽南革命史》，中国计划出版社，1990，第210页。

11月,邓子恢发表《福建抗战的基本问题》,明确指出"华南抗战可以幸免的幻想"不可取,强调对华南抗战应有正确的认识,并肯定中共闽粤赣省委《为对日抗战保卫漳厦宣言》的正确性,重申《宣言》的四点主张。

由于不敢放手发动群众抗日,更不愿看到中共党组织在抗日救亡过程中发展壮大,国民党当局从一开始就对中国共产党的组织和活动进行限制、打压。为了抗战大局,中共厦门工委按照中央"团结进步,争取中间,孤立顽固"的政策,采取公开合法斗争和秘密斗争相结合的方式,积极争取驻军和厦门市党政各界中上层官员及社会各界知名人士的支持,团结尽可能多的各界人士和群众加入抗日民族统一战线。

12月4日,厦门各界人士在厦门市定安路37号举行《闽南沿海的抗战问题》座谈会,37位代表参会,其中包括中共党员许展新、洪凌、施青龙、洪学礼、邓贡直、陈轻絮、张兆汉、谢亿仁、陈康容、黄楚云等。与会人士就"当前闽南形势的分析""我们主观力量的检讨""我们怎样保卫闽南沿海"进行座谈,发表各自对闽南沿海抗战的看法。会上,共产党员许展新、邓贡直等指出:日寇的下一个目标是华南,华南的危机到了非常严重的阶段,而福建是华南沿海最薄弱的一环。张兆汉指出:政府对抗日救亡活动,"时常疑为有某种政治色彩而加以压迫,在民族利益高于一切、各党各派统一战线的现在,闽南各地仍有上述事件发生,不能说不是抗战中一种歉憾、一种损失"。洪学礼指出:当务之急是"要有一个为政府与民众共同遵循一致努力的纲领",但"政府对民众运动仍不放心"。施青龙指出:必须真正将民众动员起来。① 这些言论充分体现了中国共产党团结抗战、广泛建立抗日民族统一战线的主张。

12月12日,厦门市文化界人士召开座谈会,筹备组织厦门文化界救亡协会。会议推举陈联芬、陈柏麟等19人为筹备委员,中共党员洪学礼、许展新、黄楚云、邓贡直等人参加筹备会。1938年1月8日,厦门文化界救亡协会成立;1月

---

① 参见厦门市档案局、厦门市档案馆编《厦门抗日战争档案资料》,厦门大学出版社,1997,第80—88页。

13日，协会召开会员大会，选举产生35名理事。其中，中共党员洪学礼、许展新、黄楚云、谢亿仁、邓贡直、施青龙、陈康容、洪凌、张兆汉等当选。协会以团结厦门市文化界人士、开展抗日救亡、争取民族解放为宗旨，广泛开展抗日宣传活动。洪学礼、黄楚云等也利用在协会中的合法身份，公开参与抗日救亡活动。

中共厦门工委在倡导建立和参加各界抗日救亡团体的同时，还十分重视对抗日文艺社团的组织和领导，先后组织成立厦门儿童救亡剧团、闽南文艺协会、天竹文艺社等社团，以多种形式的文艺活动开展抗日救亡宣传，鼓舞民众抗日。厦门文艺界社团的建立和活动，促进了文艺界的团结和抗战文艺的发展，推动了厦门抗日救亡运动的蓬勃开展。

1938年5月10日凌晨，日军在五通强行登陆的消息传到市区后，中共厦门工委在中共闽西南特委派往厦门前线巡视的简朴、苏惠的领导下，及时派人与厦门前线指挥作战的第七十五师副师长韩文英取得联系，鼓励前线将士英勇杀敌、保家卫国，并动员郊区农民和市区民众支前劳军、救护伤员、维护治安。中共厦门工委领导下的慰劳工作团和宣传工作团团员分成若干小队，开展支前工作。团员们在前线冒着敌机轰炸、扫射，抢救伤员、向前方运送食物，直到日军即将进入市区时，才按党组织的安排撤往鼓浪屿。

5月12日，在厦门保卫战进行过程中，中共闽西南潮梅特委发出《为日寇进攻福建紧急通电》，呼吁全省一切抗日党派、各阶层人民都应"弃成见，精团结，集中所有一切力量从事守土卫国的抗战"[1]，号召全省人民立即行动起来，誓死保卫漳厦、保卫福建，粉碎日军对华南的进攻。

在抗日救亡和保卫厦门过程中，中国共产党厦门地方党组织始终坚决执行党的抗日民族统一战线方针，团结、组织、发动厦门人民，与国民党守军第七十五师密切合作，共同打击日本侵略者。

---

[1] 林天乙主编《中共闽粤赣边区史》，中共党史出版社，1999，第345页。

第二节 战火中诞生的厦门青年战时服务团

1938年5月10日傍晚，在日军进入厦门市区前夕，中共厦门工委为保存革命力量，决定将各抗日救亡团体撤离厦门市区，渡海前往鼓浪屿。福建省抗敌后援会厦门分会下属的宣传工作团、慰劳工作团，以及厦门文化界救亡协会、厦门诗歌会、厦门儿童救亡剧团等团体的骨干和部分团员，在中共厦门工委的领导下，有组织地撤到鼓浪屿，与鼓浪屿青年抗敌服务团会合。中共厦门工委委员陈伯敏和各抗日救亡团体领导人，以及当时正在厦门的中共闽西南特委巡视员简朴、苏惠一同撤到鼓浪屿。

当天晚上，陈伯敏、简朴、苏惠和各抗日救亡团体领导人召开紧急会议。会议分析了厦门局势，认为日军占领厦门后，还可能进攻闽南；而国民党当局在闽南根本不做抗日工作。因此，党组织当前的主要任务应是在闽南沿海一带广泛发动群众，开展抗日救亡运动，动员民众拿起武器打击日寇、保卫家乡。会议还提出了"发动群众，武装保卫闽南"的口号。当天夜半，厦门各界抗敌后援会宣传工作团、慰劳工作团、厦门文化界救亡协会、厦门诗歌会和厦门儿童救亡剧团的骨干成员集中在鼓浪屿英华中学大礼堂开会，决定正式成立厦门青年战时服务团（简称厦青团）。会议推选中共党员施青龙为团长、谢亿仁为副团长，并决定厦青团"开赴漳州，以漳州为中心，在周围城镇、乡村宣传抗日救亡"[①]。

5月11日，厦青团全体团员分批从鼓浪屿英雄山搭船渡海，经嵩屿步行到海沧，入住海沧小学。当晚，厦青团召开全体团员大会，选举施青龙、谢亿仁、洪学礼（洪雪立）、许展新（许符实）、张兆汉、邓贡直、黄楚云（黄文哲）、

[①] 谢怀丹、许文辛：《"我们是钢铁的一群！"——回忆厦门青年战时服务团》，载厦门市地方志办公室、厦门市档案馆编《厦门抗日战争时期资料选编》（上），1986，第106页。

童丹汀（童新民）、刘角夫（刘建智）、王正安、林云涛、林松龄（林伯祥）、童晴岚（童雨霖）、许印滴（许岱宗）、童如等15人组成厦青团干事会，作为厦青团的领导机构。干事会中，施青龙为团长，谢亿仁为副团长；同时推举洪学礼为组织部部长，许展新为宣传部部长，童晴岚为总务，洪学礼兼任党支部书记。厦青团共有团员108人，成员多数是厦门沦陷前抗日救亡运动的骨干和积极分子，涵盖海员、店员、工人、中小学教师、学生、报刊编辑、记者及文艺界人士。团员平均年龄20岁左右，最小的16岁（厦门儿童救亡剧团最小团员7岁），仅团长施青龙刚满40岁。厦青团先将全体团员分成4支小队，随后根据工作需要，又分为9支工作队，分头开展抗战救亡宣传。各工作队的宣传范围如下：第一工作队负责新坡，第二工作队负责龙岩，第三工作队负责石码，第四工作队负责南乡，第五工作队负责漳浦，第六工作队负责漳州，第七工作队负责南靖，第八工作队负责小溪，第九工作队为厦门儿童救亡剧团。

厦门沦陷后，中共厦门工委撤往漳州，与中共漳州工委合并，成立中共漳厦工作委员会，受中共漳州中心县委领导。陈伯敏任工委书记，马忠汉任工委组织部部长，张兆汉任工委宣传部部长。中共漳厦工委成立后，负责领导厦门、漳州地区的抗日斗争，厦青团成为其直接领导下的抗日救亡群众团体。

根据当时的形势，为更好地开展抗日救亡运动，中共漳厦工委决定派厦青团第九工作队赴南洋开展宣传活动，以争取华侨对祖国抗战的支持，并为厦青团募集活动经费。厦青团其余8支工作队则分别前往石码、角美、新坡、霞阳、港尾、漳州、南乡、南靖、同安和龙岩等地开展抗日宣传，发动群众武装保卫闽南。5月底至6月初，厦青团各工作队从海沧出发，奔赴各地开展抗战救亡活动。厦青团团部迁往漳州，在龙溪简易师范学校内办公。

厦青团一到漳州，团员童晴岚、童丹汀、许乃东（许文辛）就集体创作了团歌《我们是钢铁的一群》[①]，后由曾雨音谱曲。《我们是钢铁的一群》歌词如下：

[①] 谢怀丹、许文辛：《"我们是钢铁的一群！"——回忆厦门青年战时服务团》，载厦门市地方志办公室、厦门市档案馆编《厦门抗日战争时期资料选编》（上），1986，第108页。

我们是钢铁的一群！

　　担起救亡的使命前进！

　　武装不愿做奴隶的人们，

　　把战斗的火力，冲向敌人的营阵。

　　不怕艰苦，

　　不怕牺牲，

　　为着祖国的解放，

　　为着领土的完整，

　　誓把宝贵的性命，

　　去跟敌人死拼。

　　在此后辗转闽西南各地宣传抗日救亡的过程中，厦青团团员们一直高唱着这首团歌，奋勇前进。

　　厦青团工作队每到一个地方，团员们便通过多种形式广泛开展抗日宣传：或出壁报、写标语；或在码头、街头广场进行演讲；或深入工厂、学校，唱救亡歌曲、演抗日话剧。歌曲《义勇军进行曲》《大刀进行曲》《救亡进行曲》《牺牲已到最后关头》《打回老家去》及话剧《放下你的鞭子》等深受民众喜爱。这些作品不仅感动了一批批民众，还取得了很好的宣传效果：有的乡村邀请团员们去演出，有的乡村教师自发加入演讲、宣传队伍，有的青年则主动要求参加厦青团工作队。

　　然而，消极抗战的国民党福建省政府当局，从一开始就对厦青团采取限制和打压措施：在经济上进行封锁，不给任何物质支持；在政治上加以限制，给厦青团的活动制造障碍；后来，更是逐步发展到对厦青团的活动进行干扰。在无法阻止厦青团活动后，国民党福建省政府当局便对其活动进行公开破坏，对团员进行迫害，甚至企图采取暴力手段解散厦青团。例如，厦青团第三工作队从海沧出发到达石码时，当地区长就禁止工作队开展抗日宣传，并限令他们马上离开；第二工作队到达龙岩县城后，县长不仅禁止其进行抗日宣传，还限制团员们外出；在漳州，厦青团还受到了漳州市警察局的威胁。而在厦青团将团部设在龙溪简易师范学校后不久，漳州市警察局的警察便入驻该校，对厦青团团员进行公开监视。

第五章 中共组织坚持抗战 发动群众救亡图存

1938年6月5日,第七十五师士兵和便衣秘密逮捕并残杀了漳州芗潮剧社的柯联魁。次日,国民党军警包围并接管漳州官亭东华小学,捣毁漳州青年战时服务团办公场所,逮捕该团骨干成员30余人。由于厦青团在海外有一定的影响,国民党当局虽未敢彻底取缔,但迫害行动不断升级,如厦青团漳州南乡(第四)工作队正、副队长邓贡直、吴秋霖(吴青山)被漳州市警察局逮捕,关进漳州监狱。面对困境,厦青团一方面与国民党当局展开有理有据的斗争,全面营救被捕同志;另一方面坚持推进抗日救亡活动,从未停歇。

1938年7月,国民党福建省政府委员林知渊到漳州视察,看到厦青团工作开展得如火如荼,在群众中有一定影响,想控制并利用厦青团,于是就对厦青团说:"厦青团是不合法的,要到省抗敌后援会备案。"[①]为了抗日救亡大局,也为了便于开展活动,中共漳厦工委决定派施青龙、谢亿仁前往福州与福建省政府进行交涉。厦青团提出两个条件:一是保持厦青团的独立性,不改组、不改名;二是厦青团坚持在闽南一带开展抗日救亡活动。同时,厦青团针对国民党福建省政府当局的干扰和破坏行为提出严正抗议。经过坚决抗争,漳州市警察局释放了邓贡直和吴秋霖,但对厦青团的活动实施了更严格的限制,规定其只能在闽南几个县内开展活动。此后,国民党当局对厦青团的破坏和迫害持续升级,公然阻挠、破坏其活动,并对其团员进行威胁和恐吓。

1938年10月上旬,国民党福建省政府派蔡继琨到漳州,企图收编厦青团。当厦青团识破其阴谋后,蔡继琨露出真面目,宣称"省府命令你们去沙县受训"[②],并派第七十五师包围厦青团驻地,在漳州的厦青团成员52人全部被扣押。三天后,厦青团团员被押上汽车送往沙县。

在沙县,厦青团成员被编为"特别训练班",受到国民党当局的野蛮对待。为应对国民党当局的迫害,厦青团成立了以许展新为书记、黄楚云为副书记的党支

[①] 谢怀丹、许文辛:《"我们是钢铁的一群!"——回忆厦门青年战时服务团》,载厦门市地方志办公室、厦门市档案馆编《厦门抗日战争时期资料选编》(上),1986,第113页。

[②] 谢怀丹、许文辛:《"我们是钢铁的一群!"——回忆厦门青年战时服务团》,载厦门市地方志办公室、厦门市档案馆编《厦门抗日战争时期资料选编》(上),1986,第115页。

部,对团员开展思想政治工作。为营救厦青团,闽南党组织派洪学礼到香港成立厦青团后援会,揭露当局对厦青团的迫害。1939年1月下旬,"受训"三个月后,厦青团成员除许展新、罗孝武、林皇笠等人外,其余都被分散派到闽东北、闽北、闽西、闽西南一带当民众学校的教员。此后,厦青团中的许多人相继受到国民党当局的迫害。

至此,这支"亡了家乡,忍耐着一切痛苦和磨难,决心把整个生命献于抗日民族解放战争"的厦门青年战时服务团,被国民党当局彻底解散。

作为中共领导下的抗日救亡团体,厦青团从成立到被迫解散,存续时间只有几个月。在此期间,厦青团积极宣传党的抗日方针与政策,深入群众之中,团结并动员民众支持抗日斗争。这一系列行动不仅扩大了党的抗日民族统一战线的影响,还有力动员了闽西南广大民众投身抗战,为保卫国家和家乡的抗日救亡事业作出了重大贡献。

第三节 厦门儿童救亡剧团万里抗战救亡

和厦门青年战时服务团一样,厦门儿童救亡剧团也是中共直接领导下的抗日救亡团体。卢沟桥事变后,抗日救亡运动在全国迅速掀起新高潮。中共厦门工委为适应新形势的需要,派洪学礼(雪立)到中华小学新苗文艺研究社联系陈轻絮、林平风等人,商讨组织厦门儿童救亡剧团事宜。洪学礼等经过研究,决定儿童救亡剧团以鸽翼剧社的部分小演员和绿苗文艺研究社的成员为骨干,再吸收一部分爱国儿童组成。1937年9月3日,厦门儿童救亡剧团(简称厦儿团)在厦门定安路保生堂成立,由共产党员洪凌(学禹,上海电通电影公司演员)任团长并担任导演,陈轻絮协助其工作。厦儿团设干事会作为领导机构,干事包括林平风、周定南、叶耀来、林莹聪、沈永时、王憨生、许岱君、梁开明、陈衷(罗泰)等9人,林平风为总干事。厦儿团共有团员 39 人,年龄最大的 17 岁,最小的 7 岁,一般都在十二三岁。①厦儿团的主要演员有陈衷、吴南山、施明新、洪宗泼、梁开明、周定南、宋英华、何送金、陈惠英、陈友治等。②

厦儿团自成立后,积极开展抗日救亡宣传。1938 年 1 月 23 日,厦儿团在鼓浪屿鹭江戏院举行首场演出,上演《捉汉奸》《在炮火中》《小英雄》等剧目,得到观众好评。接着,厦儿团又在厦门南星戏院公演《古庙钟声》。此后,厦儿团经常在厦、鼓各戏院和街头进行表演。除上述剧目外,厦儿团演出的节目还包括《小瘪三》《打回老家去》等戏剧,以及《少年先锋队歌》《打长江》等歌曲。同时,厦儿团还配合厦门其他抗日救亡团体,深入郊区禾山、胡里山等地开展宣传演出。这群小演员以精彩的演出,极大激发了厦门市民的爱国热情。厦儿团抗日救亡活动的深入开展及其影响力的不断扩大,引起国民党当局的恐惧和仇视。他们在《厦门大报》发表《列宁的子孙》等文章,攻击谩骂厦儿团,并唆使流氓捣乱和破坏厦儿团的演出活动。面对国民党当局的破坏和攻击,中共厦门工委立即组织林云涛等中共党员在《星光日报》副刊上发表文章,及时予以反击。③

金门沦陷后,厦门危在旦夕。厦儿团与其他抗日救亡团体并肩战斗,不仅经常到前线向驻军和参加修筑防御工事的民众进行慰问演出、教唱抗日歌曲,还开展为前方将士劝募寒衣、献金等活动,并为救济金门难童及响应武汉保育运动举行义演。

1938 年 5 月 10 日傍晚,厦儿团随抗日救亡团体撤到鼓浪屿。当晚,厦青团宣告成立。厦儿团随后被编为厦青团第九工作队,对外仍沿用原名。经过短暂的休整,厦青团各工作队分赴闽西南各地开展抗日救亡工作,厦儿团随厦青团团部迁移到漳州。中共漳厦工委成立后,为支援抗战,决定派厦儿团到南洋各地进行宣传募捐。

---

① 参见杨锦和、洪卜仁主编《闽南革命史》,中国计划出版社,1990,第 215 页。
② 曾梅生:《一支红色的儿童抗日宣传队——厦门儿童救亡剧团始末记》,载厦门市地方志办公室、厦门市档案馆编《厦门抗日战争时期资料选编》(上),1986,第 55 页。
③ 参见杨锦和、洪卜仁主编《闽南革命史》,中国计划出版社,1990,第 216 页。

5月下旬，在洪凌、陈轻絮的率领下，厦儿团一行29人从漳州徒步出发，走上抗日救亡宣传募捐道路。团队中除领队洪凌、陈轻絮外，27名团员里男20人，女7人。剧团经漳浦、云霄、诏安，一路跋山涉水，步行至广东黄岗，再乘车前行，于6月上旬到达广东汕头。此时，原中共厦门工委委员林云涛受组织派遣到汕头，担任厦儿团总领队兼党支部书记①，随团开展工作。厦儿团团员生活在城市，年纪小，一路日晒雨淋、风餐露宿，凭着抗日爱国的热情克服了各种困难。虽然辛苦，但每到驻地，团员们立刻整好队伍，雄赳赳、气昂昂，唱着歌，迈着整齐的步伐走进村庄和城镇，开展各种形式的宣传活动。

7月上旬，厦儿团离开汕头向揭阳出发，经普宁、陆丰、海丰至惠阳。虽然途中各地停留时间都很短，但每到一处，厦儿团团员仍坚持写标语、出墙报，开展宣传演出活动。8月初，厦儿团从惠阳乘汽艇抵达广州。由于一路上食宿卫生条件差，许多团员患上疥疮。总领队林云涛对大家十分关心，迅速通过当地党的统战关系，找到广州大新公司董事长蔡昌，请求帮助解决厦儿团的困难。蔡昌不仅是广东青年会和方便医院的董事长，还是一位爱国的民族资本家。在他的帮助下，团员们住进方便医院治疗疥疮。蔡昌还捐赠厦儿团每人一套童子军服装。从此，厦儿团着装整齐，以崭新的面貌开始了在广州的宣传演出。在广州期间，厦儿团组建晨呼队。每天早上，团员们整装出发，到大街上高喊"打倒日本帝国主义！""打倒汉奸、卖国贼！""不愿做亡国奴的民众联合起来！"等口号，高唱《枪口对外，齐步前进》《大刀向鬼子们头上砍去》《打回老家去》等歌曲；白天，在热闹街市演出《放下你的鞭子》《小英雄》等街头剧；傍晚，在广州广播电台演唱《赞美新中国》《流亡三部曲》《游击队之歌》等抗日歌曲；晚上，则在戏院举行公演。此外，厦儿团还参加了广州各界"八一三""九一八"周年纪念活动。在厦儿团的爱国行动影响下，广州也组织成立了儿童剧团，与厦儿团并肩战斗。

8月底，邓颖超抵达广州。得到消息后，林云涛通过党组织关系，迅速前往

---

① 杨锦和、洪卜仁主编《闽南革命史》，中国计划出版社，1990，第216—217页。

拜访。见面后，林云涛详细汇报了厦门失守后，厦儿团来广州的沿途情况及准备到海外宣传募捐的计划。邓颖超对厦儿团十分关心，在《民族日报》记者梁若尘的陪同下，到方便医院看望团员们。邓颖超称赞团员们"小小年纪就那么热心爱国，真是我们的国宝"[1]，并同他们合影留念。

从5月底到8月底，厦儿团历时3个多月，步行2500多里，从漳州到广州开展抗战宣传募捐。其间，街头宣传35次，听众15000人；歌咏巡行14次，影响群众20万人；参加各界欢迎会及联谊会87次，与会者共8000余人；进行正式公演21场，观众约26000人；举办户外演出24场，观众达5000余人。此外，厦儿团还绘制标语900余幅、漫画331张；出版壁报9期，创作长征记32000字；散发告别书6次，共12000张；商借各报发特刊7次。[2]

10月11日，厦儿团在领队洪凌、陈轻絮率领下，乘"泰山"号轮从广州出发，抵达香港。福建商会代表陈伯诚、林霭民及厦儿团总领队林云涛等十余人前往码头迎接。

厦儿团抵港后，香港各界均表示热烈欢迎，并表态给予支持。10月16日，香港学生赈济会儿童团召开欢迎会，并与厦儿团联合举行"抗战中的中国儿童"座谈会。在香港期间，厦儿团每天派出团员，配合香港学生赈济会儿童团前往湾仔、铜锣湾等地，教儿童团、教养院的儿童唱歌，并开展时事讨论。此外，厦儿团还深入香港的荃湾，在那里开展宣传演出活动两天。[3]厦儿团以强烈的爱国精神和不怕苦、不怕累的意志赢得了香港各界的称赞。旅港福建商会救济难民临时委员会为资助厦儿团，于11月11日下午在香港利舞台举行筹款公演。当天的演出得到香港各界的热情支持，香港著名艺人也十分捧场，除厦儿团演出《谁是我们的爸爸》《小英雄》两出独幕话剧外，还有香港电影明星杨衣华主演的

---

[1] 曾梅生：《一支红色的儿童抗日宣传队——厦门儿童救亡剧团始末记》，载厦门市地方志办公室、厦门市档案馆编《厦门抗日战争时期资料选编》（上），1986，第60页。
[2] 参见厦门儿童剧团：《流亡二年——两年来的工作概况》，载厦门市地方志办公室、厦门市档案馆编《厦门抗日战争时期资料选编》（上），1986，第74—75页。
[3] 参见惊鹏：《厦门儿童救亡剧团在香港》，载厦门市地方志办公室、厦门市档案馆编《厦门抗日战争时期资料选编》（上），1986，第85页。

《六月雪》、香港名媛邹婉华与怡和票房明星卓西齐合演的《四盘山》、著名艺人郑孟霞与票界名宿李联芳合演的《梅龙镇》及《战蒲关》等4部剧，香港各青年歌咏团也到场演唱名曲。利舞台老板深受厦儿团精神感动，慨然捐出剧场当天全场收入①。11月21日，在福建商会等慈善团体的支持下，厦儿团于香港太平戏院举行盛大公演，数千观众被感动得热泪盈眶。这场公演共筹募港币5000余元，扣除1000元作为厦儿团的生活费和赴越旅费外，其余悉数汇回祖国，用于赈济广州难民。在香港期间，厦儿团还前往长沙书院、中华儿童书院、福建学校、大诚中学等学校开展宣传演出。

12月13日，厦儿团从香港启程赴越南，16日抵达西贡，开启了为期8个月的向越南华侨宣传中国抗战的活动。

一到越南，厦儿团就受到广大旅越侨胞的热烈欢迎和爱护。在越南期间，厦儿团广泛开展各种形式的宣传募捐活动：深入西贡各华侨学校、工厂，开展抗日救亡宣传和教唱抗日歌曲等活动；发动各阶层爱国华侨成立工人、青年、妇女等救亡团体，协助组建"旅越华侨儿童歌咏团"和"铁的剧社"，并配合华侨学生上街义卖。当厦儿团开展募捐活动时，为支援祖国抗战，广大旅越爱国侨胞踊跃参与、慷慨捐献：有的华侨学生将父母给的零用钱捐献出来；有的华侨制作慰劳袋装着毛巾、牙刷、牙膏等日用品，绣上"向抗日将士致敬！"等字。尤为感人的是，一位年轻妇女在观看厦儿团的宣传演出之后，竟把她准备结婚的大部分贵重嫁妆、首饰捐献出来支援祖国抗战，而在她结婚的那一天，只开了一个简朴的茶话会，受到人们的赞扬。②厦儿团的爱国精神不仅感动了华侨，也感染了越南民众。当"七七"纪念日厦儿团在河内公演时，400余名越南青年向团员们献花、献旗致敬，并参加"七七"献金与公祭。在纪念厦门沦陷一周年与庆祝"四四"儿童节时，厦儿团在越南中国戏院召开了4000多人的大会。8个月间，厦儿团先

---

① 参见厦门市地方志办公室、厦门市档案馆编《厦门抗日战争时期资料选编》（上），1986，第87页。

② 参见曾梅生：《一支红色的儿童抗日宣传队——厦门儿童救亡剧团始末记》，载厦门市地方志办公室、厦门市档案馆编《厦门抗日战争时期资料选编》（上），1986，第63页。

后在金边、西贡、边和、岘港、顺化、宜安、海防、河内、谅山等地举行40多场公演，募得款项约15万越币。

厦儿团原计划在结束越南的宣传募捐后前往新加坡，但由于英国政府拒绝其入境，于是决定就地开展慰劳品募集活动。1939年元旦前后，厦儿团前往柬埔寨首都金边开展巡回演出，十余天时间里募集了大批物资。

由于前往新加坡的行程受阻，中共南方局指示：厦儿团在西贡的工作告一段落之后，即取道谅山回国。同时，中共南方局决定让林云涛留在越南协助侨党开展华侨统战工作，中共厦儿团党支部书记由张兆汉接任。

1939年6月，厦儿团带着爱国侨胞捐献给前方将士的药品、慰劳袋、慰问信（共5卡车）离开西贡，经岘港、顺化、南定，于8月间到达河内。由于广西沿海被日军封锁，厦儿团将物资运到海防，再由陆路运送到桂林。厦儿团团员在谅山华侨的帮助下，于8月中旬回到国内广西桂林。厦儿团将慰劳品交西南行营分发给第三、第四、第九战区，得到白崇禧、黄旭初的嘉奖。同时，厦儿团还受南圻布商公会等团体委托，向蒋介石和李宗仁献旗致敬。9月20日，桂林市各儿童团体在桂林东江镇中心小学联合举行欢迎会，迎接厦儿团。

1940年，日军进攻广西。厦儿团组建南路工作队，于1月31日发表《厦儿团为出发战地告同胞书》[①]，奔赴前线慰劳抗日将士。陈嘉庚率"南侨总会回国慰问团"抵广西柳州时，厦儿团组织了欢迎活动。陈嘉庚被这些家乡孩子的爱国行为感动，决定每月补助厦儿团经费1000元。

在广西期间，厦儿团积极参与多项活动：助力桂林筹建抗敌小剧场；参与"四四"儿童节及各类劳军公演；组建"伤兵之友"队，到陆军第六、第七医院为伤兵服务；联合桂林儿童团体召开中国儿童运动座谈会，并发起成立中国儿童之友社；代表桂林儿童团体加入广西各界元旦春节劳军代表团，赴桂林前线慰问；组织大埠良丰工作组，协助政府开展民众组织工作；响应广西各界禁烟宣

[①] 厦门市档案局、厦门市档案馆编《厦门抗日战争档案资料》，厦门大学出版社，1997，第144—145页。

传大会的号召，前往良丰宣传；协助中国汽车制造公司工余俱乐部筹备五一劳动节演出；到湖南醴陵，为中国工业合作协会的火柴合作社庆祝五一劳动节公演。[①]此外，厦儿团还创办刊物《少年纵队》，用以介绍厦儿团的工作情况，报道全国各地的儿童运动消息。

随着国民党当局反共活动的不断强化，厦门儿童救亡剧团受到日益严峻的威胁，先是被迫取消团名中的"救亡"两字，改为"厦门儿童剧团"；剧团领队改为辅导员，同时设立团长制，由张兆汉、施青龙（原厦青团团长）、洪凌、陈轻絮任辅导员，许岱君任团长，王憨生任副团长。后来，厦门儿童剧团继续遭到迫害。根据中共中央关于白区工作的方针，厦门儿童剧团决定与当地福建同乡会合办黄花岗纪念学校。皖南事变后，厦门儿童剧团团员的安全受到更加严重的威胁。厦门儿童剧团党支部决定将团员分散安置：有的回乡隐蔽，有的远走他乡，有的进工厂，有的上学校，也有的转到其他剧团。至此，厦门儿童剧团正式停止活动。

厦儿团自成立起，历时三年多，积极开展抗日救亡宣传、募捐、慰劳等工作。剧团足迹遍布三个省份（广东、广西、湖南），跨越两个国家（越南、柬埔寨）及一个地区（香港），行程万余里，累计演出数百场。厦儿团所到之处，均受到热烈欢迎和大力支持，募得大批款项和物资支援祖国抗战，为抗日救亡事业作出了重大贡献，在祖国抗日救亡运动史上书写了光辉篇章。

---

① 参见厦门儿童剧团：《流亡二年——两年来的工作概况》，载厦门市地方志办公室、厦门市档案馆编《厦门抗日战争时期资料选编》（上），1986，第77页。

第六章

鹭岛沦陷达七八载　暗无天日锁全城

第六章
鹭岛沦陷七八载　暗无天日锁全城

1938年5月13日，厦门沦陷。在此后的时间里，日本侵略者以"建设新厦门""开拓中国大陆""建设大东亚共荣圈"为幌子，对厦门进行长达7年多的殖民统治。这期间，日本侵略者在政治上残酷镇压，在经济上疯狂掠夺，在思想上野蛮奴役，他们杀人、放火、奸淫、抢劫，无所不为，无恶不作，厦门人民因此深陷水深火热之中。一帮民族败类受敌人豢养，为虎作伥，这更使得厦门人民的处境雪上加霜。

厦门沦陷并被殖民统治的7年多时间，是厦门历史上最为黑暗的时期。

第一节　日寇烧杀奸淫　百恶俱全难掩

1938年5月10日，日军在飞机、军舰的配合下登陆厦门。从日军铁蹄踏上厦门岛开始，厦门人民就宛如进入人间地狱。在进攻厦门的过程中，日军从空中和地面同时对平民展开野蛮屠杀：空中，低空盘旋的日军飞机无差别地对地面进行轰炸、扫射；地面，登陆后的日军沿途枪杀刀刺民众、强奸妇女。

5月10日，日军鬼冢部队由五通凤头社一带登陆后，四处烧杀，来不及逃避的村民多人遇害。在五通，日军进村之后便挨户搜查——对敲门没及时开门的人家，就连人带房一起放火焚烧；门开着的，进去遇人就杀。东宅社村民孙乌目一家7人，被杀6人，仅躲在床下的老妇幸存；村民孙以领的父亲因病卧于床上不能走，被日军杀害。浦口社的林马达在下海回家的路上遇到日军，来不及躲藏，被强行绑至海边。日军将他的身体用沙土掩埋，仅露出头部，最终用枪托将他活活砸死。钟宅村民钟马荐见日军入侵村庄，以武器抵抗，被日军击落海中，随后又被大石压身，惨遭杀害；村民钟万国见日军来袭，正要逃走，被日军追至井边刺杀，尸体被抛入井中。

当日军进攻莲坂时，日军飞机在低空盘旋，肆意投弹扫射：村民叶泡仔、叶狮仔、叶皮仔三兄弟，叶瑞来、叶德夫妇及儿子遭日机扫射中弹身亡；村民叶京皮、叶乌皮夫妇等人被日军枪杀。缅甸归侨叶君添看到日军要烧自己在南洋经营数十年回乡建造的房屋，赶紧把柴草搬开，却被日军开枪打死，房子也被烧毁。日机轰炸时，叶妈成躲进村民叶锡家，邻人因叶锡家房屋较牢靠，也纷纷躲了进来，房子里挤满了人。叶妈成担心人多不安全，便跑出去躲在地里，结果被日军发现，一枪打死。村民叶文龙见日军来袭，赶快跑回家，正好碰上从他家搜查出来的日军，结果被刺刀刺中腹部而死。村民叶福清因病卧床，无力逃走，被日军连同房子一起烧了。过后，村民看到死尸遍地，便捐钱雇叶振太、叶四八、叶得川三人收埋尸体。三人完工后到叶振太家分钱，发生争执，日军巡逻队闻声赶来，将三人枪杀。

在曾厝垵，日军登陆时，利用无耻汉奸叫村民家家插日本旗欢迎"皇军"。日军进村后，看到没有插日本旗的房子就放火。在山上躲藏的人，如果被日军发现，远的就用机枪射击，近的则用刺刀刺杀。日军还借口搜查抗日分子，抓走曾国海、曾维祺等男女十多人，押往曾厝垵港口的桃树下集中扫射杀害。

日军进入市区之前，大批市民扶老携幼，为渡海到对岸的鼓浪屿避难，纷纷涌向轮渡。丧心病狂的日军飞机竟然对难民俯冲扫射、投掷炸弹，码头上的难民或死或伤，海中的小船也被炸沉，死伤人数难以计数。

当日军向厦门市区进攻之时，潜藏市区的日籍浪人趁机兴风作浪，到处抢劫掠夺，稍遇拦阻便任意杀人。

5月11日，厦门港无辜平民郭乌豆、杨碧、刘秀枝、陈修等人想逃离厦门港，跑到沙坡尾时被日军发现，惨遭机枪扫射，全数毙命。当日军攻入刘厝社，欲进入居民刘昌家时，刘昌不肯开门。日军强行闯入后，用刺刀连刺其5刀，致其死亡；其妻刘陈氏见状上前拦阻，被日军开枪击杀；其年幼的女儿因啼哭不止，亦遭日军刺刀刺杀；日军还放火烧毁了整座房屋。在达社里，叶仁和正在门口执斧破柴，日军见状，认为他"有意抵抗"，便用刺刀将他刺死。同日下午，日军攻至厦门港沙坡尾，守军奋勇抵抗，但因众寡悬殊，守军13名士兵被缴械。日军以"顽抗"为由，用卑劣残酷的手段逼迫这些士兵自行投海，随后又以机枪扫射，

第六章
鹭岛沦陷七八载　暗无天日锁全城

13 名守军士兵全部壮烈牺牲。

当日军进入厦门市区之时，因弹尽粮绝、未及撤退的义勇队队员，被日军驱赶至鹭江道，用机枪射杀。在市区，日军看到行人便用日语大叫"站住"，行人因听不懂而逃避者，多数即遭枪击；有的则以"抗日分子"名义被抓后集中枪杀。在轮渡码头，日军发现 20 多名正要逃往鼓浪屿的男女老少，随即开枪扫射，难民纷纷落水，负伤挣扎上岸者又被踢回海中。在蓼花溪一带，市民躲入寿山岩庙避难，野蛮的日军闯入后将寺庙里的 30 多人全部杀害。蓼花溪尾居民林东土的妻子和另外 4 名妇女逃到中山路时遇上日军，当即被刺杀，其他妇女见状急忙退入小巷逃走。

5 月 12 日，在厦门海关码头，22 名壮丁被日军用绑腿布捆绑成串，逼跪于地后遭机枪扫射杀害，尸体被投入海中。在厦门中正码头，11 名民众被日军以同样方式残杀。在太古码头，30 名壮丁遭杀害。在海军司令部，约百名壮丁被日军捆绑成串后，遭机关枪扫射惨死。

5 月 13 日，日军在曾厝垵一带拘捕无辜平民。村民陈庆金在田中耕作时，见日军滥捕平民，欲逃避却被抓住，随后与其他村民一同被日军用机枪扫射杀害。

5 月 13 日，侵略厦门的日本军方发言人宣称："两日战争中，有五百华人被残杀。"①

据 1938 年 5 月 13 日《福建民报》报道："……全市壮丁无辜被杀戮者，已达七千人。市民战时在敌机轰炸及枪炮下死亡、断肢、折骨者，比比皆是，惨不忍睹。最惨者无辜孺妇逃往鼓浪屿，舟行半途被敌机枪射落水者，更不知凡几。奸淫掠夺，无处不有……" 5 月 19 日，福建省政府主席陈仪在给蒋介石的电报中说："（1）厦海关货仓铣戌被敌劫掠。（2）厦敌拘壮丁 450 余于中山公园，以改编伪保安队为名，删申用机枪扫射，抛尸海中……"② 而这，只是日本侵略者在厦

---

① 李向群主编《近代厦门历史资料汇刊：申报纪闻》第十册，厦门大学出版社，2020，第 38 页。
② 福建省档案馆编《日本帝国主义在闽罪行录（1931—1945 年）》，福建人民出版社，1995，第 71 页。

门实施野蛮暴行的开始，对于厦门人民来说，7年多的悲惨生活也才刚刚开始。

厦门五通的"万人坑"是日军残杀厦门人民的罪证。1942年7月1日晚，日伪当局在中山公园举行伪厦门特别市政府成立三周年纪念活动。在活动进行过程中，台湾同盟会在厦门志士向主席台投掷手榴弹，造成日伪多人死伤。公园爆炸案发生后，日伪当局在全市实行大戒严，开展大规模搜捕。有一乡间恶少，为了邀功请赏，向日伪报告说爆炸案是泥金社人制造的。日伪当局出动大批军警包围泥金社，对村民见一个抓一个，共抓走24人。这些无辜村民被关在市区日本警察本部的监牢里，受尽严刑拷打，其中有16人因为态度"恶劣"，被日寇判处死刑。日寇故意选择在1943年农历八月二十一日将他们杀害——这一天是五通村的村祭日。当日，日寇将16人押到五通凤头社海滩，在沙滩上挖一条深沟，将他们一个个砍死在沟里，鲜血染红了海水。沦陷期间，日寇在五通海滩边杀害了大批中国人，1949年后，这里被称作"万人坑"。

在厦门沦陷的7年多时间里，根据抗战胜利后一个多月内的不完全调查统计，厦、鼓居民被残杀1000多人，至于受伤者则更不知有多少。整个抗战期间，因日寇入侵造成大批民众死伤，仅禾山一地死难者就有500多人。[①]

奸淫妇女是日寇在侵略厦门期间犯下的又一暴行。日军在进攻厦门时，即沿途骚扰强奸妇女，从幼女到老妪皆难幸免。1938年5月11日，一名17岁的王姓女子在港仔口被侮辱杀害。在西边社，一名61岁老妇被日军威逼而投井自杀。在禾山、厦港、五通等地都留下了日寇凌辱妇女的罪恶记录：禾山高崎社村民林薛氏，在日军登陆时因年老不及逃避，遭日军蹂躏奸污，老人不堪"耆年之期受此羞辱，愤而投井自杀"；禾山泥金社村民林氏青因年近七十，不能满足日军兽欲，日军竟以酒瓶作弄林氏，令其"血点斑斑涂染下身"，惨不忍睹。日军进入市区后，大批妇女被拘禁在中山路中华戏院，惨遭日军轮奸。[②]

[①] 参见陈通：《日军攻陷厦门禾山民众死难调查表》，载厦门市地方志办公室、厦门市档案馆编《厦门抗日战争时期资料选编》（上），1986，第184页。
[②] 参见厦门市档案局、厦门市档案馆编《厦门抗日战争档案资料》，厦门大学出版社，1997，第246页。

第六章
鹭岛沦陷七八载　暗无天日锁全城

日军侵占厦门后，依然兽性不改，恣意奸淫调戏妇女。面对日军的凌辱，有的妇女誓死不从而惨遭杀害，有的不堪受辱含恨自杀，更有不少女子被轮奸致死。1938年5月30日，68岁的林姓老妇被日军强奸，林氏挣扎反抗，结果被日兵刺杀，血流不止，惨不忍睹。禾山归侨黄金木的女儿黄美霞年仅17岁，因容貌姣好，遭日军"持枪恐吓，强迫蹂躏，每夜轮流奸占"，三日后受辱身亡。1940年9月的一天，三名年轻妇女挑东西从白石炮台经过，被日寇掳去轮奸。日兵还经常窜入民宅强奸民女：在棉袜巷，一女子出门倒垃圾时被日兵拖入小巷强奸；在泰山路口，一妇女刚要开店门，看见日兵来了，赶紧上楼逃避，日兵跟踪而至，将该女强奸；在厦港，光天化日之下，日兵跑到船舱里强奸渔妇。

日军占领厦门后，肆意侮辱市民、践踏人格。他们在各交通路口设立岗哨，强行对过往行人搜身，还要求行人向日军立正、行90度鞠躬礼，甚至逼迫老人、女人、小孩下跪。稍有不从或令其不满，便对行人罚跪殴打，甚至抛入海中或当场杀害，"来往行人无不胆战心惊"。

为维护统治，占领厦门后的日本侵略者很快就建立了日系警察队伍，并网罗汉奸、浪人充当警察，致使市面上到处是耀武扬威的日军、日籍警察和汉奸。他们四处骚扰，随意搜查、抓捕来往路人，任意审问和处罚。

为打击抗日力量，日军与汉奸、日籍浪人勾结，到处搜捕抗日分子。1938年5月底至6月初，日本驻厦总领事馆警察在日本海军陆战队配合下，以调查鼓浪屿日本侨民财产为名，对抗日分子进行大规模搜查，3天时间里10多人被捕，其中包括担任抗日救国会领导职务的16岁少女许金菊。双十中学校长黄其华在被逮捕之前抢先一步离开厦门，未落入敌人魔掌。在厦门沦陷初期，几乎每天都有人被捕。"市内各家各户的搜查每天都在进行，搜出了不少手榴弹和步枪"[①]。日军及日本警察以种种理由和借口随便捕人或搜查住户，黄昏以后市民都不敢轻易出门——因为一旦碰上日军或其侦探，便有被捕的危险。居民因晚上出门办事

[①] 李向群主编《见证：1938厦门——日寇入侵厦门前后报刊史料汇编》，厦门大学出版社，2015，第185页。

或散步而失踪的大有人在。每当日伪遭到爱国人士袭击，日军及日本警察就会在全市进行大搜查，逮捕大批无辜市民。

日伪除以抓捕抗日分子为借口进行大搜捕外，还时常以莫须有的罪名随意抓捕无辜百姓，对被捕者进行严刑逼供。例如，1940年，日伪督察科以"间谍"罪名将曾瑞福逮捕，对其施以灌水、灌油等酷刑，后囚禁于凤屿监狱。曾瑞福遭看守虐待，被迫从事苦役，终因长期折磨于1944年9月病逝。1941年6月，荷属巴达维亚华侨黄裕钦奉母之命回国订婚，船至厦门码头，日兵登船检查，发现其所携资财颇多，即行敲诈，被索现款248元、派克钢笔1支、手表1只。黄裕钦登岸后，又被码头日兵多方勒索。黄裕钦心有不甘，与日兵理论，当即被日兵用刀刺毙，投尸海中，所有行李、银钱悉被抢夺。1945年5月12日，市民黄长城被日本驻厦总领事馆警察诬为间谍，遭严刑逼供。他为求保命，伪称家中藏有10颗手榴弹，日兵搜查未果后，又用火灼烧其头发、眉须、阴毛，黄长城不堪酷刑而惨死。诸如此类，日兵在厦兽行罄竹难书。

鼓浪屿在被日军占领后也沦为"鬼蜮世界"。日军及巡街、站岗的日籍警察，对岛上居民任意体罚、凌辱，不论老弱妇孺。泉州路上两名小贩吵架，被日籍警察勒令面对面跪地，又被逼着互殴至头破血流。据1942年4月14日《同安民报》报道："自倭寇（占领）后，此间遂成鬼蜮世界，暴敌横行无忌，无辜同胞惨被屠杀者日有所闻，尤以知识分子之遭遇更为残酷。查前敌于占领鼓（浪）屿时，曾将鼓（浪）屿各中小学校之教职员，由敌警察本部，全数予以拘捕，总数计六十余人。兹悉该批被捕教职员，除其中十余人经被毒刑已成废疾准予保释外，其余仍被拘留于磐石炮台集中营中。日供霉粥两碗，日夜拷问，刑死、病死、饿死，惨不忍闻。据查现在磐石集中营中，尚拘禁无辜同胞六百余人云。"

当时，凡被送往日本驻厦总领事馆警察署和日本警察本部监牢的"犯人"，大多九死一生。"犯人"一进监牢，日寇就开始残酷地刑讯逼供，不分昼夜。刑讯之余，"犯人"也常被要求跪在划定的方位不许动弹，一动便遭受毒打。囚禁期间的饮食极为恶劣：早晚仅一碗稀粥，中午一个饭团，且无水无菜。"犯人"时常被日本兵作为打斗的对象或射击的目标，有的被用来做手术实验。日籍警察常以变态的方式虐待"犯人",如往"犯人"口中小便并逼其喝下,以此取乐。根据战后对曾受过酷刑的厦门受害者的调查统计,日寇所实施的酷刑有数十种之多。下面是其中的一部分[①]:

(1)以洗面巾披于受刑者背上,然后用烫斗熨之至洗面巾干燥,后猛将巾揭去,受刑者的皮肉随巾被剥下。

(2)令受刑者互相往对方脸上吐涎沫。

(3)对受刑者强行灌水、肥皂水、辣椒水,甚至将粪便灌入受刑者口中,然后在其肚上践踏。

(4)剥光受刑者的衣服,在其身上有体毛之处涂上汽油,然后点火燃烧(称为"烧五毛"),或用柴油、烛火等烧烤其皮肤。

(5)用绳子将受刑者的两拇指扎紧,然后将其高高吊起。

(6)对受刑者进行拳打脚踢,或用棍棒击打受刑者身体的各个部位。

(7)放出狼狗撕咬受刑者。

(8)将受刑者绑在铁椅上实施电击。

(9)用铁钉或竹签钉入受刑者额头或十指。

(10)将烧红的铁条放入受刑者口中(称为"吃雪茄"),或将铜钱烧红后放在受刑者身上烙出梅花图形(称为"点梅花")。

(11)用细竹片鞭打男人的阴茎,或将竹签插入男人的阴茎或女人的阴道。

(12)将受刑者悬吊或倒挂起来拷打。

(13)令受刑者长时间盘坐或直立,不准移动,否则便予以毒打。

(14)将灭火器(水龙)之龙头用火烧红插入受刑者肛门。

(15)用枪柄敲打受刑者的胸部或乳部。

(16)用香或纸烟熏受刑者的鼻孔,或把点燃的排香放在受刑者胸部。

诸如此类,花样百出。日寇为折磨"犯人",常常在三更半夜进行审讯。审

[①] 参见厦门市地方志办公室、厦门市档案馆编《厦门抗日战争时期资料选编》(上),1986,第353—355页。

讯者酒足饭饱、醉眼蒙眬，将受刑者从梦中唤起，肆意殴打，受刑者哀号声响彻四周，痛得死去活来。当受刑者昏迷时，日寇便用冷水泼脸使其苏醒，继续进行折磨。"犯人"受刑时痛不欲生，每每欲以一死了之，所有"罪名"无不承认。日寇就这样在受刑者死亡之前慢慢折磨，令其求生不得、求死不能。而日寇及日籍警探却以此为乐，还常讥讽受刑者："用不着哀叫，死了，你的妻女我可以养。"日寇罪行实在难以尽言，毫无人性，令人发指。

第二节 强化军警特务机构 实施法西斯式统治

日军占领厦门后，为确保其侵略成果，巩固殖民统治，同时担心国民党军反攻，不断在厦门调兵遣将，加强军事部署。日军在占领厦门初期的一个月时间里，对厦门实施统治的最高机构是日本海军陆战队司令部。1938 年 6 月 12 日，该司令部发布布告，严禁厦门市民散布抗日言论。6 月 14 日，日军开始在厦门筹建海军根据地。11 月 15 日，驻厦门日本海军陆战队改名为日本海军厦门根据地队，成立日本海军厦门根据地队司令部，设在厦门虎头山上。

日本海军厦门根据地队司令部的首任司令官是宫田义一。他是日本第二联合特别陆战队司令官、侵略厦门的罪魁祸首之一，也是日军在厦门的最高长官。宫田义一在厦门盘踞了一年半左右的时间，实施了一系列包括残酷镇压抗日活动在内的法西斯统治措施，成为其后接替在厦日军首领的"榜样"。1938 年 12 月，日本海军厦门根据地队司令部先后发布《取缔渔业规则》和调整宵禁时间等措施。1939 年 1 月 6 日，日本海军厦门根据地队举行阅兵式、阅舰式。此后，这两项活动成为侵略厦门的日军每年 1 月份的惯例。1939 年 10 月，宫田义一晋升中将，调任日本海军舰队指挥官，离开厦门。

1939 年 10 月 26 日，牧田觉三郎接替宫田义一，担任日本海军厦门根据地队

第六章

鹭岛沦陷七八载　暗无天日锁全城

司令部司令。牧田本是昏庸之辈，在厦门期间，秉着宫田留下的"萧规"，浑浑噩噩地"曹随"了约一个年头，随后也晋升中将，调回日本军部。此后，"南支舰队"舰长大野一郎继任司令一职。大野一郎是日军进攻厦门的战场指挥官，也是侵略厦门的罪魁祸首之一，他在厦门的时间大约为十个月。其间，由于反法西斯国际形势的变化和我国抗战力量的增强，厦门在侵华日军中的地位下降，日本海军厦门根据地队司令部的规模也随之缩小。

1941年9月6日，日军少将龟山耕一郎接任日本海军厦门根据地队司令部司令。12月8日，日军偷袭珍珠港，太平洋战争爆发。同一天，驻厦日军封锁与大陆的交通联系，并派兵占领鼓浪屿。1942年1月8日，驻扎在漳州的国民党军队派出袭击小组成功偷袭鼓浪屿，给日军造成重大打击。两天后，金门也发生了袭击日军的抗日事件。日军军部以龟山疏于戒备、使日军遭受重大损失为由将其撤职。1942年1月15日，龟山调离厦门，井原美歧雄大佐接任日本海军厦门根据地队司令。随后，日本方面将日本海军厦门根据地队司令部改组为厦门日本海军警备队司令部，井原任司令。同年10月1日，日本取消厦门海军警备队番号，恢复日本海军厦门特别根据地队建制，任命海军少将原田清一为司令官，直至1945年8月15日日军投降。

和日本海军厦门根据地队司令部司令官一样，驻扎厦门的日军也频繁调动。厦门沦陷后，最初驻守厦门的日军，是进攻厦门时的几支日军部队，兵力在3000人左右，包括日军第二联合特别陆战队的福岛部队、志贺部队、山冈部队以及铃木的野炮队等。日军各部分驻以下各处：鬼冢部驻高崎，分驻寨上、牛家村；福岛部入市区，驻虎头山；志贺部驻吕厝，分驻莲坂；山冈部驻穆厝，分驻五通一带。

半年后，由于日军在其他战场上的兵力不足，驻厦日军被陆续调往粤、汉等地战场作战，另调来杉野和板野两支部队驻守厦门。杉野和板野两支部队在厦门驻守三个月后，便被调往他处。

1939年上半年，先后驻扎厦门的日军有横须贺海兵团、三光部队、崛内部队、吴海兵团、佐世保海兵团等，这些部队在厦门的时间都很短，只有崛内部队长期驻守。1939年下半年，日军副田部队和北原二支部队曾一度进驻厦门。

　　1939年12月，日军古要部队进驻厦门，崛内部队负责协防，两支部队留厦时间最长。1940年夏，崛内部队调往他处，另派日军久保太和佐藤两支部队接防厦门。由于日本帝国主义严重低估了中国人民的反侵略意志，日军在各地战场都遭到沉重的打击，快速解决"中国事件"、占领全中国的企图破灭；加上其推行的"南进政策"牵制了大量兵力，日军的兵源逐渐枯竭。为了应付各地战场上所需的大量兵力，日军只好拆东墙补西墙。驻扎厦门的久保太和佐藤这两支部队虽有"部队"之名，却无部队之实，兵员都不足。久保太部在厦门驻扎不久便调离，此后由古要、佐藤两支部队防守厦门。1941年夏天以后，厦门防务由松延部队接防，古要和佐藤部队都曾去而复返。1943年12月，驻厦日军还有日本海军第二遣支舰队陆战队，兵力约数百人，分4个中队，分别驻扎在厦门大学、市区、鼓浪屿、禾山五通等处，各处兵力约150人。陆战队队部设在厦门大学。松延部队不久后也离开了厦门。

　　1941年12月太平洋战争爆发后，日军的兵力更为分散，驻扎厦门的日军也因南调而一再换防。此时的日军，不仅兵力锐减，装备也大幅削减，番号也由"部队"缩编为"队"。

　　为弥补兵力不足，日本帝国主义通过收买汉奸、组织伪军等方式扩充力量。随着日本兵源的不断枯竭和实施"以华制华"策略的需要，日军先后组建了伪闽南警备司令部、伪禾山保卫团等伪军组织。伪闽南警备司令部以莫清华（海澄人，曾在浯屿任保长，因运粮资敌而畏罪投敌）为伪司令。伪禾山保卫团下设江头、殿前、何厝、湖边、湖里、钟宅、莲坂、后门等8个分团，伪团长为洪德馨（厦门人）。此外，日军还设立日本领事署禾山警务分团，团长林身、副团长李恭（均为台湾人）。由于伪军成员多为流氓地痞，加上日军不信任及经费不足，伪军人员不但素质极差，且常常是"有人没有枪"。此外，日本驻厦海军武官西田正雄还筹划成立了半军事化组织——决战生活联盟，下设禾山、鼓浪屿、金门、浯屿等4个支部，李思贤、赤堀铁吉、原田清一、西田正雄为顾问。

　　在组建伪军的同时，日军还极力拉拢、收买福建内地的军阀和土匪。伪福建

第六章

鹭岛沦陷七八载 暗无天日锁全城

和平救国军成为日军收买和扶持的重点对象。1943年3月，驻厦日军最高司令官原田清一前往伪福建和平救国军驻地"访问"，对其进行拉拢、收买。

在兵力布防上，日军占领厦门后，为防范国民党军反攻及镇压厦门的抗日活动，把防御重点放在同安、海澄方向及岛上的重点区域，其他方向则以海上舰艇为主进行防御。在厦门岛上，除部队驻地外，日军设置了众多的据点。例如，1939年日军在厦门各据点兵力与装备配置如下：高崎驻50余人，配备大、小炮各1门，重机枪2挺；后社驻20余人；钟宅社驻30余人；五公宫树下设重机枪1挺，照空灯1架；社后海边置大炮1门；五通驻30余人，配备大炮1门，机枪1挺；后头社设大炮1门，部署哨兵数人；何厝社驻20余人，山后置大炮1门，日夜皆有哨兵。市区方面，挑水巷口驻10余人，自来水公司驻20余人，庭南女学驻10余人，司令部驻60余人。此外，日军在司令部、麒麟山、牛头山、中山医院、厦港、思明戏院屋顶等处设高射炮、轻重机枪等；厦门大学、虎头山脚等处驻扎的军队人数较多；磐石、胡里山等炮台驻军，多时为一个中队。同时，在鹭江道、虎头山脚、厦门大学、鼓浪屿等处海面配备若干炮艇，日夜巡逻。其间，根据驻厦日军规模和局势的变化，日军对各据点的兵力进行了动态调整。

太平洋战争爆发后，日本海军省批准在厦门建设军港。为抵御国民党军反攻，日军强制征召民工，加强军事防御设施的建设。日军在禾山修筑机场，并在五通、高崎、薛岭、牛家村、曾启坟、胡里山及鼓浪屿汇丰银行附近、港仔后、大德记等地，开辟散兵战壕，构筑防御工事。被征用的民工忍饥挨饿为日军劳作，许多人惨遭迫害致死。为了保密，重要的军事及工事设施，则全由日本兵或日籍浪人负责修筑，避免使用厦门民众以防泄密。

在加强兵力部署的同时，为镇压厦门人民的反抗斗争及争夺各自的利益，日本政府外务省、海军军部、陆军军部、日本驻厦总领事馆、台湾总督府等争相在厦门设立特务机构。一时间，日本间谍特务机构遍布厦门，各机构之间也常常钩心斗角、互相倾轧。

1938年5月27日，日本驻厦总领事内田五郎搭乘厦门沦陷后第一艘轮船——日本大阪商船会社的"香港丸"到厦门。内田五郎到厦门后，日本驻厦总领事馆在厦门鼓浪屿开门恢复办公（后将位于妈祖宫码头的旧海港检疫所改造为日本驻厦总领事馆办公场所，日本驻厦总领事馆由鼓浪屿迁移至厦门[①]）。这是日军占领厦门后开张的第一个机构。按照日本外务省的规划，日本驻厦总领事馆管辖区域包括福建省第四、第五、第六行政区范围内的厦门、南安、晋江、同安、安溪、德化、大田、永春、漳浦、龙溪、云霄、诏安、海澄、南靖、平和、长泰、龙岩、漳平、金门等地。但因福建东南沿海仅厦门、金门及附近岛屿被日军侵占，其实际控制范围仅包括厦门、鼓浪屿、金门、浯屿等岛屿。日本驻厦总领事馆设总领事一人，由内田五郎担任，总领事馆的组织结构分为两部分：总领事馆本馆和警察署。本馆下设八个部：政务部、监理部、经济部、司法部、庶务部、会议部、文书部、电讯部。日本驻厦总领事馆虽然表面上是一个外交机构，但实际上是日本对厦门实施殖民统治的机关。一方面，日本利用其驻厦总领事馆对厦门伪政权进行控制，通过操纵伪政权对厦门实施殖民统治；另一方面，则利用该馆的外交机构身份为掩护，进行情报间谍活动。总领事馆警察署下设保安系、高等系、警务系、司法系、外勤系、派出所、鼓浪屿分署等。其中，保安系负责厦门沦陷区内的刑事案件，镇压抗日活动，市民一旦落入日本警察署，几乎难以生还；高等系主要负责搜集内地非沦陷区的政治、军事、经济等情报。警察署配备警察80多人。

1938年5月，日本海军在厦门设立日本警察队本部，作为日本帝国主义在厦门实施司法主权侵略的机构。日本海军警察队本部的职责是负责侦察、处理厦门占领区内各种政治及刑事案件，维持城市"治安"以巩固统治，并搜集非沦陷区的政治、军事、经济、文化情报和东南亚各地抗日组织及其领导人的情报。该部地址初设厦门同文路华南女子中学，一年后迁至海后路，部长为日本人小森。警察队本部下设高等、司法、水上三个主要科室，在镇海路设有监狱，科以下设有情报站和情报联络据点。该部特务手段十分残酷，组织控制非常严密，情报人员

[①] 参见厦门市档案局、厦门市档案馆编《厦门抗日战争档案资料》，厦门大学出版社，1997，第300页。

遍布厦门各个角落，活动猖獗。其情报活动主要通过以下手段实现：一是直接派特工混入厦门各社会团体、复杂场所和洋行开展特务活动并进行情报搜集；二是成立特工小组搜集情报；三是以"日胜""泰昌""长兴"等走私船及船务行为为掩护，进行情报活动。[①] 此外，日本海军警察队本部还以公开的方式开展各种活动，如在码头设检查监视员，检查来往人员。1945年8月日本投降前一星期，日本警察队本部停止活动，全部特工撤回日本或台湾地区。

为控制厦门伪政权，日本帝国主义设立兴亚院厦门联络部。日本兴亚院是抗战时期日本国内设立的专门负责处理中国沦陷区事务的特务机构，隶属日本海军，其主要任务有两项：一是掌管中国沦陷区的政治、经济大权；二是搜集情报和策反国民党军政人员。厦门沦陷前，日本已在北平、张家口、上海等地设有兴亚院联络部。1939年3月10日，兴亚院派日本海军少将水户春造到厦门设立联络部并任部长。兴亚院厦门联络部下设政务部、经济部和调查室：政务部承担情报、文化政策及其他侵略阴谋；经济部负责资源夺取、对华投资及其他经济侵略；调查室主要负责办理内部事务。兴亚院厦门联络部成立后，日本对厦门军事、政治、经济和文化等各方面的侵略政策，都由该联络部策划并实施。这项任务原来是由台湾总督府负责的。此时，兴亚院联络部在厦门设立分支机构，就是为了和台湾总督府保持联络，提高决策效率，更好地实施日本的侵华战略。

水户春造任兴亚院厦门联络部部长后，日本海军方面的势力在厦门得到加强，这也加剧了厦门地区日本陆军与海军之间的矛盾。

日本陆军与海军之间的矛盾由来已久。在攻占厦门之前，日本占领的中国领土多由陆军取得，日本陆军因此居功自傲，轻视海军，而海军对此颇为不满。自从日本海军侵占厦门以后，局面为之一变，日本海军掌控了厦门的主要权力，这让驻扎厦门的日本陆军意见极大。而日本海军出身的水户春造到厦门任职后，海军势力进一步扩张，陆军的话语权被严重削弱，连原本交给陆军负责的侵略福建

---

① 参见厦门市地方志办公室、厦门市档案馆编《厦门抗日战争时期资料选编》（上），1986，第259—260页。

其他地方的权力，也转由海军主持。因此，水户春造到厦门后，日本陆军、海军之间的矛盾就更加突出了。当然，这对抗击日本侵略者的厦门军民来说是好事，为打击侵略者提供了有利之机。

兴亚院厦门联络部成立后，打着建设"东亚新秩序"的旗号，在经济掠夺、奴化宣传、特务情报等方面实施了一系列侵略政策。该联络部最重要的职责是控制厦门伪政权，伪厦门特别市政府的所有政治、经济等活动及伪政府中的职员均在其掌控之下，它是日占时期厦门的最高权力机构。厦门伪政府的一切施政措施，都要经过该联络部的审核才能实施。1940年7月，水户春造调回日本海军军令部供职，海军少将太田泰治继任兴亚院厦门联络部部长。1941年5月，太田泰治调任他处，福田良三少将接任。

1939年，为收买奸伪，扩展特务活动，台湾总督府在厦门设立日本"厦门陆军特务机关"。其主要职责是派遣情报人员到中国腹地非沦陷区搜集军政情报，策反国民党军政人员，为日本陆军扩大侵略活动服务。其手段包括：一是在浯屿和大担设立情报组，利用走私交通船只搜集非沦陷区情报，如1943年在厦门中山路开设金合成船务行作为情报联络点，通过走私鸦片刺探内陆情报；二是通过开设妓院、赌场等场所作为据点收集情报；三是派遣特务潜入非沦陷区开展策反和情报搜集活动。厦门陆军特务机关机关长田村丰崇是日本陆军少佐，此前曾在福建、广东活动，熟悉当地情况。到厦门后，他派遣、利用奸民深入内地，联络、吸收汉奸、土匪，到处制造混乱，对抗战造成极大危害。1939年9月12日，田村被刺杀。此后，泽村、神田、田中等人先后担任该机关机关长。1945年8月日本投降后，该机关全部特工撤往台湾。[①]

1942年10月31日，为加强对中国占领区的管理，日本政府成立东亚省，兴亚院被撤销。兴亚院厦门联络部也奉命结束，其机构及职责由日本驻厦总领事馆、海军特务部等机构接收或兼并。日本驻厦总领事馆改归东亚省管辖，任命台湾高

[①] 参见厦门市档案局、厦门市档案馆编《厦门抗日战争档案资料》，厦门大学出版社，1997，第289页。

雄州知事赤堀铁吉为驻厦总领事。这一调整,使日本驻厦总领事馆成为更具统治力的机构,统一了殖民统治的政令,减少了干预伪政府的中间环节,进一步强化了对伪厦门特别市政府的控制。

除上述机构外,日本帝国主义为强化法西斯统治,还设立了其他众多特务机构。

1940 年,日本帝国主义为统一并指导在厦门各个情报机构的情报活动,在厦门成立"厦门情报调查室",由台湾总督府和日本兴亚院厦门联络部控制,特务头子泽重信任负责人。厦门情报调查室搜集情报的范围极为广泛,包括厦门、汕头等地的治安状况、中国人民的抗日活动、社会动态,以及福建内陆地区的军事、政治情报等。泽重信多次亲自带领情报人员到福建沿海搜集我方军事情报,探查沿海地区地形地貌和军事布防设施,还派情报人员调查闽南地区的矿产资源。

1942 年,日本帝国主义为实施"以华制华"的阴谋,在厦门设立华南特务机关,隶属日本海军系统。日本驻香港总领事黄田、驻山西省特务机关机关长和知英二先后任该机关机关长,主要任务是收买国民党军人和内地土匪,企图通过内外夹击,侵入福建。[①]

1943 年 4 月,日本厦门海军根据地队司令部设立"厦门海军武官府",首任武官是西村正雄,大部分成员来自原兴亚院厦门联络部,小部分由日本海军省军令部委派。日本厦门海军武官府的主要任务是搜集中国东南沿海非沦陷区的军事情报,为日本海军扩大侵略活动做准备。该机构利用审批、签发往来内地走私船只("交通船")"许可证"(之前由兴亚院厦门联络部颁发)的机会,派遣情报员潜入漳州、泉州等地刺探军事情报,开展策反活动。

1943 年 11 月,广东日本军部特务机关总部在厦门思明西路设立"厦门机关",主要搜集福州、闽南等地军事情报,为第二次攻占福州做准备。1944 年 10 月,日军第二次侵占福州时,日军驻厦机关随军迁往福州。广东日本军部特务机关总部

[①] 参见厦门市地方志办公室、厦门市档案馆编《厦门抗日战争时期资料选编》(上),1986,第 262 页。

在厦门深田路重新组建厦门机关，负责收集闽南地区军事情报并开展策反活动。

1944年底，日本铃木师团本部授意林顶立（国民党军统局厦门直属潜伏组组长）等人在厦门旗杆巷设立铁公馆，作为情报机构。[1] 此外，日本帝国主义还利用在厦门设立的企事业机构开展情报收集工作，把特务活动的触角伸向政治、经济、文化、宗教及伪市政府机构等各个领域，对厦门进行全方位监控。例如全闽新日报社、华南新日报社、旭瀛书院、中华公司、太和菜行等，都是日本的特务机构或与特务活动相关——这些机构或由日本驻厦门军方设立，或由特务情报人员开办，或在内部设立情报站点、派驻特务人员，以此开展全方位情报搜集活动。

日本帝国主义的特务机构以厦门为据点，不仅搜集情报、收买汉奸、离间军民关系，还拉拢收买甚至收编福建内地土匪、民军，企图以"不流血为手段"达到"闽人亡闽"的目的。然而，由于福建军民团结抗战、同仇敌忾，日本帝国主义的阴谋最终未能得逞。

第三节　汉奸浪人群魔乱舞　日伪政权粉墨登台

从日本侵略者的兽蹄踏上鹭岛土地的那一刻起，不愿当亡国奴的厦门人民纷纷逃离家园，有的避走内地、香港，有的远渡南洋。"13日上午10时，一千五六百难民乘坐英国'宝庆'号从厦门逃到香港，15日又有第二批难民一千二三百名抵港"[2]。大多无处可避者，则逃到对岸的鼓浪屿，数万名厦门市民涌入鼓浪屿。1938年5月11日下午，当日军逼近厦门市区时，厦门市政府机关、

---

[1] 参见厦门市档案局、厦门市档案馆编《厦门抗日战争档案资料》，厦门大学出版社，1997，第289页。

[2] 李向群主编《见证：1938厦门——日寇入侵厦门前后报刊史料汇编》，厦门大学出版社，2015，第145页。

团体等撤往鼓浪屿。厦门沦陷后，厦门市政府撤往漳州，在海澄设立厦门市政府办事处。厦门市其他各机构、团体、组织也撤到内地不同地方，各机关、团体人员星散各地。厦门市政府海澄办事处的成立，代表厦门市政府建制的延续，代表厦门市政府仍在行使职能，鼓舞和激励了厦门人民与日本侵略者继续斗争的信心和决心，也让日本侵略者在厦门组织的伪政权处于非法处境。

日军占领厦门后，为了站稳脚跟并巩固统治，当务之急是成立伪政权，作为其对厦门实施殖民统治的工具。已内定担任日本驻厦总领事馆总领事的内田五郎5月19日在台北接受记者采访时放言："皇军占领下的厦门，诞生一个与日本合作、共存共荣的政治组织是不可能避免的。"[1]

成立伪政权需要有能够撑门面的人物。然而，厦门绝大多数政府官员、社会名流、知名绅商等富有民族气节，为避免被敌人利用，在日军占领厦门之前都已远走他乡。当日寇踏上厦门土地时，厦门名流绅商已避走一空，给急需有影响的地方知名人物的侵略者当头一棒，使其"以华制华"的阴谋遭到沉重打击。不得已，日寇只得四处搜寻能供其役使的傀儡。

日本侵略者搜罗、组建伪政权人员的工作，由长期在厦门活动的日本特务泽重信负责。泽重信是厦门日本特务机构的老牌特务，对厦门情况及地方知名人士十分了解。接受搜罗组建伪政权汉奸的任务后，他马不停蹄地在厦门、香港，以及南洋之间奔波，企图诱骗避难在外的厦门有影响的人物回厦，替侵略者支撑门面。但是，厦门地方知名绅商大多具有浓厚的爱国情怀和高尚的民族气节，不为侵略者卖命。泽重信曾在南洋"三请"避难到当地的厦门知名人士洪晓春，都遭到严词拒绝，只得垂头丧气返回厦门。洪晓春原名洪鸿儒，号悔庵，福建同安县马巷（今属厦门市翔安区）人，明朝刑部左侍郎洪芳洲的族裔，曾举孝廉。清光绪年间，洪晓春从同安来到厦门经商，创办源裕商行，早期经营粮食，后逐步拓展业务，兼营信局、进出口贸易、汇兑等。清光绪三十年（1904），厦门商务总会成

---

[1] 李向群主编《见证：1938厦门——日寇入侵厦门前后报刊史料汇编》，厦门大学出版社，2015，第151页。

立，洪晓春先后任商务总会第二届总理、第六至七届会长、第八届副会长、第九至十一届主席；1908年，他兼任厦门教育会会长，还担任过大同小学、民立小学的董事长；1920年，厦门市政会成立，他出任该会第一届董事、第二届副会长、第三届会长。九一八事变后，洪晓春积极投身抗日救亡运动，厦门市商会曾以其名义举办"寿洪援绥"募捐活动。全面抗战爆发后，他带头捐献，动员爱国商人输财救国，支援前线，号召大家"有钱出钱，有力出力，为抗日救亡而奋斗"。厦门沦陷后，74岁高龄的洪晓春不愿当日本"顺民"，流亡海外。起初，他避居香港。由于在厦门颇具声望，日军极想加以利用，特务头子泽重信便在香港找到他，以威胁利诱的手段"邀请"其回厦门担任伪厦门治安维持会会长，遭到洪晓春的坚决拒绝。因不堪日军持续威胁，洪晓春逃往安南（今越南）西贡，日本特务仍跟踪胁迫，要求他回厦门出任伪职，再次被拒。不得已，他又只身逃往新加坡。1941年12月，日军进犯新加坡，他再逃往马六甲，却在当地被日军捕进集中营。日军再次胁迫洪晓春回厦出任伪职，他虽身陷虎穴，仍坚持民族气节，毫不妥协动摇。日军见胁迫无效，转而要求他具名"悔过"，洪晓春以"无过可悔"相答。直到1945年8月日本投降，他才从集中营获释。1946年10月，洪晓春回到厦门，受到厦门各界的热烈欢迎；1947年2月，国民政府为嘉奖其爱国壮举，特颁发"忠贞爱国"匾额。

对厦门知名绅商使尽了威胁利诱的手段却毫无所获，缺少知名人士参与而组建的伪政权，不仅不具有合法性，也没有起码的影响力。这对日本侵略者和泽重信来说无疑是巨大的打击，同时，也意味着他们所希冀的汉奸组织无法成立，所宣传的"王道乐土"和实现"大东亚共荣"幻想还没有着手就失败了。就在日本侵略者手足无措之时，一众失意汉奸和日籍浪人争相投靠。对于日本侵略者来说，这些人不过是跳梁小丑，属于无人品、无能耐、无影响力的"三无"之辈，原本看不上，但此时无奈，不得已将就利用，小丑们也由此获得了登台表演的机会。

早在1938年5月11日厦门保卫战激战之际，因在1937年被驻厦第一五七师打击而逃往上海的包括厦门台湾公会会长林木土在内的一帮日籍浪人即弹冠相庆，并向其日本主子表示祝贺，说什么"还有比这（指日军进攻厦门——编者注）更高兴的事吗？这一天等太久了""希望能早日回去，为厦门的复兴工作"①。日军占领厦门后，失去民族气节的汉奸们都觉得遇到了千载难逢的机会，纷纷从阴暗的角落爬出，沐猴而冠，粉墨登场，充当侵略者的走狗，上演了一幕幕祸国殃民的丑剧。

厦门沦陷后出现的第一个伪组织，是由汉奸领衔的伪复兴社。1938年5月15日，日籍浪人谢得帘、周寿卿、陈学海、张鸣等人与日本人从上海来到厦门，成立伪复兴社，张鸣担任社长。张鸣是福建漳浦人，曾去日本留学，取日本名字六条长明，为铁杆汉奸，长期宣扬"反对国民政府，打倒国民党、共产党，打倒人民阵线"等口号，鼓吹"东洋新道德"，反对"五族融合"。此前，张鸣曾组织成立"复兴社"，自任会长，以打倒国民政府为目标，企图建立亚细亚国际联盟②。因其反动卖国，被国民政府通缉，只好逃匿日本。1938年3月，张鸣窜回上海。日军占领厦门后，张鸣自以为得到实现其野心的机会，在获得日本军部同意后，迫不及待地来到厦门，为虎作伥，干起了祸国殃民的勾当。

在台湾总督府、伪复兴社的策划下，由张鸣等出面召集日籍浪人谢长琪、周友文、洪景皓、卢用川、金馥生、洪范、黄士哲、陈新、许珊夫、黄培元、许世昌、洪立勋、李启芳等人，于1938年6月3日在鼓浪屿召开会议，共同筹备所谓的"厦门善后办法"。次日，一群汉奸成立所谓的"厦门治安维持会筹备处"，任命卢用川为秘书长、肖炳荣为警务科科长，并与台湾总督府警备科科长细川接洽，开始招募警士。6月9日，日本海军大佐绪方、驻厦总领事内田和台湾总督府委派的调查课课长木原等11人，在日军海军陆战队司令部召开会议，成立所谓的"厦门复兴委员会"。参加伪厦门复兴委员会的有台湾总督府调查课课长木原、地方课课长西村、金融课课长山岸、警务课课长细川，日本驻厦总领事

---

① 李向群主编《见证：1938厦门——日寇入侵厦门前后报刊史料汇编》，厦门大学出版社，2015，第141—142页。
② 参见李向群主编《见证：1938厦门——日寇入侵厦门前后报刊史料汇编》，厦门大学出版社，2015，第208页。

内田、副总领事牟田，以及日本军方的三名武官。在厦门伪政权建立之前，伪厦门复兴委员会负责直接与日本军方协商"复兴"厦门的有关事项，成为日本帝国主义统治厦门的临时性、权威性机构。6月12日，伪厦门治安维持会筹备处组织成立财政科，以金馥生为科长。该科成立后即与台湾总督府山岸、盐见两课长接洽财政管理办法。6月14日，张鸣"商请"驻厦门日本海军当局确定伪维持会职员。经日本海军当局认可后，6月20日，伪厦门治安维持会成立，下设外交、财政、司法、警察四部门，日本海军当局指定洪景皓为伪维持会会长，卢用川为秘书长，金馥生为伪财政科科长，肖炳荣为伪警务科科长，谢逸溪为伪司法处主任，陈万里、陈克玮为伪参事，会址设在虎园路。同时，伪厦门治安维持会还设立警察教练所，开始招募警察，设岗执勤；后又陆续增设社会、交通、水警、公卖局等部门，虞永枢为伪交通科科长，施静鸣为伪社会科科长，李自治为伪水警处处长。7月15日，伪厦门治安维持会在厦门中山公园举行成立典礼，挂起不伦不类的"太极旗"，改用"黄帝纪元"（1940年4月6日，为与南京汪伪政府勾结，伪厦门特别市政府通告以"五色旗"为"国旗"，"黄帝纪元"被废除，使用"中华民国"年号）。一众汉奸得偿所愿，分别出任不同伪职。出任伪职的汉奸虽然狐假虎威、趾高气扬，但都自知甘当汉奸、背叛国家和人民的下场，多不敢以真面目面对世人，而以化名出任伪职，如洪景皓化名洪月楷、许世昌化名许竺轩、黄培元化名黄宪章、谢诺濂化名谢逸溪等。

　　伪厦门治安维持会成立后，秉承其幕后主子日本人的意志，开始进行所谓"新厦门"建设。日伪为"繁荣厦门"，制定所谓"复兴厦门"的方案：要大兴土木，让经济活跃起来，给贫民提供工作机会；要建设"日本码头"，供日本船舶停靠；要扩建自来水公司，以满足20万人口使用；要推行沦陷前厦门市政府的城市建设计划；要减税降费；等等。同时，提出了三项措施：一是恢复厦门人口，增加消费；二是诱骗华侨汇款，搞活金融；三是恢复厦门与漳州间的交通，开展商业贸易。然而，现实却给予日伪无情的打击。

　　当日本侵略者登陆厦门后，他们发现占领了一块缺少民众的土地。沦陷之前，厦门是东南沿海相当繁华的城市，经济较为发达，且人口规模也较大。数据

第六章
鹭岛沦陷七八载　暗无天日锁全城

显示，1934年，厦门和鼓浪屿的人口总数不下29.5万人[1]。抗战爆发后，特别是厦门"九三"炮战后，部分市民离开了厦门。日军占领厦门后，大批市民逃离厦门。当日军进入厦门时，他们发现厦门已是十室九空，市面萧条。厦门市区已恢复平稳，在厦门的居民只有平时的十分之一左右，鼓浪屿多出了比居民多五倍的难民[2]，留在厦门市区的也几乎都是无处可去的贫民。而且，日军占领厦门之前来不及撤离厦门的民众，在日军占领厦门后继续想方设法逃离厦门。日军攻占厦门时避居万石莲寺的僧人"文心"，在其题为《友邦协力建设厦门乐土一周年纪念之感言》的媚敌文章中，描述了他目睹的厦门沦陷后的情景："日本海军登陆之际，厦禾群众，均逃走一空，所谓商停于市，士辍于学，农罢于野，工止于业，有屋无人住，有路无人践……20余日之后，余从万石莲寺步返南普陀视察之时，一路所见，城市荒凉，不见行人……寂寞之尘寰，悲惨异常，墙断扉破，户闭垒残，加之炎日如焚，飞鸟不下，鸡犬亡群……呜呼！惨不忍睹矣！"[3]

增加厦门人气是日伪首要解决的问题。为了诱骗鼓浪屿岛上的难民回归厦门居所，日寇也是绞尽脑汁。伪厦门治安维持会一边通过各种手段、途径宣传厦门已成为"王道乐土"，企图引诱逃离的民众回到厦门，一边宣传要实施"王道仁政"。认清侵略者嘴脸的厦门民众，并没有上当受骗。鼓浪屿岛上的难民虽然生活艰苦，但是绝大多数都不愿回到厦门当侵略者的"顺民"。1938年6月8日，日本驻厦总领事馆发出恢复开馆后的第1号通告：本次"事变"中没有撤离而留在厦门（含鼓浪屿）的帝国臣民在15日前向总领事馆报到，没有报到的人将享受不到作为帝国臣民的保护，而且还将受到处罚。1938年6月10日，日军"允许"日籍台人返回厦门。台湾总督府对日籍台人返回厦门的手续给予简化，并给予交通费优惠。6月21日，日军"允许"逃亡到鼓浪屿的厦门民众回归厦门。但是，

---

[1] 厦门市志编纂委员会、《厦门海关志》编委会编《近代厦门社会经济概况》，鹭江出版社，1990，第426页。

[2] 参见李向群主编《见证：1938厦门——日寇入侵厦门前后报刊史料汇编》，厦门大学出版社，2015，第161页。

[3] 厦门市政协文史资料委员会编《抗战时期的厦门》，鹭江出版社，1995，第57页。

厦门民众痛恨日本侵略者，不肯回厦门，甚至连沦陷前撤离厦门的日籍台人回到厦门的也不多。6月30日，台湾总督府外事科科长对外宣布放宽日籍台人到厦门的限制，以前没有到过厦门现在想去的人，"都将被允许"到厦门。7月4日，日本驻厦总领事馆警察署署长清水回到台湾基隆时，对台湾人说："在鼓浪屿避难的1万多名日籍台人（为宣传而胡说，其实没有这么多——编者注）已有800多人返回了厦门，而撤回台湾的人当中，只有250人左右回到厦门，太少了，当地希望日籍台人大量返回，房子等会优先考虑。"① 日本驻厦总领事内田对此也十分不满，在1938年7月9日召开的日籍台人座谈会上说："返归许可发布后已过了1个多月，经了解，返归人数不满350人，我对此相当不满意。"② 为了增加厦门的人气，日本侵略者不仅放宽了日籍台人进入厦门的条件，不再要求之前曾经居住厦门，甚至都顾不上脸面了，开始强迫日籍台人回归厦门，规定"事变（即日军攻占厦门）时撤离的民众应无条件早日全数返回"，且"事变前居住厦门，后撤回台湾的日籍台人，如果现在返回厦门，可获得房子以供商业活动或其他职业使用"③。对于鼓浪屿岛上的民众，日寇一面派汉奸前往鼓浪屿动员市民回厦，一面在厦、鼓之间进行严密防范，对于往返厦、鼓之间的居民实施严厉的检查和限制。从鼓浪屿到厦门的人，须向日本驻厦总领事馆领取证明书，详细填写资料，缴纳1元的手续费，再贴5角的印花，并觅铺保办好"通行证"，才准通行。而从厦门到鼓浪屿，除了同样要交钱、领取"通行证"外，因害怕厦门居民逃离，需要5户人家担保，还规定不得携带任何行李，并且限定仅准在鼓浪屿逗留3小时，不然连铺保一起遭殃④。1938年7月22日，日伪还驱使前厦门台湾公会会长、时任厦门

---

① 李向群主编《见证：1938厦门——日寇入侵厦门前后报刊史料汇编》，厦门大学出版社，2015，第221—222页。

② 李向群主编《见证：1938厦门——日寇入侵厦门前后报刊史料汇编》，厦门大学出版社，2015，第229页。

③ 李向群主编《见证：1938厦门——日寇入侵厦门前后报刊史料汇编》，厦门大学出版社，2015，第224页。

④ 厦门市地方志办公室、厦门市档案馆编《厦门抗日战争时期资料选编》（下），1986，第634页。

台湾居留民会顾问的施范其组织"难民归复团",派人到香港及南洋各地进行宣传,诱骗流亡同胞回厦门。8月10日,日伪以侵厦海军陆战队名义发布公告称"为了加快厦门复兴,至8月31日止,空置房屋或没有正当管理人的房屋将由海军租给一般良民或进行适当处置。冒用国籍悬挂第三国国旗的人,将以军法处置"[1],企图以财产处置相威胁,强迫离厦民众返回厦门。和此前各种措施一样,日伪的这一伎俩也没有成功。直到日军占领厦门一年多后,厦门的人口才稍有增加。但在整个日占时期,厦门人口最多时也不到沦陷前的一半。

表6-1　1939—1941年厦门市人口数

单位:人

年份	男性	女性	合计
1939	43901	44169	88070
1940	50398	51192	101590
1941	55440	58665	114105

资料来源:厦门市志编纂委员会、《厦门海关志》编委会编《近代厦门社会经济概况》,鹭江出版社,1990,第426页。

在"复兴厦门"方面,由于大批民众已经逃离厦门,加上日寇在市区实行"宵禁"和对港口进行封锁,厦门失去了活力,几成死岛。1938年5月27日,厦门沦陷后第一艘轮船——日本大阪商船会社的"香港丸"驶入厦门。此后,台湾总督府的水产试验船"照南丸"到厦门,载来所谓的"救济"物资。6月初,"福建丸"驶抵厦门,载来日本福大公司的水电、制冰工人,其中也包括"女招待",准备对厦门经济进行掠夺。

---

[1] 李向群主编《见证:1938厦门——日寇入侵厦门前后报刊史料汇编》,厦门大学出版社,2015,第247页。

为"繁荣"厦门，日伪采取了各种手段迫令商人复业。但商人以时局不安为由，复业者寥若晨星。碰壁后，日伪竟然异想天开，从"繁荣""花事"着手，大开娼寮妓院，遍设烟馆、赌场，从台湾招选大批台妓，运来大量鸦片毒品，大摆迷魂阵，以此繁荣市面。一时，厦门市区特别是大生里一带乌烟瘴气。

由于日伪政府财政支绌，为维持统治，只得不断进行经济掠夺，增加市民税收，实施物资专卖。例如，成立厦南水产渔业公司，严厉限制渔民在金厦附近的海面捕鱼，又以贱价强迫收买港内渔民的鲜鱼，然后以高价售给市民。除巧取豪夺、极尽搜刮能事外，日伪还怂恿日籍浪人在厦门伪造交通银行、福建银行钞票，扰乱金融秩序。

1938年7月，伪厦门治安维持会为讨好日本主子，还干了两件事：一是将厦门中山公园改名为"厦门公园"，说是"为表示与厦门民众共乐"；二是将厦门中山路改名为"大汉路"，将厦门中正路改名为"小滨路"。其中，"大汉路"意在美化日军侵略，宣称"日军以铁血取得厦门还我汉族，并为我驱除军阀，我当知感，走此路者当饮水思源也"；"小滨路"则是为了纪念在蒙古作乱而死的日本军官小滨大佐。1941年太平洋战争爆发后，英、美对日宣战，他们强迫厦、鼓商人将含有"英""美"字样的招牌一律易名，如"华英"改为"华安"，"同英"改为"同兴"，"美昌"改为"民昌"，鼓浪屿"和记路"改为"维新路"等。

1938年9月15日，伪厦门治安维持会一众汉奸登堂入室，迁入国民政府厦门市政府"办公"。伪厦门治安维持会"维持"了大概半年时间就"维持"不下去了。日伪极力宣传的"繁荣厦门""皇道乐土"没有出现，诱骗民众回厦门的计谋也没有得逞。1939年春节前夕，日寇和汉奸们焦虑不安。为了讨好主子，伪厦门治安维持会的汉奸向日寇建议，撤销厦门岛上"准入禁出"的禁令，企图吸引市民回厦过春节以增加人气。日寇起初拒绝，经汉奸们一再建议，同意解禁三天，允许民众自由出入。让日寇和汉奸没有想到的是，解禁令一下，不管厦门民众还是鼓浪屿民众，都争先恐后从厦门搬运家具到鼓浪屿，结果不但没有吸引鼓浪屿的民众回到厦门，反而厦门民众又走了一大批。无计可施的日寇只得重申厦门

"准入禁出"的禁令，并迁怒于汉奸，认为汉奸"无用"且"不可靠"。在此情形下，伪厦门治安维持会中的张鸣因遭到日寇的猜疑而离开厦门。张鸣的"复兴社"组织自此萎缩，改为办事处，该伪组织逐渐销声匿迹。在张鸣离开厦门的同时，汉奸周寿卿出走，洪月楷也逃跑了。洪月楷通过巴结日本主子好不容易得到会长的宝座，为什么就不当了呢？原来，在受到日寇责难压迫、感到汉奸难当的同时，香港报纸也揭露了洪月楷的汉奸行径，国民政府迫于社会压力拘捕了其在原籍莆田的双亲。两头不讨好的洪月楷被迫抛弃伪职，于11月15日离开厦门逃往香港，并在当地报纸发表《汉奸十不可为》，大谈"做汉奸的痛苦"，表示要改过自新。随后，洪月楷返回莆田投案，营救双亲。

洪月楷出逃后，伪厦门治安维持会一时找不到能充当首领的合适汉奸，不得不由秘书卢用川代行伪会长职务。在伪厦门治安维持会面临垮台之际，大特务泽重信又自告奋勇，四处搜罗可用汉奸，最终将李思贤拉入汉奸阵营。

李思贤为广东新会人，毕业于福建公立法政专门学校，历任广东曲江、番禺和福建龙溪、永定等县审判官，以及福建霞浦、龙溪等县知事。1918年，他到厦门开设律师事务所，并一度担任厦门律师公会会长。在厦门沦陷前全市开展抗日救亡运动期间，李思贤曾伪装出一副爱国抗日的面孔，参加了厦门抗日救亡的一些活动。1938年3月，厦门市各界抗敌后援会改选，他以欺骗手段混入会中，出任该会慰劳工作团团长。在厦门沦陷当天，李思贤逃往香港。在香港，他得知伪厦门治安维持会成立的消息，且昔日同党许世昌受到日寇的重用，内心蠢蠢欲动，为自己逃离厦门而后悔，急忙写信给汉奸许世昌，请其代为引荐。当泽重信到香港搜罗汉奸时，李思贤立即投靠了他。1939年1月11日，李思贤从香港返回厦门，干起了认贼作父、卖国求荣、祸国殃民的勾当，成为厦门抗战期间的第一号大汉奸。李思贤投敌后，极尽谄媚之能事，百般巴结讨好日本主子——从香港回到厦门后的第一件事就是去拜见泽重信，并让儿子李碧唐认泽重信为义父。在日本兴亚院厦门联络部政务部部长原忠一的引荐下，李思贤出任伪厦门司法处主任。随后，在日寇的支持下，李思贤又参与了伪厦门治安维持会会长的争夺。

在争夺伪治安维持会会长过程中，群奸为求上位而丑态百出。李思贤棋高一着，在日寇的扶持下，最终如愿以偿。

1939年3月11日，李思贤就任伪厦门治安维持会会长，并兼任司法处主任，自此开始死心塌地为日本侵略者效力。为呼应北方伪中华民国临时政府、南京伪中华民国维新政府，李思贤将伪厦门治安维持会的旗帜改为民国废旗"五色旗"，并使用"中华民国"的年号，企图借鱼目以混珠。为了让傀儡政权的名义上好听些，1939年6月5日，日本侵略者解散伪厦门治安维持会，由兴亚院厦门联络部另设伪厦门特别市政府筹备委员会。该筹备会由兴亚院厦门联络部政务部部长原忠一等人主持，李思贤任主任委员，卢用川、金馥生、卢永枢、萧炳荣、李自治、林济川、张修荣、李启芳等人分任委员。为对汉奸实施控制，兴亚院厦门联络部派日本人原忠一、小笠原、佐野等人任顾问，开展筹备组建伪厦门市政府的活动。

1939年7月1日，在日寇和汉奸的操持下，伪厦门特别市政府成立，原忠一任首席顾问，李思贤任伪市长。该伪政府下设总务局、财政局、教育局、建设局、侨务局、司法处等伪机构。同时，日伪还设立伪厦门地方法院、伪厦门高等法院、伪厦门特别市警察厅和伪参议室等机构。伪厦门特别市政府根据日本侵略者的授意，代表日本侵略者对厦门进行殖民统治。由于撤出厦门的民国厦门市政府依旧在漳州办公，伪厦门特别市政府无论如何伪装，都不具有合法性，也无法改变其汉奸政权的本质。

同年9月，在日寇的策划下，金门被并入厦门，由厦门管辖，伪金门治安维持会被撤销，改设伪厦门特别市政府金门区公署，由汉奸王廷植、王天和分任正、副署长，实权则掌握在日籍警官武田庆太郎手中。此后，伪金门特别行政区公署副署长也由日本人担任。

1940年1月1日，伪厦门特别市政府为加强对厦门人民的统治，大举强化治安管理，实施户口管理和保甲制度。

3月30日，汪精卫在南京上演"迁都"的傀儡戏，厦门日伪也起而"响应"，伪厦门特别市政府将旗帜改为加有"和平反共建国"三角条的"青天白日满地

第六章
鹭岛沦陷七八载　暗无天日锁全城

红旗"。

尽管厦门的伪组织和一帮汉奸紧跟南京汪伪政府，但实际上厦门伪政权和南京汪伪政府并没有直属关系。伪厦门特别市政府的上级就是兴亚院厦门联络部和台湾总督府。南京汪伪政府曾一再向日本方面提出"交涉"，要求将厦门划归其管辖。然而，日本帝国主义对厦门另有想法，尤其是台湾总督府将厦门视为禁脔，不肯放手。

1941年1月15日，浯屿改隶伪厦门特别市政府，浯屿伪自治会改称伪厦门特别市政府浯屿特别区公署。表面上，伪厦门特别市政府的管辖范围扩大了，但实际统治厦门、金门和浯屿的并不是这些卖国求荣的汉奸，而是兴亚院厦门联络部。1943年3月30日，伪厦门特别市政府改隶南京汪伪政府，其管辖范围包括厦门、鼓浪屿、金门、浯屿及各附属岛屿，设中心区、禾山区、鼓浪屿区、金门区、浯屿区。同日，厦门市被南京汪伪政府升格为直辖市。改隶后，伪厦门特别市政府的主要官员均由南京汪伪政府任命。5月28日，伪厦门特别市政府与日本驻厦总领事馆举行所谓的鼓浪屿租界"交还"仪式，并成立伪厦门特别市政府驻鼓浪屿办事处。1943年6月，伪市长李思贤为表忠心，向南京汪伪政府赠送飞机一架（国币45万元）、国防献金15万元，并亲自送往南京，分别缴交伪国民政府军事委员会和伪国民政府财政部。同年9月，伪厦门特别市政府遵照南京汪伪政府行政改革规划，调整机构设置：将总务局改为秘书处，建设局改为经济局，警察厅改为警察局；财政、教育两局名称不变；另设社会福利局，将侨务局职务暂行归并该局办理；公卖局改为戒烟局，其盐务管理职能划归财政局。1944年3月14日，伪厦门特别市政府撤销鼓浪屿办事处，成立伪鼓浪屿区特别区公署。1945年6月，由于财政困难，伪厦门特别市政府裁撤社会福利局，由秘书处另组第四科，接续办理该局主管事务。

1945年8月15日，日本帝国主义宣布无条件投降。9月28日，国民政府受降代表在鼓浪屿海滨饭店举行正式受降仪式，接受驻厦日军投降。10月3日，厦门市政府市长黄天爵率员接收伪政权，结束了日伪在厦门的殖民统治。

第四节　日寇施暴政　疯狂掠资源

日寇占领厦门后，先后成立伪厦门治安维持会和伪厦门特别市政府，作为其殖民统治的工具。日本侵略者借助这两个伪政权，在政治上进行压迫，经济上进行掠夺，思想上进行奴役。

政治上，日本侵略者以驻厦日军为靠山，以日籍浪人为基础，拉拢一批汉奸、地痞、流氓组建伪政权，全面推行日军在中国沦陷区的殖民政策。为维持殖民统治，日军首先在厦门组建了效忠日本帝国主义的警察机构：1938年6月4日，日本海军当局出面筹划殖民统治警察制度；6月21日，伪治安维持会成立后便开始实施新的警察制度。台湾总督府为此向厦门派遣了一批警察，协助组建起一支由日本人掌权、日籍浪人、流氓地痞为主力的伪警察队伍。8月6日，伪治安维持会开始在厦门实施保甲制度。至1943年，全市（不含金门、浯屿）共设159个保，19个联保，1个保甲联合会[①]。8月16日，伪厦门治安维持会发出布告，在厦门岛实行户口总登记，并向民众颁发所谓的"良民证"，要求随身携带以备检查。

1939年7月1日，伪厦门特别市政府成立后，对此前的警察制度进行改组，组建伪厦门特别市警察厅，行使所谓"治安管理""建设皇道乐土"的职能。在沦陷期间，为镇压厦门人民的反抗，日伪政权不断强化警察力量，推行户口管理条例与保甲制度，实施残酷的法西斯恐怖政策，以户口检查为借口，搜查、逮捕抗日人士及其认为的"可疑"分子，疯狂迫害厦门人民。

经济上，掠夺物资和原材料是日本侵略者发动大规模侵华战争的罪恶目的之一。日寇侵占厦门后，一方面极力鼓吹"复兴"厦门，另一方面大肆掠夺、搜

[①] 厦门市委党史研究室编《厦门市抗日战争时期人口伤亡和财产损失》（上卷），中共党史出版社，2018，第17页。

刮物资。为了防备渔民"图谋不轨",日军宣布封锁港口,不准渔船出海捕鱼,且在港外海区布下水雷,并出动飞机、船艇在港口海面巡逻。厦门向来依赖内地供应生活物资,一旦封锁港口,闽南一带的农、副、土、特产品不能进入,厦门海港亦变成死港,造成厦门市场物资紧缺,民不聊生,百姓怨声载道。为攫取厦门经济的控制权,控制厦门经济命脉,掠夺厦门人民的财富,日寇占领厦门之初即实施了一系列的经济掠夺政策。

一是冻结厦门人民的财产。日寇封锁厦门港口,切断厦门对外物资交流,颁布"搬运物品离厦者以军法处置"的军令,将全厦门的物资冻结。同时,日军在厦门发行日本军票,并以武力强迫其在市面流通。

二是明夺。日寇在所谓"复兴"厦门的口号下,在"皇道""文明"的画皮下,有计划地实施了一系列的抢劫行为。先是标封厦门的企业,接着由日台企业进行瓜分。日资或日籍台资企业、银行,如台湾银行、三井、三菱、大阪、福大等公司纷纷在厦门设立或恢复营业(抗战爆发时停业撤离的公司),对厦门的实业进行明目张胆的掠夺。厦门台湾银行于1938年6月6日复业,依靠日寇势力,抢占厦门的金融市场。日本垄断资本大企业福大公司则迅速侵占了厦门电灯电力公司、自来水公司、电话公司等企业(这三家公司是当时厦门最大、最有影响的公司)。1939年2月,福大公司先是接管商办厦门电灯电力股份公司,并将其改为"日华合办厦门电灯公司"。不久后,福大公司为"扩大"业务,将厦门自来水股份公司侵占,成立"厦门水电公司"。福大公司以同样的方式又侵占了其他公司。日寇为表明自己的"文明",在侵占这些公司时拟定了三条办法:一是将原企业的股份作为中国股份,指定由伪厦门特别市政府代表企业股东进行管理;二是规定日寇的股额要超过伪市政府,且以不支付实际本钱为原则;三是在新组建的公司中,除李思贤挂名董事长外,凡总经理、经理、工程师等职员概由日本人充任。[1] 就这样,日寇不花一分钱就掠夺了厦门的大批企业。"兆和惨案"

---

[1] 参见厦门市地方志办公室、厦门市档案馆编《厦门抗日战争时期资料选编》(下),1986,第430页。

发生后，兆和酱油厂货物悉数被敌伪占夺，日籍台人王飞龙将兆和酱油厂改为昭南酱油公司，公然强占。为控制厦门金融业，日寇授意伪厦门特别市政府中的活跃人物殷雪圃、陈长福、金馥生等人出面组织伪厦门劝业银行，李思贤任董事长，开办存放款、汇兑业务，聘用日籍台人为经理，内部各股主任、行员为清一色的"裙带亲"。1940 年 2 月 16 日，伪厦门劝业银行正式开业，发行 1 角、2 角、5 角、1 分、5 分等 5 种纸币。之后，伪厦门劝业银行又发行 3 万元和 5 万元定额本票，充当货币流通。8 月 1 日，日本兴亚院厦门联络部发布布告，规定厦门区域只准台湾银行券流通。厦门台湾银行成为汇兑、发行钞票的大本营，取代了厦门原来的中、交、农等银行的地位。日本人和日籍台人的企业因为有日籍银行的支持，控制了厦门的商贸活动，如三井、三菱等公司垄断了厦门的进出口贸易，大阪商船公司挤占了大部分的航运业务。华商在厦门难以立足，不少人只好逃往他处另谋生计。1941 年 12 月，日伪宣布，台湾银行发行的银券与中国政府发行的法币的比率为台银券 1 元对法币 400～450 元，同时还规定，在鼓浪屿除日本银行外，各银行客户每天取款不能超过 500 元。1942 年 6 月 5 日，台湾银行发行"新法币"，美其名为"储备券"，规定"新法币"与国民党政府的"旧法币"的比值为 1∶2，强制从 7 月 10 日起在厦门全面流通。7 月 1 日，兴亚院厦门联络部又宣布，于 7 月 10 日全面流通南京伪政府中央储备银行发行的"新法币"，比值为 100 元储备券对 18 元台银券。1943 年 4 月 1 日，又宣布除"台银券""储备券""新法币"外不准使用其他货币，违者治罪。在厦门沦陷时期，日伪共发行伪币 11 亿多元。由于战时厦门港口被封锁，交通阻塞，物资流通受阻，加上日伪当局掠夺物资、滥发伪币，造成物价上涨、民不聊生。此外，日寇还在厦门发行"军票"，强迫市民使用。商人都知道，"军票"其实还不如伪币，形同废纸，为避免更大损失，不得已只好纷纷关门停业。

三是暗抢。厦门沦陷后，为强迫离厦市民回到厦门，也为抢夺厦门人民的财产，日寇授意伪厦门地方法院发出布告，进行所谓的"验契"和登记财产。1938 年 6 月 25 日，伪厦门治安维持会成立房产保管委员会，以"管理"为借口侵占市民房产。7 月 15 日，日军当局发布民房使用规定。逃离厦门的市民，有的因不愿回到厦门当日寇的"顺民",有的因远走南洋、信息不通或路途遥远而无法返回,有的则因有"反日""抗日"嫌疑不敢回厦门。这些人的房产既无法验契,也无法进行财产登记。对于这些人的财产,一部分被日寇用来赏赐协助其侵占厦门的"功臣",其余的则被日伪强行出租,租金除部分被用于维持伪厦门治安维持会经费开支外,大部分被日寇侵占。由于多数业主逃离厦门,日寇和日籍台人争先恐后伪造契证,冒领侵占厦门市民房产,导致抗战胜利后房产纠纷层出不穷。如厦门市区的大中路和思明西路,在厦门沦陷后,大部分楼房被日籍台人强占,沿街都是日籍台人经营的洋行、赌场、咖啡馆、歌舞厅等,当时被称为"日本街"。不久后,日寇更是宣布"凡不登记者,一律充为公产"[1]。在厦门沦陷期间,日伪看中的房产、地产,无不以种种理由予以"征用"。如在禾山,日本"共荣会"首先攫取乌石浦、洪山柄、澳仔、宝旭等农场。接着,兴亚院厦门联络部以建飞机场及"实验农作区"为名,强征了禾山农场及高崎、庵兜、下忠、高林、湖边等大片土地,禾山土地三分之二以上被日寇和日籍浪人侵占。1940年6月,为建造军火储存所、兵营及仓库等,兴亚院厦门联络部命令伪厦门特别市政府收买市区土地。伪厦门特别市政府迫于主子命令,以建"化学工厂"为名,强行征用并拆除了厦港民生路、碧山路、大学路等处的大片房屋;日伪还宣布晨光路、虎头山脚要建营房,所有土地被"收买";沙坡尾、大桥头要建船坞,土地全部充公。此外,日伪还借口旧厦门海军司令部将倾,应拆卸;大悲阁将倒,须撤毁。[2]只要能掠夺的,日伪皆巧立名目,无所不用其极。

为保障侵华战争和维持殖民统治所需的庞大经费开支,日伪在厦门横征暴敛,大肆征收各种苛捐杂税。伪厦门特别市政府财政局下设4个税务分所和1个契税局,以剥削民脂民膏,所收税费包括房铺税、入口税、印花税、户口捐、清洁捐、钱粮、手续费、牌照费等。此外,还有名目繁多的罚款。

---

[1] 厦门市地方志办公室、厦门市档案馆编《厦门抗日战争时期资料选编》(下),1986,第435页。

[2] 厦门市档案局、厦门市档案馆编《厦门抗日战争档案资料》,厦门大学出版社,1997,第394页。

由于日伪的疯狂掠夺与战时封锁，厦门港口瘫痪，财匮民困，粮食供应陷入严重危机。为解决厦门岛上的日常生活物资来源，日伪派遣日籍浪人潜入惠安、晋江、漳州等地，勾结流氓、地痞，贿赂嵩屿、港尾等沿海哨卡官吏，收购家禽、家畜、蛋品和水果蔬菜，以小船乘夜装运出海，先驶向鼓浪屿，再绕道走私到厦门。日伪还策划内地的奸民进行走私，将内地农副产品运到厦门，同时向内地输送鸦片、吗啡等毒品及少量工业品。在厦鼓与内地沿海的走私过程中，形成了一条特殊的走私渠道——"漳鼓交通船"。在初期的走私过程中，厦鼓和漳州间的走私奸民和日军事先约好联系信号，如日军在虎头山上打开探照灯，走私船发现信号，即靠泊到日军停在海面的小艇边，由小艇拖到厦门完成交易。由于走私以小船运载，载货量有限，满足不了厦门市民对生活必需品的需求。于是，日伪允许所谓第三国籍民（指中、日两国以外的美、英、法、葡等国）申请牌照（由日本兴亚院厦门联络部颁发），使用自备汽船或帆船，悬挂第三国国旗，与国民党统治区开展贸易。由于抗战意志不坚定和腐败问题严重，国民党地方军政当局以外销农产品和争取外来物资为由，同意发给第三国籍民船只往来许可证件，由此，形成了厦、漳战时特殊的贸易方式。这种敌我双方默认的航行于沦陷区和"国统区"的船只，被称为"交通船"。据当时报纸报道：自1939年9月至1940年4月，厦门进口货物2000万元，出口土产仅100万元，入超20倍；1940年4月，厦门进口货值3339779.5元，出口货值427825.5元，入超近300万元。[①] 由于有利可图，走私活动日益猖獗，走私物资范围不断扩大，大米、毒品等都被公开走私。随着这种走私"交通船"的增多，一批日伪的情报走私船也混迹其中，特务、间谍活动也越来越频繁，引起了国民党军政当局上层的重视。1940年6月，福建省军政当局封锁漳鼓交通；10月，禁止属于敌伪情报机构的"交通船"通行，并加强搜查检查，一度异常猖獗的走私活动受到抑制。太平洋战争爆发后，漳、鼓间的"交通船"停航，导致闽南农副产品滞销，内地物资供应中断。后经

[①] 厦门市地方志办公室、厦门市档案馆编《厦门抗日战争时期资料选编》（下），1986，第445页。

第六章
鹭岛沦陷七八载　暗无天日锁全城

第二十五集团军总部呈奉第四战区司令长官核准，"交通船"恢复通航。

尽管厦门物资紧缺、民不聊生，但是日寇并没有减轻掠夺力度，反而变本加厉，加强对市场的控制，以榨取更多的民脂民膏。1940年4月10日，日伪宣布对市民日常生活必需品进行经营统制，在全市设立中央大卖场、家禽市场、消费市场三大市场。同年10月1日，中央大卖场正式运营，凡生活必需品如蔬菜、水果、家禽等的生产者，必须把产品运到该大卖场，由"买主"统一收购。"买主"由伪厦门市政府市长指定，其中日本人3人，日籍台人33人，华人24人。"买主"将物品转卖给消费市场上的"小卖人"，再由"小卖人"将物品卖给市民，层层加码盘剥，市民苦不堪言。渔业方面，日伪成立全闽水产公司，垄断水产品的经营，以低价强购渔民水产品，部分供给日军，部分运往他处牟利，仅少量投放市场，以高价售卖。在农村，日伪对农产品实施统制，由日伪低价统一收购农产品，禁止农民自行运销。更有甚者，连肥料（粪便）也没有放过。日伪警察厅禁止自由运输肥料（粪便），要由他们组织的"肥料配给组合"雇人在市区收集，然后加水稀释，高价出售。后来，日伪又设立所谓的"经济统制会"，对厦门的重要物资进行登记并强制低价收购，再转手卖给日本人及日籍台人。

太平洋战争爆发后，各国对日本进行封锁，造成厦门物资供应越来越困难。1942年7月，鼓浪屿开始实施粮食配给制度。12月，伪厦门特别市政府宣布实行粮食专卖制度，以控制粮食市场。日伪实施的粮食配给制，不论男女老幼，每人每月定量供给粮食。随着厦门经济状况不断恶化，粮食配给量持续递减。起初，每人每月有30市斤米，日伪按区域指定一家粮店进行专卖，住户按区域到指定的粮店购买；不久后就开始减少供应，改为24市斤，又逐渐递减为18市斤、12市斤、8市斤，后来越来越少，到1945年初，每人每月只有2市斤。[①]在实施配给制的过程中，华人和日本人、日籍台人是被区别对待的，日本人和日籍台人的配给量始终多于华人，当华人每人每月只有2市斤时，日本人有24市斤，日籍

[①] 参见厦门市地方志办公室、厦门市档案馆编《厦门抗日战争时期资料选编》（下），1986，第714页。

台人有 17 市斤，甚至日本人的狗每只每月也有 12 市斤。日寇在厦门农村实施和市区一样的计口授粮制。日伪配给华人的米，不仅量少、价高、质差，而且每月领取配给米时，还要遭受日伪人员的刁难和折磨。在市民生活无法维持之际，汉奸李思贤甚至公然说"'政府'并无维持配给米的必要"。日伪实施的这一制度，造成厦门民众不论贫富都难以维持生活，小商小贩为维持经营只得不停向日伪申请配给粮食，连日伪组织因业务或工程等原因临时增加人员时也要申请增加配给。因为缺乏食物，许多市民被迫以野菜、树叶充饥，因饥饿、水肿而死亡或自杀者众多，自杀事件"日有数起"。由于港口被封锁，厦门不仅食物缺乏，连柴炭也供不应求。为解决燃料问题，山上的树木被砍光了，日伪就到处拆屋取材，甚至连墓地的棺材板也被挖出来当柴烧。1945 年六七月间，厦门经济状况进一步恶化，物资供应更加困难，日寇采取了更加残酷的手段，在全市拘捕富人、登记平民、驱逐贫民，大批贫民被迫内迁海沧、石码等地，数千难民滞留当地等待救援安置。

　　日军占领厦门后，市民外逃，百业凋敝。为"繁荣"市面，也为尽可能地掠夺厦门人民的财富以弥补财政亏空、解决军费困难，日伪鼓励日籍浪人开设烟、赌、酒、娼等场所，对民众进行毒害。

　　为全面"毒化厦门"，日寇实行烟毒经营公开化。1938 年 6 月，日本海军陆战队司令部即指派日籍浪人林济川设立"公卖局"（后由兴亚院厦门联络部控制），实行鸦片和食盐公卖。林济川为台湾台中人，毕业于日本明治大学商科，精通日语，日寇进攻厦门时奉命随军来厦，协助实施经济掠夺。"公卖局"成立后，日本海军司令部特务大队长某中佐授意汉奸陈长福、蔡培楚出面拉拢一批奸商，先后开设福裕、福和、福庆（后改称"福隆"）三家鸦片公司，公开从事鸦片贩卖活动。1939 年，林济川依靠日寇淫威，强迫金门农民扩大罂粟的种植面积，以供给制作鸦片的原料，金门农地的五分之一因此被占用。林济川、陈长福等十人合股组成的福裕公司，是当时厦门规模最大的鸦片贩卖机构，其制造的鸦片月产量最高达数万两。这些鸦片除在厦门本地销售外，还和国民党军政人员、汉奸

第六章
鹭岛沦陷七八载　暗无天日锁全城

串通，通过当时往返内地的"交通船"，以鸦片套取粮食。日本驻厦领事馆警察署禾山警务分团团长林身、汉奸吴友谅等从高崎贩运鸦片到同安、泉州一带套取粮食。在厦门，除福裕、福和、福隆三个贩毒大本营外，日寇还大量开办鸦片二盘商、三盘商。由于有利可图，大批日籍浪人卷土重来，重操贩毒旧业，导致厦门烟馆遍地。当时，厦门每5家商户就有1家是烟馆，兼营售卖吗啡、白面、海洛因等毒品[1]。沦陷期间，厦门物资匮乏，日伪银行发行的伪储备券不断贬值，鸦片于是成为市场上最走俏的投机"商品"，甚至被部分居民当作保值手段，厦门因此成为鸦片泛滥之地。日寇是贩卖鸦片的大老板，而日籍浪人、国民党政府的一些无良官僚、特务及地痞流氓则成了日寇鸦片公司的销售员，厦门民众深受其害。

赌博合法化，是日寇祸害厦门人民的又一恶行。赌博一直是日籍浪人在厦门经营的主要业务。日军占领厦门后，经济衰败、市面萧条，为粉饰"繁荣"，日伪对经营赌博活动实行合法化，造成赌场遍地开花。为"赌化厦门"，1939年6月、10月，在日寇的授意下，大千娱乐场、兴南俱乐部先后在厦门思明南路、晨光路开业。大千娱乐场组建于1939年6月，由日本兴亚院厦门联络部扶持，日籍浪人何金涂任董事长，主要股东有日籍浪人陈春木、林清埕以及汉奸李文学、王盛典等人，以经营赌博和色情业务为主。由于利润丰厚，1940年大千娱乐场改组时，日籍浪人林济川、金馥生等都成为其股东，伪厦门特别市政府则坐享利润分成。1941年，伪厦门特别市政府从大千娱乐场收税80多万元。兴南俱乐部是在日本驻厦总领事馆授意下开办的，1939年10月开始营业，经营赌博、色情业务，还播放日本电影、发行亲日刊物，也是日本侵略者的情报联络据点。大千娱乐场和兴南俱乐部不仅是祸害厦门人民的魔窟，也是敌酋、汉奸等寻欢作乐的场所。此后，日伪又在厦门港开设民生、大生、金良三家大赌场，在禾山开设江头、何厝、曾厝垵三家大赌场。

开设妓院是日伪迫害厦门人民和粉饰殖民统治的另一手段。日军占领厦门后，

---

[1] 参见厦门市档案局、厦门市档案馆编《厦门抗日战争档案资料》，厦门大学出版社，1997，第393页。

从日本与台湾地区招来大批妓女，大肆开设妓院，以此毒化市民、诱骗侨客。一时间，厦门妓院泛滥，出现"妓女多于嫖客"的畸形景象。根据1941年伪厦门特别市政府公布的数据，全市妓院有137所，妓女总数1300多名，这还不包括私娼。[①] 日伪无力发展经济，只好在"毒、赌、黄"上下功夫。日伪开设的大千娱乐场、兴南俱乐部是"毒、赌、黄"的大本营，提供"一条龙"服务。为促进淫业，使厦门市民精神颓废，日伪当局还举办所谓"花选会"。例如，1941年4月，厦门日伪当局举办了一场"花选会"，由投票者在舞女中选出"舞后"，在女招待中选出"花后"，在妓女中选出"花魁"，并在报纸上大肆宣传。参与投票的都是日本人、日籍浪人及汉奸、流氓、地痞等败类。

　　日寇的盘剥掠夺，给厦门人民造成极大的苦难。为了争夺利益，日寇、汉奸彼此之间也上演了一系列狗咬狗的滑稽戏。如在争夺伪厦门劝业银行行长过程中，汉奸黄莲舫赔上了性命。黄莲舫原籍漳州，毕业于北京实业专门学校，被清廷赐二等举人，授七品京官，任礼部郎中。1913年，黄莲舫回漳州，历任汀州府尹，漳州暨南局副局长、建设局局长，龙溪师范学校校长，龙溪县财务委员会委员长，禁烟委员会委员长等职，也算得上是漳州绅士。后来，他勾结日籍浪人"十八大哥"林木土、陈长福等在漳州非法开办农场，并恃日籍浪人势力为非作歹。1938年5月，厦门沦陷后，黄莲舫举家逃往鼓浪屿，与汉奸周寿卿、卢用川等人秘密组织伪维持会。他四处钻营，向日寇摇尾乞怜，并密赴南京寻求汪伪政府高官帮助，企图谋取伪厦门治安维持会会长职务，但因"奸望"不够，未能如愿，只好暂居鼓浪屿。由于黄莲舫铁了心要当汉奸，于是勾结漳州败类，于1939年夏组织伪福建救乡会，怂恿日军进攻漳州，并表态愿意在向导、内应上提供帮助，且预先组织伪漳州维持会，自封伪会长[②]。因日军无力进攻漳州，黄莲舫大失所望。伪厦门特别市政府成立后，他在汉奸、伪汕头市政府市长周寿卿引导下投靠日寇，出

[①] 参见厦门市委党史研究室编《厦门市抗日战争时期人口伤亡和财产损失》（下卷），中共党史出版社，2018，第578页。

[②] 厦门市档案局、厦门市档案馆编《厦门抗日战争档案资料》，厦门大学出版社，1997，第474页。

任伪厦门特别市政府参议员。1939年冬，日伪为实施收买华侨的阴谋，授意其组织伪华侨俱乐部和伪华侨公会，并任主席。自此，黄莲舫不遗余力地为日寇效命。日寇以其志可嘉，又令其组建伪厦门建设公司，并任董事。过了不久，日寇又封其为"筹备主任"，令其筹组"厦门劝业银行"，并内定其为"行长"，以酬其奸志。但"行长"之职是一肥缺，竞争激烈。竞争者中尤以一名日籍浪人有优势且志在必得。日寇为避免汉奸之间的竞争对其不利，便暗示该日籍浪人可自由处置。得到暗示后，这名日籍浪人随即组织手下，于1940年1月8日傍晚，在鼓浪屿漳州路口暗杀了黄莲舫。黄莲舫被刺杀后，日军海军要求工部局警察缉捕案犯，并要求伪厦门特别市政府警察厅进行搜捕，一批无辜民众被日伪逮捕并遭受酷刑。日本驻厦总领事馆借题发挥，诬陷鼓浪屿工部局无力维持治安，强迫其增加日籍警察。工部局迫于压力，不得不同意。黄莲舫为日寇效力，可谓死心塌地，却落得个惨遭暗杀的结局。而那位日籍浪人费尽心思，结果也是竹篮打水一场空。伪厦门劝业银行行长一职，最后落到了厦门头号汉奸李思贤头上，真是荒唐至极。

在政治上残酷压迫、经济上疯狂掠夺的同时，为达到长期奴役厦门人民的目的，日寇丧心病狂地实施了一系列破坏中华教育、文化的措施，在思想上、文化上对厦门人民实施了野蛮奴役。

首先，日寇疯狂摧毁厦门文化根基。进攻厦门时，日寇炸毁了厦门大学生物学院、化学院，以及众多中小学校舍和文化机构。占领厦门后，日寇将厦门各中小学的图书仪器劫走，分装40余箱运往台湾，后又将厦门各图书馆的全部珍贵藏书变卖一空，使厦门的文化事业遭受空前浩劫。厦门的文物古迹也难逃厄运：中山公园内镌刻有孙中山先生《建国大纲》的纪念碑被磨灭字迹；宋代抗元英雄陈文龙祠被夷为平地；禾山五通宫旁"此地曾迎天子辇"的石碑也遭到破坏。此外，在汉奸的协助下，厦门许多设施被破坏或篡改，如厦门中山公园被改名为"厦门公园"，中山路被改名为"大汉路"。

其次，实施奴化教育。日寇占领厦门后，厦门岛上未撤离的各中小学校全部被关闭。为配合日寇实施奴化教育、培植亲日分子，伪厦门治安维持会与台湾总督府沆瀣一气，成立伪教育局，任用大批日本人为视学官，以推行皇民化教育为导向，实施一系列具有浓厚殖民色彩的教育措施，包括在厦门筹办日本小学，重开旭瀛书院，组织编写《日语捷径》和《日语教科书》等日文学习材料，在各学校开设日语课程，广泛开展奴化教育。1938年8月1日，日本厦门东本愿寺和尚神田惠宪开办第一所日语讲习所。9月1日，厦门日本小学和旭瀛书院开学。10月1日，厦门市立第一小学开学。1939年9月14日，第一所中学——厦门市立第一中学开学。此后，日伪将私立闽南女子中学改为市立第一女中，又陆续开办了几所小学和幼儿园。厦门沦陷后，大批厦门市民进入鼓浪屿，造成人口激增，学校数量大量增加。由于学生激增，所有学校和幼儿园都极度拥挤。1942年2月，伪厦门特别市政府教育局接管了鼓浪屿岛上的学校，英华中学被改为市立第二中学，毓德女子中学被改为市立第二女子中学，闽南职业学校与福民小学被合并改为第三小学，养元小学被改为第四小学，英华校友小学被改为第五小学，怀德幼师附设幼稚园被改为市立鼓浪屿幼稚园。1934年，厦门有大中小学94所，在校学生17000多人，而厦门沦陷后，学校最多时也只有20所，在校生仅为11000多人。

表6-2 1934年厦门和鼓浪屿学校概况

学校类别	学校数/所	学生数/人
私立大学（已注册）	1	500
省立中学	2	2600
私立中学（已注册）	15	
小学、幼儿园	9	13900
私立小学（已注册）	58	
市立和私立幼儿园	9	
总数	94	17000

资料来源：厦门市志编纂委员会、《厦门海关志》编委会编《近代厦门社会经济概况》，鹭江出版社，1990，第423页。

表 6-3　1941 年厦门市立中小学幼儿园概况

校别	开办时间	教职员/人	学生数/人
第一中学	1940 年 9 月	24	209
第一女子中学	1940 年 2 月	17	95
第一小学	1938 年 10 月	21	897
第二小学	1938 年 10 月	17	855
第三小学	1938 年 12 月	14	555
第四小学	1938 年 12 月	28	802
第五小学	1939 年 11 月	13	487
第六小学	1939 年 11 月	14	508
鼓浪屿普育小学	1939 年 9 月	18	555
江头小学	1938 年 2 月	98	189
何厝小学	1939 年 12 月	5	159
殿前小学	1939 年 12 月	6	179
水源小学	1940 年 12 月	5	174
双涵小学	1941 年 3 月	5	180
坂上小学	1940 年 12 月	3	152
洪山柄简小	1940 年 12 月	2	92
湖边简小	1940 年 12 月	2	115
田头简小	1940 年 12 月	4	146

（续表）

校别	开办时间	教职员/人	学生数/人
湖里简小	1940年12月	2	103
幼稚园	1939年11月	8	163
合计		306	6615

资料来源：厦门市地方志办公室、厦门市档案馆编《厦门抗日战争时期资料选编》（下），1986，第565—566页。

表6-4　1942年厦门和鼓浪屿学校概况

学校类别	厦门 学校数/所	厦门 学生数/人	鼓浪屿 学校数/所	鼓浪屿 学生数/人	总计 学校数/所	总计 学生数/人
男子中学	1	400	1	700	2	1100
女子中学	1	100	1	150	2	250
小学	16	7000	5	2750	21	9750
幼儿园	1	150	1	200	2	350
合计	19	7650	8	3800	27	11450

资料来源：厦门市志编纂委员会、《厦门海关志》编委会编《近代厦门社会经济概况》，鹭江出版社，1990，第425页。

厦门沦陷期间，由于各学校多数教师逃离厦门，师资缺乏，加上沦陷后各学校风气不好，管理不善，造成教育质量低劣。日伪对学校的教育控制非常严格，各学校的主要职位均由日本人担任，其次为日籍台人，再次是一些汉奸走狗，且在每个学校都派有日本人担任"视学官"。日伪学校采用的教科书多为汪伪教育部编写，日语成为学校的必修科目之一，每校都派有一两名日语教师（有的是日籍台人），学校每日有 1 小时日语课。为培养有利于日伪殖民统治的"顺民"，中文教学内容大多选取儒家经典，企图以此禁锢学生思想并拉拢旧知识分子。此外，日伪学校还公开对学生灌输亲日思想及反对抗战思想。同时，为实施奴化教育，日伪大量设立日语讲习所、日语补习学校，仅 1939 年一年就在厦门设立各种日语讲习所 30 所[①]，最多时达到 44 所。由于日语讲习所过于泛滥，1940 年 10 月，日伪对其进行了"整理"，有的并入学校，有的则停办。"整理"后的日语讲习所仍有 21 所（厦门市区 13 所，市外 7 所，鼓浪屿 1 所）。[②] 日语讲习所设立后，日伪强迫厦门市民入所学习，即使店员、小贩也不能例外，日伪规定每家商店必须有一两个人能讲日语。但由于市民、学生的抵制，日伪希望取得的效果几乎为零。

面对日寇的魔掌，爱国人士和学生们最常用的对付方法是采取不合作的态度。例如，日寇为宣扬侵略行为，将每月 9 日定为"大东亚战争纪念日"，并明令每月 9 日都要举行所谓"纪念大会"。由于遭到爱国师生的抵制，每当"纪念大会"举行之时，日方都需派遣日本士兵、日警和汉奸到场监视。当会上唱伪市歌和伪国歌时，全场学生一片安静，只能听到乐队的演奏声。日寇对此暴跳如雷，责令伪督学严命各学校校长设法"加强管理"。学校迫于压力，不得不组织"导唱团"；学生迫于校令，不得已而服从。尽管如此，情形并未有多大改观。集会时，每当台上主持人高喊"大日本帝国万岁"时，台下仅有少数日本人附和；学生们不得已之时，则把"大日本帝国万岁"喊成"大日本帝国犯罪"。而当喊"中华民国万岁"时，全场则欢声雷动。游行时，学生们都耻于手持日本旗或伪国旗，不得已而持之者，也是卷折而握，不让它展开；一旦散场，地上便满是日伪旗帜。日寇占领新加坡后，厦门仍被强令举行游行，学生被迫参加。当游行队伍经过日本驻厦总领事馆时，日本人和日籍台人手持棍棒高呼"万岁"，而学生们则全然

[①] 参见福建省档案馆编《日本帝国主义在闽罪行录（1931—1945 年）》，福建人民出版社，1995，第 61 页。
[②] 参见厦门市地方志办公室、厦门市档案馆编《厦门抗日战争时期资料选编》（下），1986，第 568 页。

不予理睬并跑步通过，即便遭受殴打也绝不附和。

在实施奴化教育的同时，日伪还采取一系列措施推广殖民文化：针对老年人设立"读经会"，针对青年人设立"鹭江青年会"，针对僧侣成立"闽南佛教会"；办日文报纸，开日语广播。日伪通过多种手段，对厦门民众实施全方位的文化侵略。

1938年9月1日，厦门东本愿寺住持神田惠宪出面组织成立伪大乘佛教青年会，宣扬中日"共存共荣"，鼓吹"消除国际相杀之祸，而谋共存共荣之福祉"。12月21日，伪大乘佛教青年会在伪厦门治安维持会社会科举行改组会议，更名为所谓的"大乘佛教会"。1939年1月28日，"大乘佛教会"在中山公园内的妙释寺念佛堂召开第一次会员大会。改组后，其总部设在妙释寺，下设总务、组织、教化、社会事业、妇女、青年等6部，并在局口街、民生路和鼓浪屿洋墓口等处设办事处；1941年4月，又在金门设立分会。在日寇对厦门实施文化侵略的总体方针下，"大乘佛教会"开展了一系列包括举办日语讲习所、开办夜校等在内的侵略活动。

1938年10月3日，一帮日籍浪人打着"中日亲善"的旗号，纠集一批无良侨民及汉奸在中山公园（当时被改名为"厦门公园"）成立"共荣会"。该会内设"教化事业"和"社会事业"两组，并设有"共荣会馆"。教化事业组的职责是向厦门民众灌输日本文化，实施精神麻醉，如经常播放"日华亲善"电影、开办日语讲习班、强制学习日文等。社会事业组则以所谓的"慈善事业"为幌子收买人心，如在禾山创办农场，向农民施舍小恩小惠，让农民接受其麻醉教育。在日本驻厦总领事馆和台湾总督府的支持下，"共荣会"迅速成为日本对厦门进行文化侵略的核心机构，统领福民俱乐部、东本愿寺、鹭江青年会、大乘佛教青年会、旭瀛书院、国际情报社、文艺协会等众多文化侵略组织，势力不断扩张，还先后在海南岛、广州、汕头，以及泰国曼谷等地设立分会。1939年3月27日，"共荣会"经营的"共荣会馆"开业。9月初，"共荣会"的总部从厦门迁往台湾总督府内。1940年9月，为培植亲日分子，"共荣会"在厦门创办夜校性质的"共荣学院"，该校于10月15日开学，分两年制本科和一年制特别科。

第六章
鹭岛沦陷七八载　暗无天日锁全城

1938年11月1日，为收买厦门青年，"共荣会"授意成立了鹭江青年会，特务头子泽重信被委任为理事长。该会打着"团结与融洽厦门青年，而陶冶其品质之向上"的旗号，标榜"研究东洋文化"，企图诱骗、拉拢厦门青年加入其中。但是，厦门青年并不上当，只有少数在伪政府及组织中任职的人加入。为了面子上好看，日伪政府强迫所有小学教师加入该会。由于未能达到侵略者的目标，不久之后，鹭江青年会被并入由大汉奸李思贤自任团长的伪厦门青年团。

日寇还充分利用广播、报纸对厦门人民进行愚民化和精神麻醉宣传，大肆宣扬"中日亲善""共存共荣""经济提携"等谬论，向外界传递虚假新闻，混淆视听，麻醉人民。日寇在厦门设有多家新闻通讯社，包括同盟通讯社厦门支局、台湾日日新报社厦门支局、大阪每日新闻社厦门通讯部、东京日日新闻社厦门通讯部、朝日新闻社厦门通讯部、读卖新闻社厦门通讯所等。日伪在厦门出版的影响较大的报纸有两份：一份是《全闽新日报》，该报创办于1907年，1937年8月被第一五七师勒令停刊。同年10月金门沦陷后，该报在金门继续出版；厦门沦陷后，又卷土重来，并强占了厦门星光日报社的资产，于1938年6月4日在厦门恢复出版。1941年10月26日，泽重信被刺杀后，该报日渐衰落。另一份是《华南新日报》，其前身是1938年9月1日创办的《复兴日报》。《复兴日报》是伪厦门治安维持会成立后，为配合日寇推行殖民文化、开展欺骗宣传而创办的机关报，黄勇公任社长，张晋、林谷掌管编辑。1939年7月1日，为配合伪厦门特别市政府成立，《复兴日报》改名为《华南新日报》。此外，还有其他一些持续时间长短不一的报纸，这些报纸全是日寇的御用工具。在这些报纸上，言论荒谬、黑白颠倒：鼓吹歪曲的"和平"，公然反对中国人民的抗战，竭力宣扬日军的所谓"武德"；报上的"电讯"全是清一色的"同盟社电"，通篇充斥着鼓吹日军"战果""大捷"的虚假宣传；"评论"则是一些东拉西扯或是拍日本人马屁的废话；"副刊"上则全是一些"厦门文坛健将"谈论风花雪月的"大作"，或是编辑们无聊的"笔战"。而对日方不利的消息，这些报纸则只字不提。例如，1945年8月，日寇投降的消息已在民间传开，这些日伪报纸却仍在刊登日军"胜利"的谎言；8月15日，日本政府宣布无条件投降，《全闽新日报》当天便停刊了，其停刊通告谎称"今日来电不明，暂行停刊一日"，实是不敢正视投降的事实罢了。

厦门沦陷后，厦门广播电台被日军强占。1938年8月15日起，日伪对厦门广播电台进行所谓"整顿"，实则严格控制广播内容，每天除了播放"皇军"胜利的荒诞新闻，便是转播东京、南京的广播及宣扬殖民思想的靡靡之音。太平洋战争爆发后，日寇进一步加强对广播的控制。1942年12月，日本驻厦总领事馆发布《取缔无线电信、电话和收音机规则》，强化对收音机等设备的管制——厦门市民的收音机必须接受日寇的检查，短波机一律禁止使用，长短波两用机则被强制拆除短波装置，导致市民对外界的真实消息全然不知。此外，日伪还经常组织战争新闻影片巡回放映，向厦门市民宣扬"皇军"的所谓"战果"。

第七章

爱国志士杀敌锄奸　厦门军民痛击侵略

第七章

爱国志士杀敌锄奸　厦门军民痛击侵略

日寇侵占厦门的7年多时间，是厦门历史上最为黑暗的时期。在国家民族危难之际，具有反侵略传统的厦门人民义无反顾地投身抗战，以不同的方式打击侵略者，给日本侵略者和卖国求荣的汉奸以沉重的打击，涌现了许许多多可歌可泣的动人事迹，在近代中国反帝反侵略史上写下了悲壮的篇章。

第一节　热血英雄舍身歼敌　日寇汉奸闻风丧胆

日寇虽然凭借强大的军事实力一时占领了厦门，但无法磨灭厦门人民爱国爱乡的意志。从日寇踏上厦门土地的那一刻起，就陷入了民众反抗侵略的汪洋大海。面对野蛮残暴的日寇和助纣为虐的汉奸，为保家卫国，厦门爱国志士毫不犹豫地拿起武器，投身到抗击敌寇的战斗中。在艰苦的抗战岁月里，厦门人民反抗日寇统治的活动始终没有停止，涌现出一大批爱国志士。他们中既有国民党军将士、政府敌后工作人员，也有普通爱国青年；有的成组成队，有的与闽南驻军配合，有的单枪匹马，通过开展抗日宣传、杀敌锄奸、焚烧日伪机关等方式打击日伪势力——如欧阳彩云、张丽玉潜伏日伪机构搜集情报而牺牲，黄祖钦为不让藏书被日寇劫夺，毅然火烧图书馆后被囚禁，吴星来因从事抗日活动被日寇残忍剖腹，等等。

1938年8月13日是上海"八一三"抗战纪念日。当晚10时，厦门浮屿爱国青年20余人在市区集中进行演讲，随后沿开元路游行，沿途散发传单，高呼"打倒日本""杀尽东洋强盗""中华民国万岁"等口号。

10月19日晚，留厦爱国青年向日本特务机关报全闽新日报社投掷炸弹2枚，其中一枚爆炸，炸毁报社部分房屋，致使敌伪3人受伤。社长泽重信因外出，侥幸逃过一劫。

在日本占领鼓浪屿之前，许多抗日志士为躲避日伪的搜查抓捕而藏匿于此，鼓浪屿成为厦门抗日志士的集结地。每当电影院在晚间放电影时，常有人高呼"打倒日本帝国主义""歼灭倭寇""中华民族解放万岁"等口号，引起日伪当局的极大不满。为抓捕活动于鼓浪屿的抗日人士和诱骗岛上的民众回到厦门，日伪想尽办法却收效甚微，遂派出大批汉奸到鼓浪屿进行欺骗宣传。那些受日寇指使的汉奸，不时遭到爱国人士的惩治。1939年，有一名汉奸在鼓浪屿日光岩上替日寇宣传，引起在场民众愤怒，被打得半死，最后被推下日光岩摔死。另有一名女汉奸假借传道之名，从厦门到鼓浪屿演讲。演讲中，她公然拿出日本"膏药旗"，替日寇宣传起来。这一无耻的行为激怒了众人，民众高声喊"打"，顿时对其拳脚相加，"膏药旗"被撕破摔在地上，女汉奸也被打死在"膏药旗"旁边。[①]

在爱国志士的持续袭击下，日寇疲于应对，不得已向台湾总督府寻求支持。台湾总督府派出300多名警察来厦门增援日寇。

1942年5月18日，为摧毁敌伪用于麻痹民众的娱乐场所，爱国志士制造了思明戏院爆炸案。厦门思明戏院由华侨曾国办、曾国聪于1927年投资兴建，是当时厦门首家既能放映电影又能演出戏剧的戏院。厦门沦陷后，该戏院被日寇掠夺，改名"鹭江戏院"，由"共荣会"包办，成为侵略者麻醉市民、粉饰太平的工具，爱国人士恨之入骨。当日，鹭江戏院租到华美公司的悲剧影片《断肠花》，准备上映。为招揽看客，戏院在《全闽新日报》《华南新日报》以及街头巷尾大做广告。潜伏的爱国志士觉得这是一个摧毁该戏院的好机会，随即联络了该戏院具有爱国情怀的工作人员，并得到了他们的配合。当晚，汉奸走狗们蜂拥而至，座无虚席。晚8时开场，戏院按惯例先放映日本侵略者的宣传片《南洋争夺战》。在影片放映过程中，只听"轰"的一声，机房突然爆炸，电油飞溅、火星四射，戏院瞬间陷入黑暗，浓烟令人窒息。看客们被这突如其来的爆炸吓得横冲直撞，抱头鼠窜。虽然日伪当局立即派出救火队进行扑救，但终无效果，整个戏院被付之一炬。事后调查，此次事件共造成60余人伤亡。鹭江戏院大爆炸是日寇占据

[①] 参见厦门市地方志办公室、厦门市档案馆编《厦门抗日战争时期资料选编》（下），1986，第672页。

厦门后遭到的一次重大打击。

1942年6月17日下午，日本兴亚院厦门联络部被人投掷手榴弹，兴亚院联络部的部分设施受损。同一天，厦门虎头山的日本海军司令部也遭到袭击。日伪以此事件为借口，在全市进行大搜查，抓捕军统局厦门潜伏组组长郑文贤，厦门潜伏组因此一度停止活动。[①]

在厦门人民抗击日寇的过程中，最让日寇胆战心惊的要数厦门中国青年复土血魂团（简称血魂团）。血魂团于1938年7月在鼓浪屿成立，团长为黄白戈，张弩、潘文川分任宣传股正、副股长，蒋渺、吴泉明为联络通讯员，核心成员有20多人。至1938年12月，该团团员发展到300多人，以船工、海员为主，其次是建筑工人、店员、小贩、教师、学生。该组织结构严密，以5人为一组分头开展活动，在厦、鼓设有秘密的工作联络点，总的联络据点设在黄家渡难民收容所。成立初期，血魂团主要在鼓浪屿开展抗日宣传活动，同时也在厦门市区散发抗日传单，并且多次对日寇、汉奸进行袭击。例如，当日寇企图欺骗逃到鼓浪屿的难民回厦门时，血魂团发出宣言，劝告民众暂时克服困难、保持气节，呼吁已返厦的同胞重回鼓浪屿。宣言发出后产生显著效果，向日寇领取通行证者大为减少，已返厦者亦纷纷归鼓[②]。日寇为打击、消灭血魂团，一再要求鼓浪屿工部局采取措施逮捕抗日分子，但遭到鼓浪屿领事团的拒绝。厦门与鼓浪屿之间的交通恢复后，血魂团团员分批从鼓浪屿撤到厦门，在厦门开展抗日宣传，频繁对日寇进行袭击。1938年9月28日，血魂团得知11艘敌舰要进入厦门港，迅速调集数十名团员，在中山路一带集合，高呼"打倒日本帝国主义""收复失地"等口号，到处张贴抗日标语、散发抗日传单。10月8日（中秋节）晚上，日本侵略者在厦门中山公园举行"庆祝"活动，血魂团成员化装成小贩混入公园，在现场散发抗日传单。"庆祝"活动过程中，当日寇、汉奸轮番登台宣扬"中日亲善共荣"、得意忘形之际，血魂团成员向台

---

① 厦门市《政法志》编委会编《厦门政法史实（晚清民国部分）》，鹭江出版社，1989，第220—221页。

② 参见李向群主编《近代厦门历史资料汇刊：申报纪闻》第十册，厦门大学出版社，2020，第97页。

上投掷多枚手榴弹。随着两声巨响，日寇、汉奸血肉横飞，乱作一团，日伪死伤十余人。血魂团成员不仅以各种方式打击侵略者，杀日寇、除汉奸，还袭击日本海军警察本部，多次在禾山、厦港等处袭击日军哨兵、抢夺枪支弹药。其抗日活动引起日本侵略者的恐慌和仇恨。日军频繁开展大规模搜捕，抓捕可疑人员，甚至悬赏 1000 元缉捕血魂团负责人。1939 年 10 月，日本海军警察本部特务发现血魂团在厦门第四市场的联络点。随后，伪厦门特别市警察厅和日本海军警察本部联合开展大规模的搜捕与审讯，致使血魂团组织遭到破坏，20 多名团员壮烈牺牲[1]，其余团员分批撤退至漳州等地。在日寇的残酷镇压下，曾给予日寇沉重打击、令其寝食难安的血魂团，只存续了一年多便被迫解散。

表 7-1　血魂团成仁志士名单（部分）

姓名	籍贯	年龄	备注（牺牲年月、地点等）
周碗金	惠安	21	廿九年（1940）三月廿日被日寇刑毙狱中
郭再宝	惠安	28	廿九年（1940）正月十六日被日寇斩首于白石炮台
李建成	安溪	22	廿九年（1940）三月廿五日遭日寇暗害
陈松柏	安溪	21	廿九年（1940）正月十九日被日寇斩于白石炮台
张艳秋	上海	32	廿八年（1939）十二月廿六日被日寇刑毙狱中
王　连	安溪	20	廿九年（1940）正月十六日被日寇处死刑
陈家声	南安	25	廿九年（1940）五月十六日被日寇处死刑

---

[1] 参见厦门市地方志办公室、厦门市档案馆编《厦门抗日战争时期资料选编》（下），1986，第 725 页。

（续表）

姓名	籍贯	年龄	备注（牺牲年月、地点等）
郑 炎	厦门	31	廿八年（1939）四月被日寇斩于白石炮台
吴得水	安溪	21	廿九年（1940）正月被日寇斩于白石炮台
梁水桶	安溪	26	廿九年（1940）正月案发逃到厦港熟肉巷投井自杀
吴亚荣	厦门	21	廿八年（1939）七月廿八日被日寇刑毙狱中
陈粪扫	厦门	36	廿八年（1939）正月十六日被日寇处死刑
叶流民	同安	22	廿八年（1939）六月十六日被日寇处死刑
黄臭贱	同安	44	卅年（1941）正月初六日被日寇斩首
林文蔡	同安	21	卅年（1941）正月十九日被日寇斩首
林 不	安溪	36	廿八年（1939）四月被日寇斩首
张嗣木	金门	28	廿七年（1938）被日寇枪毙
张辛英	厦门	22	卅一年（1942）十二月被日寇斩于白石炮台
潘文川	同安	31	廿九年（1940）正月十六日被日寇斩于白石炮台
张世义	同安	20	廿九年（1940）正月十六日被日寇斩于白石炮台

资料来源：厦门市地方志办公室、厦门市档案馆编《厦门抗日战争时期资料选编》（下），1986，第728—729页。

在七年多的抗战过程中，国民党军统局在厦门的组织是抗击日寇侵略的活跃力量。

国民党军统局组织遍布全国各地，其闽南站于1937年夏天奉戴笠之命组建，站点设在厦门，站长由厦门市警察局局长沈觐康兼任，副站长为陈式锐，下设厦鼓组、漳州组、泉州组。①1937年10月，戴笠来厦门召集沈觐康、陈式锐等军统骨干秘密开会，布置厦门沦陷后的潜伏任务。1938年5月厦门沦陷前夕，闽南站迁往漳州。为持续开展抗战工作，闽南站撤离前在厦门思明西路布置了潜伏组。与此同时，军统局还在厦门设立了闽北站厦鼓特别组，该组的设立与张圣才紧密相关。张圣才是厦门集美人，早年在厦门鼓浪屿参与创办中国婢女救拔团并任副理事长，还担任过厦门双十中学副校长、《思明日报》总编，并创办《厦门日报》等。1936年9月，张圣才因响应陈铭枢发起的反蒋活动，被军统局闽南站的陈式锐逮捕并解送至南京。1937年8月8日，军统局局长戴笠找张圣才谈话，提出只要其同意加入军统就可以恢复自由。在戴笠应允张圣才提出的不干预国内政治摩擦等三个条件后，张圣才加入了军统。由于张圣才与闽南站副站长陈式锐有矛盾，戴笠决定张圣才由军统局闽北站站长张超指挥。8月18日，军统局闽北站在厦门设立厦鼓特别组，任命张圣才为组长。该组的主要任务是搜集日本驻厦总领事馆和日本侨民撤离后潜伏在厦门的日本特务、间谍和汉奸的活动情报。军统局闽北站厦鼓组成立后，积极开展活动，曾查获日本海军特务机关潜伏在鼓浪屿的特务郑石为及其手下的日籍浪人头目陈江龙、柯阔嘴，还抓获了日本特务吴再和等一批汉奸。

1938年5月11日，厦门保卫战还在激战过程中，沈觐康、陈式锐逃往内地，潜伏组组长张子白把电台投入水井后逃离，潜伏组解散②。军统局闽北站站长张超向戴笠告状，称"闽南站副站长张式锐在厦门不战而退，应当给予处分"，并推荐张圣才任闽南站站长。5月中旬，军统局委任张圣才为闽南站站长，要求

---

① 厦门市《政法志》编委会编《厦门政法史实（晚清民国部分）》，鹭江出版社，1989，第217页。

② 参见厦门市《政法志》编委会编《厦门政法史实（晚清民国部分）》，鹭江出版社，1989，第220页。

其尽快在厦门恢复潜伏组织。张圣才从漳州到鼓浪屿后，找到失散的闽南站人员，在鼓浪屿兆和酱油厂重建厦门潜伏组（称"兆和组"），开展日伪情报收集活动。6月15日，张超被福建省政府主席陈仪枪决。张圣才因为是张超推荐担任闽南站站长，害怕受到牵连，于是绕道香港逃往武汉，陈式锐接任闽南站站长。7月，陈式锐从武汉到漳州，重新整顿机构，并增设行动组，任命张静山为行动组组长。1938年9月，军统局闽南站派遣陈清保潜入鼓浪屿兆和酱油厂，担任潜伏组组长。陈清保以兆和酱油厂经理的身份作掩护，发展潜伏组，开展情报收集活动，成员从最初的3人发展到20多人，其中包括行动组成员7人。1940年6月，行动组成员林光明（1939年4月奉派到厦鼓行动组工作）与行动组组长陈锡昌因奖金分配问题产生矛盾，林光明向日本驻厦门总领事馆警察署告密，导致潜伏组被日寇破坏。20余名潜伏人员被日寇抓捕，潜伏组组长陈清保及组员陈锡昌、林思温、林清川、吴在谭、郑资深等9人被杀害，陈重宗、郑乌狗、吕玉麟等5人越狱逃跑，其余黄德昌、石宝太等人被关押，直到日本投降后才获释。[①]许多无辜市民也受此案牵连而遭到日寇迫害。这一案件史称"兆和惨案"。此后，厦门潜伏组织重组，再次遭到日伪破坏。1940年，军统局还布置林顶立建立厦门第二潜伏组（又称为军统局厦门直属潜伏组），由林顶立任组长。[②]林顶立又名林天，化名林华，台湾台南人，黄埔军官学校出身，1931年来到厦门，1933年加入"力行社"厦门直属组，1934年任厦门公安局侦缉处副主任，后因利益冲突被扣押。日本驻厦领事馆以林顶立是台湾人，向厦门市政府提出引渡要求，但林顶立不接受日本的引渡。厦门沦陷后，林顶立得到日本兴亚院厦门联络部的重视，被任命为"嘱托"。1944年，日本特务机构"铁公馆"成立，林顶立凭借与日方的关系掌控该机构。他利用与日本兴亚院厦门联络部的关系，为军统局收集了大量日伪

---

① 参见厦门市《政法志》编委会编《厦门政法史实（晚清民国部分）》，鹭江出版社，1989，第220页。
② 参见厦门市《政法志》编委会编《厦门政法史实（晚清民国部分）》，鹭江出版社，1989，第221页。

情报，掩护了一大批军统人员。1945年初，军统局闽南站泉州组的刘钟金在厦门组建第三潜伏组并担任组长[①]。该组成员活动在闽南一带，搜集日伪政治、军事和经济情报。

国民党军统局闽南站是厦门沦陷期间打击日伪势力的主要力量，其中承担对日伪直接打击任务的是其行动组。军统局闽南站行动组于厦门沦陷后在漳州成立，组长为张静山，副组长为陈明庸、李献武，共有成员33人，包括行动员22人。厦门沦陷期间，该行动组成功执行了多次刺杀汉奸、日寇的任务，给厦门日伪当局造成沉重打击：1939年5月11日，在鼓浪屿刺杀汉奸洪立勋；1939年9月12日，在厦门民国路刺杀日本驻厦门陆军特务机关情报部部长田村丰崇；1940年3月21日，刺伤伪厦门劝业银行常务董事殷雪圃；1941年10月26日，刺杀厦门的头号日本特务泽重信；等等。[②]

在七年多的全面抗战中，厦门爱国志士展开了一系列刺杀活动，沉重打击了敌伪的嚣张气焰，极大鼓舞了国人的抗日斗志，坚定了抗战必胜的信心。

1939年5月11日，汉奸洪立勋被击毙。洪立勋又名洪涛，原籍惠安，后加入日籍，在厦门经营台湾煤炭行，平日多与日人勾结，甘当走狗。1938年6月3日，汉奸张鸣在鼓浪屿纠集谢长琪、周友文、洪景皓、卢用川、金馥生、洪范、黄士哲、陈新、许珊夫、黄宪章、许世昌、李启芳等人筹备所谓的"厦门善后办法"，并于次日成立伪厦门治安维持会筹备处，洪立勋积极参与其中。1938年1月31日，伪厦门市商会成立，洪立勋出任会长，替敌效命，为虎作伥。洪立勋的附敌行为让国人无比痛恨。此前，伪厦门市商会副会长蔡金福大摆寿宴，邀请大批日寇、汉奸参加。血魂团成员原以为洪立勋会参加，计划在宴会上将蔡、洪一起刺杀。但是洪立勋没有参加，逃过一劫；汉奸蔡金福则当场丧命，生日变

[①] 参见厦门市《政法志》编委会编《厦门政法史实（晚清民国部分）》，鹭江出版社，1989，第222页。

[②] 参见厦门市《政法志》编委会编《厦门政法史实（晚清民国部分）》，鹭江出版社，1989，第223页。

成忌日。洪立勋因其卖国行径也遭到国民党军统局闽南站的追杀。1939年5月11日，洪立勋在鼓浪屿招摇过市时，被跟踪的国民党军统局闽南站行动组成员开枪狙击，当场毙命；同行的日本海军司令部参谋亦中弹负伤。洪立勋被击毙后，日寇调派大批日军、特务和汉奸登陆鼓浪屿，疯狂搜查抗日志士，导致百余同胞被捕受刑。日寇更借此蓄意制造"鼓浪屿事件"，企图出兵占领鼓浪屿。

1939年9月12日，敌酋田村丰崇被刺杀。田村丰崇时任日本驻厦门陆军特务机关机关长，负责福建军政情报收集工作，还收买内地土匪充当其进攻福建的内应，是日本帝国主义侵略厦门的得力干将，因罪恶昭彰，早为厦门爱国志士所痛恨，欲除之而后快。1939年9月12日上午7时20分，田村由厦门民国路6号私宅出门。等候已久的国民党军统局闽南站行动组成员陈春木、周田水见状，当即快步跟上，在西庵宫附近追上田村并连开数枪，前两枪击中其胸部，田村倒地挣扎，陈春木随即上前对其头部再补一枪，田村当场毙命。日军驻厦司令部和伪厦门特别市政府得到田村被刺的消息后，立即出动大批士兵、伪警，封锁厦鼓交通，进行全城搜捕。而此时，陈春木、周田水早已撤离厦门，回到内地。田村被刺杀后，血魂团遭到破坏。

1940年3月21日，伪厦门劝业银行常务董事殷雪圃在鼓浪屿鸡母山路被国民党军统局闽南站行动组刺杀[1]受伤，但未毙命。刺杀案发生后，日军宣布封锁厦门海上交通，鼓浪屿租界工部局发出布告，悬赏500元缉拿"凶手"，但一无所获。

1941年1月17日，国民党厦门市党部行动组派人潜入厦门鼓浪屿，在三丘田刺杀了伪厦门市地方法院院长兼高等法院院长黄仲康。黄仲康受伤，逃过一劫。黄仲康毕业于上海法政学院，是厦门沦陷时期最早附逆的汉奸之一，初任伪厦门治安维持会司法处检察官。伪厦门特别市政府成立后，伪司法处改组为伪厦门地方法院，黄仲康改任推事兼院长。1940年8月，伪厦门高等法院院长调动，乏人

---

[1] 厦门市《政法志》编委会编《厦门政法史实（晚清民国部分）》，鹭江出版社，1989，第223页。

继任,由黄仲康兼任院长。① 刺杀事件发生后,日本侵略者控制下的鼓浪屿工部局张贴告示,悬赏1000元缉拿刺客。日伪当局还对厦门与内陆、厦门与鼓浪屿之间的交通实施限制。

  在抗战期间对敌伪的暗杀活动中,最具影响力的一次是暗杀日本特务泽重信。泽重信是日本侵略者在厦门的头号特务,早年以台湾总督府特派员的身份来厦门活动,为台湾总督府收集情报。1934年,他兼任具有日本文化侵略和特务机关性质的全闽新日报社社长,并以此身份公开活动,还曾在厦门参与策划建立伪华南国的活动。抗战爆发后,1937年8月,泽重信奉命返回台湾。同年10月金门沦陷后,他到金门创办《全闽新日报》周刊。泽重信是日本特务中有名的"中国通",懂汉语,因长期在厦门活动,会说一口流利的厦门话,也是一个"厦门通"。厦门沦陷后,他从金门返回厦门,恢复《全闽新日报》,继续担任社长。泽重信在报纸上制造谣言抹黑国民政府和军队,美化日军对厦门的侵略与统治,鼓吹厦门是"王道乐土",企图欺骗鼓浪屿岛上的难民回归厦门,诱使台湾商民前来为"繁荣"厦门作贡献。但是,其伎俩并未起到作用。在日本侵略者筹组厦门伪政权过程中,泽重信凭借"厦门通"的优势,四处搜罗汉奸,马不停蹄地在厦门、香港和南洋地区之间奔波,诱骗当地有影响力的人物回厦门替侵略者撑门面,是日本帝国主义筹建厦门伪政权的干将。1938年10月19日晚,留厦爱国青年袭击全闽新日报社,泽重信侥幸逃脱。1940年,日本帝国主义设立特务机构"厦门情报调查室",泽重信担任总负责人,全面搜集我方情报,打击抗日力量。泽重信为人阴险狡诈,危害极大,特别是对国民党军统局在厦门的潜伏组织构成严重威胁。为此,重庆军统局电示闽南站除掉泽重信。闽南站根据指示,派行动组成员汪鲲、苏群英负责执行刺杀泽重信的任务。二人接到任务后,对泽重信展开长时间的跟踪侦察。1941年10月26日中午,泽重信与汉奸黄仲康等人在蝶蝶舞厅宴请华南新日报社社长林廷栋(即日籍浪人林谷)等人。汪鲲、苏群英获此消息后,决定由汪鲲执行刺杀任务,苏群英负责掩护。由于宴会期间泽重信的保镖

---

① 参见洪卜仁主编《厦门抗战岁月》,厦门大学出版社,2015,第129页。

第七章
爱国志士杀敌锄奸　厦门军民痛击侵略

护卫森严，汪鲲无从下手。直到当天午后1时许，宴会结束，泽重信与林廷栋离开蝶蝶舞厅，步行到大中路喜乐咖啡室门口。泽重信与人打招呼时，汪鲲立即上前向其开枪射击，泽重信背部中弹倒地。林廷栋听到枪声立即奔逃，得以保命。汪鲲随即上前向泽重信再开一枪。时值午后，路上行人不少，见泽重信遇刺，立即四散躲避。汪、苏二人为避免累及无辜同胞，将写有自己姓名的相片置于泽重信身上，随后从容离开。泽重信经抢救无效毙命。泽重信被刺杀后，日本驻厦海军司令部立即断绝厦门与鼓浪屿及内陆之间的交通，在厦门全岛戒严3天，开展大规模检查与搜捕。尽管爱国志士杀敌留名，但日寇为发泄愤怒，仍然抓捕大批无辜群众，其中10多人被毒刑致死，300余名伪军也遭缴械。日寇多日搜捕无果后，在各伪报上刊登悬赏启事：提供线索者赏4000日元，直接捉拿刺客者赏50000日元。但是，爱国志士早已离开厦门，日寇只是徒劳一场。泽重信死后，其子向驻厦日本海军司令哭诉，要求严办伪厦门特别市政府及伪厦门市警察厅负责人，并向东京及台湾总督府密告李思贤，要求以护卫不周之罪惩处李思贤。泽重信是日本帝国主义侵略厦门的"功臣"，祸害厦门多年，罪行累累，最终毙命于闹市街头，对日寇来说是一个沉重的打击，对国人而言可谓大快人心。

　　在沦陷期间，日寇虽然占领了厦门，但具有反帝反侵略优良传统的厦门人民一刻也没有停止打击日本侵略者。厦门人民的杀敌锄奸行动沉重打击了日本侵略者和卖国求荣的汉奸。在日本人的报刊中，厦门被称为"排日的岛屿"。日本《大阪朝日新闻》在其报道中列出了厦门十大抗日团体与事件：（1）血魂团；（2）闽南游击队；（3）后方捣乱计划；（4）海门游击队厦门捣乱事件；（5）厦鼓游击队暗杀洪立勋事件；（6）血魂团团员的后方捣乱事件；（7）中国人的"恐怖组织"计划；（8）抗日"恐怖集团"的暴行事件；（9）抗日分子的宣传事件；（10）中国军队设置情报机关事件。日本侵略者也不得不承认，厦门直接参与抗日活动的人员多达数百名。这也从侧面反映了厦门人民面对外来侵略时义无反顾的抗争精神！

第二节　抗敌者袭扰连连　侵略者防不胜防

1938年5月10日，日军进攻禾山。面对日寇入侵，为保家卫国，禾山第八联保主任林能隐召集全保壮丁反抗日军，最后英勇牺牲。这是厦门民众自发抗敌的第一人[①]。

5月11日晚，国民党军第七十五师退出厦门，来不及或无法撤退的部分爱国将士和壮丁退守禾山、南普陀、虎头山等地，继续袭击日军。厦门沦陷后数日，日军为肃清爱国将士的抵抗，派出大批部队上山搜剿。爱国将士与日军展开了顽强的战斗，直到5月17日，山上爱国将士抵抗日军的枪声才停止。

厦门沦陷后，国民党当局对厦门保卫战的失利进行了检讨，也对第七十五师相关人员进行了处理。师长宋天才因厦门失守，被调往重庆接受撤职查办；副师长兼第二二三旅旅长韩文英因在战斗中负伤，被免予议处，并升任第七十五师师长；第二二五旅旅长史克勤升任副师长，仍兼任第二二五旅旅长。调整后的第七十五师兵员也得到补充。但是，出于保存实力和对抗战缺乏信心，国民政府和福建省军政当局在此后的整个抗战过程中，都没有采取措施收复厦门、金门，只是派出小股部队对驻防厦门、金门的日军及汉奸进行袭击。

1940年11月29日，厦门市三民主义青年锄奸队渡海登陆厦门袭击敌伪。该锄奸队是由厦门沦陷后逃离厦门、受三民主义思想陶冶的青年组成的抗日组织。当天晚上，在队长龚金水带领下，32名锄奸队勇士抱着"我不杀敌，敌必杀我"的信念，携带刀斧枪弹，分乘3条小船，冒着风浪，从同安海滨出发，目标直指厦门岛上的禾山钟宅。二更时分，锄奸队勇士抵达厦门钟宅海滩。锄奸队留下6

[①] 参见厦门市地方志办公室、厦门市档案馆编《厦门抗日战争时期资料选编》（下），1986，第725页。

人守卫船只，其余26人上岸向钟宅伪警所前进。登岸后，这26人分成两组行动：一组潜至敌伪瞭望台，将伪警戒哨扑杀，并生擒2人；另一组直接冲向敌指导官松原敬及伪警察所所长住宅，当场击毙二人，并歼灭伪警20余名。锄奸队的这次袭击行动，歼灭了众多敌伪，令厦门敌伪惶恐不安。

1940年，国民党军组织70多名厦门奋勇队队员对厦门敌伪展开暗杀行动。1941年12月，因工作疏漏，潜伏在厦门的奋勇队被日本驻厦总领事馆警察署破获，包括副大队长郑佑波、组长周永莲等在内的63名队员先后被俘，均惨遭杀害，慷慨成仁。[1]

太平洋战事爆发后，日寇兵源枯竭，调动困难，驻防厦、鼓一带的兵力仅有日兵数百名，也不时被调赴南洋群岛作战，厦、鼓日伪的防务较为空虚，为闽南驻军开展军事袭击提供了有利条件。1942年1月8日，国民党厦门市党部行动组配合军事武装人员组织突袭小分队乘夜渡海，分路袭击厦门禾山、鼓浪屿[2]。在鼓浪屿方向，突击小队从硝皮厂一带登陆，剪断敌人设置的铁丝网，攻破日军的防御阵地，直捣鼓浪屿中心地带，一度攻占鼓浪屿公共租界工部局，击毙包括工部局日籍副总巡捕长中山贞夫、福田英成等在内的敌伪官兵多人。在禾山方向，突击小队由牛家村、五通、高崎、湖里等地，向敌攻击，摧毁日军炮台多处，斩杀日兵数十名。突击小队完成袭击任务后，全部于拂晓前安全撤回海沧。袭击事件发生后，驻厦日军极为震怒，日本海军司令部立即宣布断绝厦门、鼓浪屿与外界的交通，在鼓浪屿实施宵禁，并在全市进行大搜捕。

1942年3月18日午夜，大陆沿海驻军组织突袭队乘黑夜渡海进袭厦门，在岛西北成功登陆后被日军发现，随即展开猛烈战斗，歼敌颇多。日军集中炮火猛轰，阻止突袭队前进。突袭队在破坏敌伪大批军事设施后，于19日拂晓安全撤回。

---

[1] 参见厦门市地方志办公室、厦门市档案馆编《厦门抗日战争时期资料选编》（下），1986，第727页。

[2] 参见厦门市地方志办公室、厦门市档案馆编《厦门抗日战争时期资料选编》（下），1986，第744页。

1944年3月28日夜，闽南驻军某部配合7名当地志士，乘5只小舟前往鼓浪屿袭击敌伪。袭击过程中，闽南驻军某部士兵负责掩护，7名志士登陆袭敌。当志士剪破敌人设置的铁丝网时，被鼓浪屿工部局巡捕发现，巡捕欲开枪射击，一志士立即奋勇上前，将其击倒并擒住。由于行动被发现，志士们随即被押解至工部局巡捕房。

1944年4月1日晚上，驻闽南沿海国民党军某部决定派遣精锐突击分队，渡海袭击厦门伪保卫团团部和禾山飞机场。当晚8时许，突击分队准备就绪后，即由丘队长及刘副官率领，趁月色朦胧，分乘多艘帆船向厦门岛进发。为保证突袭成功，驻军同时派出3支掩护部队，在集美沿海港口进行掩护。突击分队于当晚10时到达厦门并登陆成功，随即兵分两路：一组由丘队长指挥直袭禾山日军飞机场，机场守卫日军仓促应战。突击队员一边以猛烈火力向日军发起进攻，一边冲向机场，并向机场内猛掷手榴弹，击毙日军数名，对禾山机场造成严重破坏。另一组由刘副官指挥，目标为禾山伪保卫团团部。突击队突然发起攻击，伪保卫团毫无准备，成员多抱头鼠窜，伪团长何炳荣（台湾人，兼伪厦门青年分团团长及日军禾山飞机场修理课主任）被俘获，另有多名日军被生擒。遭袭后的日伪军很快进行了反击，高崎的日军以密集火力攻击突击队，我方集美掩护部队也立即向日军发起还击。一时间，敌我双方隔海交战，枪炮声震动海疆。驻厦门市区日军惊慌失措，探照灯四处照射。突击部队于任务完成后，分乘帆船安全渡海返回驻地。第二天早上，日军为报复突击队的袭击，派出飞机对突击队员返回时的登陆地点进行疯狂轰炸和扫射。

1944年以后，盟军飞机开始轰炸厦门日伪设施。1944年8月8日，7架盟军飞机飞临厦门海域上空，对停泊在厦门海面的日军军舰和水上飞机进行轰炸，3架日机因仓促间来不及起飞被焚毁。盟军飞机又向禾山机场、胡里山炮台、沙坡尾等处日伪设施投弹轰炸。随后，盟军飞机还飞抵金门，对金门岛上的日军进行轰炸，均中要害。同年8月24日，中国轰炸机对厦门码头的日伪设施进行了轰炸。1945年3月13日至14日，盟军飞机连续轰炸闽南海面日军军舰，在厦门外海炸沉、重创日本军舰5艘以上，在同安海面炸伤日军运输舰1艘，在厦门海面炸沉日军运输舰 2 艘、汽艇 2 艘。3 月 23 日，《闽西日报》以《厦门近海敌舰六艘全被炸毁》为题报道：6000 吨货轮 1 艘及护航驱逐舰 2 艘被炸沉，3000 吨货轮 2 艘均起火（可能被炸毁），另 1 艘驱逐舰被重创。

在 7 年多的沦陷期间，国民党军小股部队对驻厦日军的不断袭击，虽然没能收复厦门、金门，但也沉重打击了日寇的嚣张气焰，干扰了日军对福建乃至华南的侵略计划，鼓舞了厦门、金门人民的抗日斗志！

第三节　华侨展现赤子之心　积极支援祖国抗战

广大海外华侨素来具有爱国爱乡的优良传统，他们虽然身在异国，却心系祖国，与祖国同呼吸、共命运。当中华民族面临外来侵略时，他们有钱出钱、有力出力，用热血谱写了壮丽的爱国篇章。在厦门人民抗击日本侵略的历史过程中，广大华侨以各种方式坚定地和祖国站在一起，为抗日战争的胜利作出不可磨灭的贡献。

1928 年 5 月 3 日，日本悍然出兵侵占济南，制造了震惊中外的"济南惨案"。消息传至新加坡、马来西亚，当地华侨义愤填膺，立即召开全侨大会，成立"山东惨祸筹赈会"，推举陈嘉庚为主席，并在短短的两三个月内募集 130 余万元国币，汇回祖国救济受难同胞。[①] 为声援国内抗日斗争，海外华侨开展了声势浩大的抵制日货运动，提倡使用国货。

此时，距离吴记藿、李清泉、林珠光等华侨创建中国首个华侨航空委员会，不过短短几个月时间。林珠光等人认识到"航空救国"重在人才，于是迅速带头捐款，募集资金向外国订购 7 架飞机和设备，并在厦门选址建校。1928 年 10 月，

---

① 参见《厦门华侨志》编纂委员会编《厦门华侨志》，鹭江出版社，1991，第 133 页。

中国第一所民用航空学校——厦门五通民用航空学校正式开学。从这所学校走出的学生，在日后的对日空战、空军建设与航空教育中发挥了积极作用。

九一八事变后，广大海外华侨第一时间响应，成立救国会，其中多数领导者为闽南籍华侨。在新加坡，陈嘉庚被推举为救国会主席。他们电请国民政府奋起抗日、对日宣战，并通电日内瓦国际联盟及美国总统，要求日本恪守国际公约，呼吁各方携手维护世界和平。在越南，曹允泽积极奔走，带头捐款，穿梭于多地工商界，呼吁抵制日货、踊跃捐款，并促成越南华侨成立越南抗日救国航空委员会、越南救国缩衣会等团体。在菲律宾，华侨组织成立了华侨救国联合会，厦门人薛芬士是重要的领导骨干[1]。他们呼吁同胞共同抗日，宣传抵制日货并踊跃捐款，至1932年1月初，共向马占山汇去华侨捐款40万美元。

1932年"一·二八"事变后，新加坡华侨在不到两个月的时间里就为十九路军筹募了高达百万元的军费。"在此危急关头，国家生存系于一发之际，全国上下必须摒除个人恩怨，同心协力，共克危难。"菲律宾岷里拉中华商会和行业商会联合向国内各方通电，呼吁一致对抗外敌。同年2月3日，菲律宾华侨"国难后援会"成立，李清泉任主席。该会分别汇出5万、20万、2万元国币，用于支援十九路军抗战、建设福建国防、接济东北义勇军。

为支援祖国抗战，响应"航空救国"号召，李清泉、许友超组织成立中国航空建设协会马尼拉分会。李清泉和杨启泰带头捐出战斗侦察机1架，宿务市钱纸公会也紧随其后捐出侦察机1架，华侨木商会、黄奕住等华侨团体、爱国侨胞纷纷捐款。至1933年1月，在菲各地华侨共捐献购机款约300万元，购买15架飞机组成"菲律宾华侨飞机队"，运回祖国参与对日作战。[2]

1933年11月，十九路军将领蔡廷锴、蒋光鼐、陈铭枢联合李济深等发动"闽变"，成立中华共和国人民革命政府，得到东南亚众多侨胞的支持。海外各地华侨团体和侨胞纷纷发来贺电，组织"中华民族复兴党"予以响应。李清泉发动菲

---

[1] 参见杨锦和、洪卜仁主编《闽南革命史》，中国计划出版社，1990，第233页。
[2] 参见杨锦和、洪卜仁主编《闽南革命史》，中国计划出版社，1990，第233页。

第七章
爱国志士杀敌锄奸　厦门军民痛击侵略

律宾华侨募捐 20 万元支援中华共和国人民革命政府，菲律宾华侨救国会对革命政府"讨蒋抗日"主张表示拥护，并派代表回国考察。

1937 年全面抗战爆发后，由于厦门地处祖国东南沿海，日本侵略者对厦门野心勃勃，但是厦门却没有驻军防守。广大海外华侨关心家乡的安危，纷纷要求国民政府和福建省政府加强厦门防卫。在华侨要求确保厦门安全的舆论压力下，国民政府军事委员会于 8 月下旬调派第一五七师进驻厦门防卫。

为声援国内不断高涨的抗日救亡运动，东南亚各地华侨筹赈会、后援会等爱国侨团如雨后春笋般涌现，"菲律宾华侨援助抗战委员会""马来亚、新加坡华侨筹赈祖国伤兵难民委员会""民族解放先锋队""华侨工界抗敌后援总会"等先后成立。[1]广大华侨踊跃捐献巨款支持祖国抗战，如陈文确、陈六使长期追随陈嘉庚，抗战期间更是大力支持陈嘉庚筹款救国。陈文确曾一次性捐款 5 万元，用于祖国抗战。至 1941 年，胡文虎所捐国币达 500 万元以上，是侨领中个人捐款数额最多者之一。颜西岳、孙炳炎、周玉麟、郑为仁、林金殿、周献瑞、黄重吉等华侨不仅带头捐献巨款，还四处奔走呼吁华侨募捐，全力支持祖国抗战。此外，曾上苑、庄汉民、柯朝阳等华侨皆倾囊相助。自七七事变到"南侨总会"成立期间，海外华侨为国捐款总额"不下一万万元，南洋方面占十之八"。

1937 年 9 月 3 日，日本出动飞机、军舰进犯厦门，被驻厦守军击退。厦门守军在与日军的首次作战中取得胜利，大大鼓舞了厦门人民和海外侨胞。贺电与慰问电纷至沓来。9 月 6 日，新加坡福建会馆主席陈嘉庚、菲律宾华侨援助抗敌委员会主席李清泉、马尼拉华侨桂华山先后向第一五七师师长发来贺电。陈嘉庚在祝捷电文中说："敌视厦如囊中物，肆扰无忌。传（9 月）3 日来攻已为贵师击退，全侨感奋。中央抗战决心，举国拥护，最后胜利，必属于我。"[2]李清泉在祝捷电文中说："强敌压境，进攻闽南，赖公等守土有方，奋勇抗御，敌志未逞。电讯

---

[1] 参见杨锦和、洪卜仁主编《闽南革命史》，中国计划出版社，1990，第 235 页。
[2] 厦门市档案局、厦门市档案馆编《厦门抗日战争档案资料》，厦门大学出版社，1997，第 203 页。

传来，全侨感奋，谨电致敬。"[1]桂华山在致电祝贺的同时，还汇款慰劳抗敌将士："日寇犯厦，我军英勇抗战，击沉敌舰，雄风大振，闻讯欢跃，谨电祝捷，并汇中兴银行国币大洋1000元慰劳。"[2]

虽然厦门守军在首次对日军作战中取得胜利，但也伤亡惨重，厦门市区多处被敌机轰炸，造成严重损失。海外华侨纷纷捐款捐物，为厦门抗战提供强有力的支持。据《江声报》1937年9月21日报道，新加坡仅福建华侨就捐款120余万元，其他各地华侨捐募活动也持续开展。陈嘉庚一面组织新加坡筹赈会发动广大华侨捐款，一面带头认捐，承诺每月为抗战捐款2000元直至战事结束，并先交一年捐款2.4万元。新加坡华侨叶玉堆首次捐款即捐出10万元。[3]在香港，旅港福建商会为表达对厦门守军英勇抗敌的敬意，开展抗战募捐活动，并派代表将所募集的物资护送到厦门，包括羊毛衣3000余件、面巾3000件、麻袋4000余条等，连同物资送来的还有一面锦旗，上书"为国干城"[4]四字。

1937年10月，金门沦陷，厦门处于更加危险的境地。海外华侨的支援行动也愈发热烈。陈嘉庚带头认购10万元救国公债，其中一半的钱是他通过借款凑齐的。在给陈村牧的信中，陈嘉庚表示：国难日亟，遗憾没有能力认购到100万元，"设有之，亦决不犹豫也"[5]。仰光华侨吴家枫也先后认购救国公债达万元[6]。华侨银行行长洪朝焕、集美学校校董陈村牧等十余人联合成立"金门难民

---

[1] 厦门市档案局、厦门市档案馆编《厦门抗日战争档案资料》，厦门大学出版社，1997，第203页。

[2] 厦门市档案局、厦门市档案馆编《厦门抗日战争档案资料》，厦门大学出版社，1997，第203页。

[3] 参见厦门市档案局、厦门市档案馆编《厦门抗日战争档案资料》，厦门大学出版社，1997，第205页。

[4] 厦门市档案局、厦门市档案馆编《厦门抗日战争档案资料》，厦门大学出版社，1997，第207页。

[5] 厦门市档案局、厦门市档案馆编《厦门抗日战争档案资料》，厦门大学出版社，1997，第206页。

[6] 参见厦门市档案局、厦门市档案馆编《厦门抗日战争档案资料》，厦门大学出版社，1997，第208页。

救济会"①，救助逃到厦门、大嶝等地的金门同胞。爪哇北加浪岸金门同乡会募集并汇出1000元，用于协助救济金门难民。新加坡金门会馆募集3万多元连同非金门籍侨胞捐募的1000元寄回厦门②。宿务华侨林天指，从美国购买一辆新式福特军用汽车捐赠给厦门警备司令部。菲律宾洪光学校，运来100多布袋军需品赠送给厦门警备司令部。更有不愿透露姓名的槟城华侨，不仅写信托付银行转送100元国币慰劳炮台战士，还在槟城和家乡多个地方斥巨资购买大量救国公债，其爱国热诚尤为难能可贵。③

1937年10月，缅甸归侨、厦门大学职员陈松生发起组织鼓浪屿青年抗敌服务团④，开展抗日救亡活动。厦门大学内迁长汀期间，陈松生与当地爱国人士一起创办"草原社"，在《中南日报》开辟副刊，撰文宣传抗日救国。

1937年冬，20多名香港同胞携带募捐到的经费，并自掏腰包，组织"爱国青年回乡工作团"来到厦门，开展抗日宣传。⑤

1937年底，由南洋华侨战地记者团、安南（越南）华侨归国工作团和旅港爱国人士共同组成的"旅港澳救亡同志会"，成为家乡与东南亚华侨间的联络站。⑥

1938年1月23日《江声报》报道：禾山救护队成立之初，虽已购置药品，但急救设备和用具仍然短缺。菲律宾马尼拉华侨杨中兴、林秉顺、杨荣绅、林玉碟、蔡梅添等人募集了520元，捐赠给该队，使得救护队的设备得以配齐，为保障救援工作的开展创造了条件。

---

① 杨锦和、洪卜仁主编《闽南革命史》，中国计划出版社，1990，第236页。
② 参见厦门市档案局、厦门市档案馆编《厦门抗日战争档案资料》，厦门大学出版社，1997，第212页。
③ 参见厦门市档案局、厦门市档案馆编《厦门抗日战争档案资料》，厦门大学出版社，1997，第209页。
④ 参见中共厦门市委党史和地方志研究室编《图说厦门党史（新民主主义革命时期）》，厦门大学出版社，2021，第177页。
⑤ 参见厦门市地方志办公室、厦门市档案馆编《厦门抗日战争时期资料选编》（上），1986，第34页。
⑥ 参见杨锦和、洪卜仁主编《闽南革命史》，中国计划出版社，1990，第236—237页。

1938年5月厦门沦陷后，大批难民涌入鼓浪屿，鼓浪屿本土绅商、华侨和外国热心人士联合组成鼓浪屿国际救济会，开展难民救济工作。鼓浪屿国际救济会在开展难民救济过程中，捐款捐物最快最多的仍然是心系桑梓的海外华侨。

新加坡等地福建会馆第一时间开会筹款救济鼓浪屿难民。菲律宾中华商会会长李清泉获悉2000多名厦门难民滞留香港，立即召集董事会发起救济——派人联合香港福建同乡会安置难民，同时向泰国、越南采购大米运往鼓浪屿赈济。缅甸华侨红十字会电汇1万港币赈济，仰光各属筹赈会也多次汇款予以救济。印尼厦门籍华侨许启兴等人则举办"慈善夜市"[1]筹款救助受难同胞。此外，来自霹雳福建公会、金宝福建公会、菲律宾妇女救济会、菲律宾福建华侨救济会等海外华侨组织的汇款也源源不断汇向祖国。根据《鼓浪屿国际救济会工作报告》，从1938年5月12日到6月30日，包括吧城华侨捐助祖国慈善事业委员会、槟榔屿华侨各会馆救济福建难民联席会、霹雳太平树胶公会、菲律宾华侨福建救济委员会、暹罗中华总商会等40多个海外华侨团体为救济鼓浪屿难民，向鼓浪屿国际救济会汇捐了大量捐款。[2]

1938年10月，来自亚洲45埠华侨救亡团体的168位代表齐聚新加坡，决定成立南洋华侨筹赈祖国难民总会（简称南侨总会），陈嘉庚任主席，庄西言、李清泉任副主席。南侨总会包括华侨筹赈会团体68个，其中英属20个，美、法、暹、缅甸等各属13个，荷属35个，成为南洋华侨抗日救国团体的最高领导机构。至1940年，南侨总会领导下的世界各地较大规模的抗日救亡团体达649个，基层抗日救亡组织超过700个。南侨总会的成立，使得南洋华侨进一步拧成一股绳，达到前所未有的高度团结与紧密协作，不仅为支援祖国抗战提供了稳固的组织架构和有力的协调机制，更在精神层面给予全体中华儿女极大的鼓舞，成为支持祖国抗战坚实而可靠的后盾。

---

[1] 杨锦和、洪卜仁主编《闽南革命史》，中国计划出版社，1990，第237页。
[2] 参见厦门市档案局、厦门市档案馆编《厦门抗日战争档案资料》，厦门大学出版社，1997，第499—502页。

第七章 爱国志士杀敌锄奸　厦门军民痛击侵略

南侨总会成立后，积极募集捐款、物资支援祖国抗战。1938年11月，鼓浪屿国际救济会为创办难童学校向陈嘉庚提出援助请求，陈嘉庚当即表示"遭灾而流离失学之儿童，比比皆是，实应注意亟加设法救济"[1]，并汇回华侨捐款14000多元。为千方百计筹集赈款、购买国债，南侨总会向各埠筹赈会推荐的筹赈方式多达12种，可以说能想的办法都想到了，包括特别捐、常月捐、货物助赈捐、纪念日劝捐、卖花卖物捐、游艺演剧球赛捐、舟车小贩之助赈捐、迎神拜佛演戏捐等。根据当时的记录，从1937年到1945年，海外华侨为支持国内抗战，累计捐款超过13亿元国币。其中，南侨总会组织的义捐活动就贡献了约5亿元国币。至1940年10月，海外华侨共捐赠217架飞机、27辆坦克、1000辆救护车、1万包大米，以及大量寒衣、药品和卡车等物资。[2]1939年，时值抗战相持阶段，部分山河沦陷，日军封锁东南沿海港口，新开辟的滇缅公路成了抗战物资输入我国的"大动脉"，急需大批汽车司机与机修工人。在陈嘉庚的号召下，数月间，3200余名爱国华侨组成"南洋华侨机工回国服务团"，在滇缅公路上奔波，许多华侨机工牺牲在这条公路上。此外，众多华侨飞行员回到祖国，奔赴前线与日军作战，为祖国抗战作出不可磨灭的贡献。

1938年10月，厦门青年战时服务团遭到福建省当局迫害，全体团员被押赴三明沙县"受训"。1938年11月，《南洋商报》针对此事件发出呼吁，并致电福建省政府，要求恢复厦门青年战时服务团团员自由，使其能继续工作。[3]

1939年5月，厦门沦陷一周年，旅越华侨不仅开展纪念活动，还分别致电国民政府军委会和福建省政府，要求军委会"令福建省政府切实动员民众，保卫福建"，要求福建省政府"迅即依据抗战建国纲领，努力促其实现，并盼切实动员

---

[1] 厦门市档案局、厦门市档案馆编《厦门抗日战争档案资料》，厦门大学出版社，1997，第506页。
[2] 参见洪卜仁主编《厦门抗战岁月》，厦门大学出版社，2015，第173页。
[3] 参见厦门市地方志办公室、厦门市档案馆编《厦门抗日战争时期资料选编》（上），1986，第122页。

民众，保卫福建，恢复金厦，争取中华民族之自由与解放"[①]。

在广大华侨支援祖国抗战期间，华侨侨领和华侨精英发挥了重要的带头作用，而千千万万的华侨则是抗战捐输的主体。正如1939年厦门大学经济学系主任、印尼华侨黄开禄在西南联大刊物《今日评论》所说："普通谈到华侨，许多人即想到'有钱'，此种观念是错误的。事实上，华侨之有钱者并不一定较诸国内富有的同胞来得有钱，而华侨之贫困者也不下于国内贫困的同胞……所以，500万的华侨，能捐到超过1万万元之数，已是很可观了。再者，华侨捐到的款，其来源也同国内大同小异，都是来自较无钱的阶级……只要翻开任何华侨主办的报纸一看，便可在广告或布告栏内发现许多许多的人民及其捐的3角、5角、7元、8元等数字，其情形颇似国内各报所登'代收款物'等报告。所以，该超过1万万元数目（指全面抗战爆发后一年半的时间里海外华侨捐款数额），大都是代表无数血汗的结晶，离乡背井的代价及苛捐杂税下所榨余的生活费。"[②]

"位卑未敢忘忧国"，在交通断绝、音信难通的抗战时期，千千万万的侨汇通过一封封侨批历尽艰辛辗转送到祖国家人手中，不仅接济了家人，更见证了广大华侨支援祖国抗战的赤子之心。侨批信封上"勿忘国耻""抵制日货　坚持到底""卧薪尝胆　誓雪国耻""长期努力抗战，达到最后胜利"等字样，以及侨批中"如我国决定与日本死战，我则决意返国从军，以尽一国民之职也""死力抵抗""出钱出力，各尽天职"等话语，都是海外侨胞心系祖国、毁家纾难的最有力诉说。[③]

1937年9月23日，一位周姓华侨从槟城给在家乡杏林的父母寄来一封侨批，信中激昂陈词："儿辈生于斯，食于斯，不愿见祖宗庐墓之地为外人侵入，且保乡土、卫国家，匹夫皆有责也！"

1938年，一封从仰光寄往厦门灌口的侨批中提到，"此时国家有事，南洋华

[①] 厦门市档案局、厦门市档案馆编《厦门抗日战争档案资料》，厦门大学出版社，1997，第498页。

[②] 黄开禄：《抗战中华侨的捐输》，《今日评论》1939年1卷11期。

[③] 参见林晖琳：《厦门侨批展厅再现抗战华侨赤子情怀》，《鹭风报》2023年6月9日。

侨均废止一切无谓消耗",他们不再祈神谢佛,省下香火钱,支援祖国抗战。

1939年,菲律宾华侨富商康其图在寄给家乡同安妻子的家书中表示,政府对富户派捐"此乃当然职责",充分展现了侨胞积极支持祖国抗战的热忱与担当。

鹭岛硝烟起,侨心系故园。抗战期间,以侨领陈嘉庚、胡文虎等为引领,万千厦门籍侨胞情牵桑梓,与故土同胞休戚与共。其赤子丹心,熔铸于中华民族救亡图存的伟大洪流,谱写出了血浓于水、侨魂报国的壮丽篇章。

第四节　两岸同胞同仇敌忾　团结抗日救亡图存

1894年,甲午中日战争以清政府战败告终。次年,《马关条约》将台湾全岛及所有附属各岛屿、澎湖列岛等割让给日本。条约第五款规定:台湾居民可以在两年内选择外迁,逾期将自动加入日本国籍。为捍卫国土,不甘做亡国奴的台湾同胞四处奔走,揭露日本侵略者的侵略暴行,用真实经历触动同胞心弦。他们拿起武器,组织义军,浴血保台,用武装行动捍卫民族尊严和领土完整,数万人因此牺牲。更多的台湾同胞因为不愿当侵略者的"顺民",拒不入籍日本,纷纷举家迁往大陆,申请恢复国籍。第一位恢复中国国籍的台湾人是爱国志士林祖密,鼓浪屿至今还保留着他的故居。林祖密于1913年11月18日获北京国民政府内务部颁发的"许字第一号"恢复中国国籍证照。"雾峰林家,满门忠烈",林祖密之子林正亨在全面抗战爆发后毅然投笔从戎,先后参加广西昆仑关对日作战、中国远征军赴缅对日作战等战役。在战斗中落下伤残的他,在写给母亲的家书中,剖白了自己的爱国心:"在这神圣的战争中,我可算尽了责任。台湾的收复,父亲生平的遗志总算达到了,要是有知,一定会大笑于九泉。我的残废不算什么,国家能获得胜利和强盛,故乡同胞能获得光明和自由,我个人粉身碎骨也值得。请母亲不要为我残废而悲伤,应该为家族的光荣而欢笑,你并没有为林家白白教养了我，我现在成了林家第一勇敢和光荣的人物。"

台湾著名史学家连横也于1914年得偿夙愿，恢复中国国籍。连横曾是厦门《鹭江报》的主笔，在厦门创办了以反对封建专制和外国侵略为宗旨的《福建日日新闻》。著名的人类学家林惠祥在20世纪20年代就读厦门大学期间，毅然退出日本国籍，此后积极投身厦门、槟城等地的抗日活动，开展抗日演讲、募集抗战物资、营救进步学生等工作。

厦门是台湾同胞进入大陆的第一站，大批台湾同胞涌入这里，使其成为台胞内渡人数最多的城市之一。许多反抗日本殖民统治的台湾同胞不得已离开台湾后，也将厦门作为落脚点，在此继续开展反对日本殖民统治台湾的宣传活动，厦门因此成为台胞开展抗日活动的重要据点。

为防止大量台湾同胞进入厦门，特别是防范反抗日本殖民统治的台湾同胞进入厦门，台湾总督府采取了许多措施，日本驻厦领事馆也对进入厦门的台湾同胞采取了严密的监视措施。由于台湾总督府严防，除了那些甘做日本鹰犬、为虎作伥的日籍浪人之外，在日本占领台湾初期，一般台湾人是不容易前往厦门的，光是申请路照就要遭受无数刁难，更不用说抵达厦门后开展抗日活动了。但为实现台湾回归祖国，仍有许多台湾同胞想方设法来到厦门，前来厦门求学便是当时的路径之一。据调查，从台湾被日本侵占至1923年，在厦门的台湾学生不超过200名[1]，但其中仍涌现出许多坚持开展抗日复土运动的爱国志士。

由于日本驻厦领事馆的监视与搜查，在厦门的台湾同胞开展抗日活动需要采取隐蔽的方式进行。他们往往利用自身的社会身份和职业打掩护，开设医院就是其中之一。1915年，中国同盟会第一位台湾会员翁俊明内迁厦门，开设俊明医院、创办医学专科学校，并发起组织思宗会和健行社，旨在唤醒旅厦台胞的民族意识，共赴光复台湾之使命。此后，历经厦门、香港沦陷，翁俊明几经辗转却从未放弃抗日斗争。他联络台胞秘密收集情报、进行反战宣传，使日本人头痛

---

[1] 参见福建省档案馆、厦门市档案馆编《闽台关系档案资料》，鹭江出版社，1993，第209页。

第七章　爱国志士杀敌锄奸　厦门军民痛击侵略

不已。1943年，翁俊明被台湾总督府特务下毒杀害。

为揭露日本在台湾的罪行，呼吁台胞反抗日本殖民统治，1923年6月20日，台湾嘉义人、厦门大学学生李思祯在厦门创设台湾尚志社，以"切磋学术"为掩护，秘密开展抗日复土活动。当年8月15日，台湾尚志社的机关报《尚志厦门号》问世，它借文字之力唤醒台胞意识，呼吁台胞共同反抗日本殖民统治，争取台湾回归祖国怀抱。1924年1月30日，台湾尚志社在厦门组织召开台湾学生大会，强烈谴责台湾总督府镇压台湾议会请愿运动的行径，并发表《宣言》和《决议》。《宣言》控诉："为政者不顾台湾之历史、风习，又不与闻岛民之舆论，掠夺人民应有的权利，束缚公众之言论自由，视台湾岛民如奴隶，滥用权威与官势……又古往今来，竟有如斯大惨事，可说完全出乎意料之外也。"[①]《宣言》和《决议》被分别寄往东京、台湾以及祖国大陆各地，传递台胞们的诉求和心声。台湾尚志社的活动很快引起日方注意，最终被取缔。

1924年4月25日，在厦门求学的台湾学生组织成立闽南台湾学生联合会，400多人出席成立大会。该联合会主要负责人均是在厦门大中学校读书的学生或任教的台湾教师，包括李思祯、王庆熏、翁泽生、洪朝宗、许植亭、江万里和郭丙辛等，他们分别来自台湾的彰化、台北、基隆、台南等不同区域。成立当天及次日，联合会组织上演了《八卦山》《无冤受屈》等新剧，这些剧目反映了台胞在日本殖民统治下的悲惨生活[②]。闽南台湾学生联合会成立后十分活跃，成为台胞抗日活动的一支蓬勃力量。5月，该联合会设立共鸣社，创办《共鸣》杂志，不断发表反对日本统治台湾的檄文。7月，联合会印发传单，讨伐台奸辜显荣等人，支持台湾议会请愿运动。11月16日，联合会举行秋季大会，郭丙辛等发表《日本管辖后台湾所遭致的惨状》等演讲。1925年，闽南台湾学生联合会与上海台湾学生会取得联络[③]，共同开展台湾回归祖国的宣传抗争活动，推动台湾抗日复

[①] 陈小冲主编《厦台关系史料选编（1895-1945）》，九州出版社，2013，第406页。
[②] 参见陈小冲主编《厦台关系史料选编（1895—1945）》，九州出版社，2013，第410页。
[③] 参见陈小冲主编《厦台关系史料选编（1895—1945）》，九州出版社，2013，第414页。

土运动的开展。从闽南台湾学生联合会走出的台胞,许多成为日后的抗战英雄。例如发起人之一的翁泽生,幼年时被父亲从台湾送回厦门集美中学读书。在校期间,他利用放假时间往返厦台两地,联络志同道合的台湾青年,创立台北青年会等多个进步青年团体。进入上海大学读书后,翁泽生又投身五卅运动的反帝爱国洪流,参加中共上海地委组织的"日人残杀同胞雪耻会"。1933年3月4日,翁泽生被捕。遭受长达6年的牢狱折磨,他始终坚贞不屈,未曾动摇。翁泽生说:"我父亲是福建同安人,母亲是台北人。你们可以判我刑,但要我转向是绝对不可能的!"1939年,翁泽生被敌人凌虐致死,年仅36岁。

1925年4月,郭丙辛、林茂同等台湾人士与大陆学生共同组织成立了厦门中国台湾同志会。4月18日,该会发表《中国台湾同志会第一次宣言》,揭露日本侵占台湾的暴行,呼吁废除不平等条约、收复台湾这片国土。《宣言》指出:"我们台湾人并非日本人,日本人是我们的敌人。我们台湾人是汉民族,是中国人的同胞,应当相互扶持,相互支持!"[1]4月24日,厦门中国台湾同志会发表《中国台湾同志会第二次宣言》,提醒人民勿忘"五九"国耻日,"台湾人民要洗恨脱耻……中国同胞有爱国思想者,当然也要负起援助台湾的义务"[2]。4月25日,厦门中国台湾同志会举行成立大会。6月,厦门中国台湾同志会创立中国台湾新青年社,出版《台湾新青年》,先后发表《台湾通讯》《留厦台湾学生之泣词》等文章,呼吁两岸同胞铭记国耻、携手共进、收复失地。《留厦台湾学生之泣词》以上海五卅惨案为例,指出祖国同胞所受的痛苦,正是台湾同胞正在承受的痛苦,呼吁大家以"互助合作的精神,来对付压迫者",通过排斥日货、罢工等方式,"打垮帝国主义,拯救世界上被压迫的人们"[3]。

上述台胞抗日组织的活动,还见载于日据时期台湾总督府的《警察沿革志》。该书由台湾总督府警务局收集台胞活动情报汇编而成,从侧面印证了日本当局对

---

[1] 林仁川:《台湾光复前后福建对台湾的支援与帮助》,《台湾研究》2006年第4期。
[2] 洪卜仁主编《厦门抗战岁月》,厦门大学出版社,2015,第206页。
[3] 陈小冲主编《厦台关系史料选编(1895—1945)》,九州出版社,2013,第409页。

全台实行的高压统治。

1927年3月，台湾青年林云连、余文兴、黄会元、郑阿德、林焕樵等人，因不满日本对台湾的殖民统治，一起内渡厦门。在厦门，他们又遇到台湾同乡刘邦汉，因志同道合，几人经常探讨台湾革命问题。1931年9月，刘邦汉与林云连在广州会合，当时正值日本发动九一八事变，刘邦汉等人义愤填膺，决定筹组"台湾民主党"。1932年3月10日，台湾民主党在广州成立。同年8月，该党党员陈辉滨联络厦门华侨义勇军救国会成员张锡龄前往泉州，动员在泉州的台商颜宝藏、陈介文加入台湾民主党，并计划在厦门成立台湾华侨义勇队。后因台湾民主党被日本驻广州总领事馆取缔，厦门的这一计划没有实现。[1]

1930年6月9日，在厦门的台湾学生曹炯朴、王溪森等发起组织的闽南学生联合会正式成立。会后，大会执委会决定开展反对"六一七"台湾始政纪念日的斗争，印刷2000份《纪念六一七特刊》，分送厦门、漳州、上海、台湾等地。当年11月，台湾民众抗日起义的消息传到厦门后，闽南学生联合会立即停止上课，在集美等地举行集会声援。

1931年6月，闽南学生联合会中的激进分子在厦门白鹿洞集会，决定组织成立厦门反帝同盟台湾分盟，推选王灯财为负责人。厦门反帝同盟台湾分盟成立后，即与上海反帝大同盟和中国共产主义青年团厦门支部取得联络，相互协作，指导在厦台湾学生开展抗日活动。1932年3月，中国共产主义青年团厦门支部召开在厦学生和青年团员联席会议，王灯财以中国共产主义青年团团员身份参加会议。会议决定解散厦门反帝同盟台湾分盟，其成员加入厦门青年救国会，共同开展抗日活动。

厦门台胞发起的抗日活动，让台湾岛内的同胞深受触动，许多人冲破重重阻力，内渡到大陆参加抗日斗争。当时有两个刚满20岁的台湾青年，一心想离开台湾前往厦门。他们准备好行装要出发时，受到日本人的干涉和阻挠，无法直接到厦门，只能绕路先到日本长崎，再转到上海。途中因路费耗尽，他们只能改为

---

[1] 参见洪卜仁主编《厦门抗战岁月》，厦门大学出版社，2015，第212页。

步行，终于在 1925 年 4 月抵达厦门，加入闽南台胞的抗日队伍。台湾彰化人李应章（又名李伟光），长期在台湾从事抗日活动，多次受到日本警察的搜查、警告，甚至被判刑入狱，但仍初心不改。1931 年九一八事变后，他利用除夕日军警戒松懈之机逃离台湾，到厦门后在鼓浪屿泉州路开设神州医院，秘密支持抗日活动，为革命同志提供医疗救助和掩护。1932 年 11 月 8 日，神州医院引起日本驻厦领事馆的注意，厦门公安局、鼓浪屿工部局、日本驻厦领事馆警察联合包围医院并展开搜查，李应章因事先有所警觉而侥幸逃脱。台湾革命党副主席张锡均在厦门思明北路 73 号开设眼科医院，将其作为隐秘的抗日据点，医院取名"光华"，寓意"光复中华"。台南人蔡啸在台湾上学时，亲身经历了作为"二等公民"的屈辱与无奈，决心离开台湾回到祖国大陆。1934 年，他抵达厦门后，被国民党当局误认为是日本特务而投入监狱。出狱后，蔡啸爱国之心未改，前往龙岩加入新四军。此外，沈扶（抗战时期在八路军总政治部从事对日研究工作）、刘伯文（抗战期间执教黄埔军校）、李纯青（《大公报》著名记者）、杨诚（抗战期间在延安从事侨务、翻译工作）等，均从台湾内渡到厦门，再从厦门踏上抗战的征途。台湾爱国志士张志忠在集美中学读书时，就积极参与和组织台湾学生开展抗日活动。1939 年，他历尽艰辛抵达延安，次年加入中国共产党，后被指派前往冀南前线参加抗日宣传工作，抗战后期成为新四军某团团长。

正是由于前述台胞抗日组织打下了坚实的思想和组织基础，当全面抗战的烽火燃起后，在厦台湾同胞毫不犹豫，立刻发起组织抗日复土总同盟。

1937 年，抗日战争全面爆发前夕，台胞翁俊明、施志霜等人先后公开宣布放弃日本国籍，申请恢复中国国籍。抗战全面爆发后，眼见战事日益扩大，日本驻厦总领事馆在撤离厦门之际，通过各种方式威逼在厦台胞限期撤回台湾，并调集海轮分批运送，一个月内就撤走台胞 1.02 万人。然而，许多台胞不愿回台。《江声报》在报道台胞被迫撤离厦门时称，台湾同胞离开厦门"多非所愿，频行垂头丧气，状至可悯"。当时，不少台胞逃往香港，更有大批台胞隐藏身份留在厦门。

1937 年 8 月 28 日，日本驻厦总领事馆关闭并撤离厦门，留厦台胞获得自由。风起云涌的抗日救亡运动激发了台胞根深蒂固的爱国意识，许多人向国民政府提

第七章 爱国志士杀敌锄奸　厦门军民痛击侵略

交申请书，请求恢复中国国籍。国难当头之际，留厦台胞不论男女老幼、贫贱富贵，纷纷表示要共赴国难。为表达对前线将士的敬意，他们以不同的方式积极参与抗日救亡募捐活动，有的捐钱，有的捐物，有的捐药品，有的捐献房屋。爱国侨领庄希泉及其父亲庄有理就是典型代表。1925年"五卅惨案"发生后，庄希泉与夫人余佩皋在厦门组织成立"厦门国民外交后援会"，积极发动罢工、罢课和抵制日货运动。日本驻厦领事馆以其父庄有理曾在台北开设商号为由，将庄希泉认定为日本"属民"，召其至领事馆，斥责他参加"排日"运动，命令他出具不再反日的保证书。庄希泉坚决拒绝，随即被关押在鼓浪屿日本领事馆的地下监狱。庄希泉宁死不屈，经多方营救出狱后，继续投身于反对日本侵略的活动。针对日本驻厦领事馆认定其为日本属民一事，庄希泉在上海呈请恢复中国国籍，并登报声明："我是中国人，不是什么日本属民。"他还特意取名"庄一中"，寓意"只有一个中国，台湾属于中国"。他的父亲庄有理从报纸上得知厦门市政府为台胞办理恢复国籍手续后，第一时间提出了申请。[1]

"民虽生长于台，于心无不时以国家为念"[2]。"慨自暴日侵略祖国以来，蒿目兴感，莫不抱敌忾同仇之决心"[3]。在长长的申请恢复国籍的名单中，我们可以看到不少知名台胞的身影。例如，曾参加辛亥革命的同盟会爱国人士陈金方，因急于恢复中国国籍，先后两次提交长达3000字的呈请书，并用工整的字迹写道："金方一生为祖国尽瘁革命外……固未尝依赖台'籍'以营一事，利一金也。现值祖国抗战伊始……恳转请内政部核准，先行恢复国籍而便共赴国难……"[4]

在申请复籍的台胞中，许多人主动捐屋捐物充作抗敌经费，有的甚至在自身生

---

[1] 参见厦门市档案局（馆）编《近代厦台交流档案资料选编》，厦门大学出版社，2017，第86—87页。

[2] 厦门市档案局（馆）编《近代厦台交流档案资料选编》，厦门大学出版社，2017，第60页。

[3] 厦门市档案局（馆）编《近代厦台交流档案资料选编》，厦门大学出版社，2017，第64页。

[4] 厦门市档案局（馆）编《近代厦台交流档案资料选编》，厦门大学出版社，2017，第65页。

计都成问题的情况下，仍愿意将唯一的房屋捐献出来。例如，台胞江朝汉祖籍金门，自幼在台南长大，30岁时到厦门学医行医。因受经济不景气影响，他一家9口维持生计十分困难，甚至连续几年交不起捐税，只能依靠亲戚救济度日。即便如此，江朝汉仍投身抗战，担任禾山区公署委任的后方医院筹备员，还主动"将唯一财产平屋一座贡献国家"。他的呈请书写得慷慨激昂："伏思国难当头，凡属国民，均应尽心尽力，共谋民族之解放，有财者输财，有力者出力。"[1]

又如，一位周姓女子原本生长在广东省汕头市，7岁时随父母赴台北经商，于1918年2月丧失中国国籍。13岁时，她被人诱拐到厦门卖进青楼，辗转流落，命运坎坷。在日本驻厦总领事馆强迫台胞撤回台湾之时，她心心念念想要恢复国籍，在呈请书中写道："幸于22岁时，凭媒介嫁与惠安人陈（名略）为妻。从此之后，屡思回复国籍，奈日本帝国主义压迫至重，未克所愿。兹者我国对倭展开全面抗战，幸蒙政府准许台湾民众回复国籍，不胜欣慰……恳乞准予回复中华民国国籍，并祈转呈层峰鉴核施行。"[2]

我们不妨再数一数拥有日本国籍在当时可以获得的"好处"，方能更深切地感受台胞申请复籍的可贵，也更能证明台湾同胞的爱国情怀。在当时，根据不平等条约，拥有日本国籍就意味着享受治外法权，可不服从中国之税权及裁判权等，几乎等同于排除在中国司法的管辖范围之外。在此等特权的诱惑之下，不乏一些趋利的商人为了避税，甚至从未踏足台湾，都想方设法申请成为日籍台民。而那些充当日本犬牙的日籍浪人，更是在日方的"保护伞"下，大肆经营赌场、妓馆，走私贩毒，牟取暴利，残害国人，扰乱社会。两相对比便可了然：面对一己私利与民族大义，这些申请恢复国籍的台湾同胞，毅然决然地选择了后者，这是烽火岁月里台湾同胞深入骨髓的血脉情谊的真实映照。他们的心声，或许可从林惠祥

---

[1] 厦门市档案局（馆）编《近代厦台交流档案资料选编》，厦门大学出版社，2017，第63页。

[2] 厦门市档案局（馆）编《近代厦台交流档案资料选编》，厦门大学出版社，2017，第83页。

第七章 爱国志士杀敌锄奸 厦门军民痛击侵略

的自传里窥见一二:"在南洋沦陷期间,更坚守我的本意,不因日本之胜利而攀附为日籍,以取得势力富豪,反以我国之被侵略而愿与华侨同受危险与痛苦","宁愿牺牲个人利益,遭受痛苦及危险,而不愿变节认贼作父"。

1937年8月29日,40多位留厦的青年台胞在大中路回生医院开会,发起组织台湾同胞抗日复土总联盟。8月30日,台胞召开发起人会议,议定总联盟的宗旨为"联络有志台胞,与祖国同胞站在同一阵线,以收失地及力谋我中华民族自由解放"①。会议选举宋重光、游新民、叶永隆等15人为筹备委员,还起草了组织大纲、工作大纲、宣言和通电,通过了协助缉捕汉奸、募捐抗战献金等提案。当天,在厦门市各界抗敌后援会召开的抗日民众大会上,台湾同胞推荐王任本作为台湾代表参会并发表演讲。王任本在演讲中谴责日籍浪人充当汉奸、卖国求荣的可耻行为,表达了台湾同胞为救国图存出钱出力的愿望。次日,厦门《江声报》以《台湾代表请愿抗战》为题,刊登了王任本的演讲文稿。厦门市各界抗敌后援会为推动台湾同胞参与抗战,发表《敬告台湾在厦门同胞书》,号召台湾同胞站在民族抗战的阵线上,共同打倒暴日,收复台湾。9月4日,台湾同胞抗日复土总同盟宣告成立,这标志着在厦、在闽台湾同胞有了更强有力的抗日组织。此后,台湾同胞怀着满腔热血,与祖国同胞并肩作战,共同反抗日本侵略。在厦门台湾同胞抗日复土总同盟的影响下,石狮的台胞周燕福等9人也发起组织"石狮台胞抗日复土同盟会",与厦门方面联成一气,开展抗敌复土运动。同年,一些台胞加入厦门的抗日救亡组织,如嘉义人林松龄加入厦门文化界抗敌后援会,后任厦门青年战时服务团干事会干事、厦青团党支部委员。②

1938年5月厦门沦陷后,台湾同胞抗日复土总同盟成员有的奔赴前线,有的参加李友邦领导的台湾义勇队,有的继续留在厦门,以不同方式开展抗日斗争。

1939年,台湾同胞抗日组织台湾革命青年大同盟与厦门中国青年复土血魂团

---

① 福建省档案馆、厦门市档案馆编《闽台关系档案资料》,鹭江出版社,1993,第219页。
② 参见中共厦门市委党史和地方志研究室编《图说厦门党史(新民主主义革命时期)》,厦门大学出版社,2021,第181页。

紧密配合，开展反抗日本殖民统治的活动。他们在厦门、鼓浪屿散发抗日传单，内容包括劝导更多的台湾人醒悟投身革命、刺探敌军情报、配合祖国抗战工作、协助血魂团爱国分子暗杀在厦日寇等。1939年的一天上午，许多民众前往厦门南普陀寺烧香拜佛，突然人群上空飘来大批传单。民众捡起一看，发现是台湾革命青年大同盟与血魂团联合署名的传单。日寇接到报告后极为震怒，立刻派出大批士兵将南普陀寺包围，强迫烧香的民众指认散发传单的人。由于人们无法指认，日军丧心病狂，将数百名民众全部扣押，驱赶上日本军舰运载出海。关于这些人的去向，有的说被残忍地扔进大海，有的说被运往台湾。被捕者的家属们悲愤交加，却敢怒不敢言。[①]

1939年2月，台胞李友邦等在浙江省金华县组建了台湾义勇队和台湾少年团。这两个团体成立后，辗转于闽浙一带，积极开展抗日活动：成员们或从事医疗救助，或开展巡回宣传，或翻译敌军文件，或生产急需药品。它们是台胞直接参加祖国抗战中，人数最多、影响最广且唯一有正规军编制的抗日团体。例如台湾义勇队闽南办事处主任郑约（台湾彰化人），早年曾与谢真到鼓浪屿上的日本驻厦领事馆投掷手榴弹。厦门沦陷后，郑约孤身潜入厦门岛搜集情报。临行前，他给家人留下一封信："若我不幸回不来，大姐弟要帮母亲抚养小弟妹，继续为打败日本侵略者斗争！"当郑约平安归来时，一家人欣喜万分，激动得齐声高唱《义勇军进行曲》。受他的影响，其子郑坚18岁即投笔从戎，加入台湾义勇队；其长女在学校期间，始终是抗日爱国宣传队的活跃分子。

1940年3月，为统一在祖国大陆开展活动的台胞抗日力量，形成大陆台胞的抗日联合阵线，在大陆的台湾同胞抗日组织联合成立台湾革命团体联合会。1941年2月10日，台湾革命团体联合会改名为台湾革命同盟会，主席团由谢南光、张邦杰和李友邦组成[②]。台湾革命同盟会分设南方和北方两个执行部。由

[①] 参见福建省档案馆、厦门市档案馆编《闽台关系档案资料》，鹭江出版社，1993，第225页。

[②] 曾庆科：《关于抗战时期台湾革命同盟会的几个问题》，《中共党史研究》2000年第2期。

第七章
爱国志士杀敌锄奸　厦门军民痛击侵略

于厦门沦陷，南方执行部设在漳州，在厦门设立办事处。厦门办事处设行动队和宣传队，并派遣队员到金门、台湾开展工作。①

1942年6月至7月间，台湾革命同盟会南方执行部行动队在驻漳州预备九师（提供武器、交通工具和指挥支持）、军统局（有台湾同志参与执行相关工作）及福建省政府（提供资金支持）的协助下，对厦门的敌伪势力发起了多次武装攻击。

1942年6月17日，是台湾被日本侵占47周年纪念日，台湾革命同盟会的志士在厦门发动了武装袭击，向驻厦日本海军司令部投掷了炸弹。这一事件见诸当时的《新华日报》《大公报（桂林版）》等报刊。其中，《新华日报》转载的报道原文如下："本月17日为台湾沦亡47周年纪念日（即台湾耻政纪念日）。台湾革命同盟会在厦志士，于是日下午6时出动袭击该地敌伪，向虎头山敌海军司令部投爆炸弹数十枚，声动全市，敌方损失甚重，并在市内到处散发传单，秩序大为混乱。敌伪军当即灭市内灯光，出动搜查，迄今全岛尚在戒严之中。"

1942年6月30日，台湾革命同盟会南方执行部行动组袭击驻厦日伪势力，火烧虎头山日军油库。7月1日，该行动组再次出击，袭击了伪厦门特别市政府成立3周年纪念会会场。7月16日《新华日报》记载："是日值厦门伪市府成立三周年，岛上敌伪晨间齐集中山公园召开纪念大会，正当群魔乱舞、丑态百出之际，我台湾革命志士潜入会场，突向主席台上掷以巨弹，顿时爆发，当场敌伪血肉纷飞，炸死伪军官40余名，内有高级长官一人。其时场内秩序大乱，我志士即于人群纷乱中，安全退出。"袭击事件发生后，日伪进行了疯狂的报复，在全市实行戒严，开展大规模搜捕。禾山泥金社24人因此被日本警察本部抓捕，其中16人被砍杀在五通海边沙滩。

在这一系列行动中，台胞纪志能在运送军火时不幸被捕，后坠楼牺牲。根据次年台湾革命同盟会的工作报告，这三次行动共伤敌50余人，给敌方造成的

---

① 参见洪卜仁主编《厦门抗战岁月》，厦门大学出版社，2015，第210—211页。

物资损失达 50 余万元。此前，台湾抗日组织在大陆主要以宣传工作为主，而这几次对厦门日伪的袭击行动，不仅给日伪造成重大损失，更在社会上引发了极大震动。①

1942 年，由谢南光、李万居、连震东等台湾知名人士组成的"军委会国际问题研究所"在厦门设立联络站，由台胞陈能方负责，致力于搜集日方情报。该联络站的台胞林顶立以国民党军统局特工身份潜伏在日本特务机构中，为军统局收集、提供了大量日伪情报。例如，他利用在日本特务机构中的身份，提前获取日军鉴别伪钞的新手段并报告军统局，使军统局印刷厂及时调整伪钞制造工艺，在与日军争夺物资的"对日经济战"中取得胜利，为重庆方面获取了大量急需物资。

抗战期间，厦门人民和台湾同胞相互支持、同仇敌忾，共同开展反抗日本殖民统治的斗争，给日本侵略者以沉重打击。1945 年 8 月 15 日，日本宣布投降。9 月 3 日，台湾义勇总队副总队长张士德受总队长李友邦之命，在台湾台北郑重升起第一面中国国旗，宣告台湾主权回归。李友邦对在厦门的台湾青年说："我们可以作为一个爱国的台湾同胞，堂堂正正地回家去见父老兄弟了。"10 月 25 日，陈仪作为中国台湾地区的受降代表，接受驻台日军投降，台湾宣告光复。同一天，台湾义勇总队队员由厦门分批乘船返台。回台前夕，李友邦在厦门南普陀寺后山巨石上亲笔题下"复疆"二字。

---

① 林真：《台湾革命同盟会南方执行部述论》，《闽台文化研究》2016 年第 3 期。

第八章

抗战胜利　厦门重光

第八章
抗战胜利　厦门重光

1945年8月15日，日本裕仁天皇宣布接受《波茨坦公告》，实行无条件投降。9月9日，国民政府代表在南京接受侵华日军总司令冈村宁次递交的投降书。冈村宁次签字投降，标志着中国人民经过十四年的艰苦抗战，终于打败了日本侵略者，取得了抗日战争的完全胜利！

南京受降仪式后，为收复沦陷区，国民政府组织成立全国统一接收委员会，以何应钦为主任委员。该委员会由海、陆、空三军选派人员组成，开展对各沦陷区的接收工作。

第一节　日寇战败　厦门光复

抗战胜利的消息传到厦门，沦陷七年多的厦门人民更是欣喜若狂，纷纷涌上街头燃放爆竹。饱受日寇摧残和蹂躏的厦门人民，翘首期盼政府前来接收，希望早日脱离苦海。驻厦日军一度拒绝投降，以为只是停战，直到接到上级的指示后，才知道日本彻底战败了，已经无力回天，于是开始进行投降的准备工作。

接受日军投降，本是一件体面的大事，是福建的大事，也是厦门人民迫不及待的大事。然而，民国中央政府和福建省政府却把此事办得一塌糊涂，不仅时间拖沓，在日本投降一个多月后才举行驻厦门日军的受降仪式，而且整个受降过程混乱无序，让厦门人民深感失望，也丢尽了政府的颜面。

战后接收工作，按照当时战区的划分，厦门属于第三战区，因此，由第三战区负责接受厦门地区日军投降。第三战区决定分别在浙江省杭州市和福建省厦门市接受日军投降。由于厦门沦陷了七年多，直到日军投降也没有收复，因此，厦门地区的受降仪式定在与厦门一水之隔的龙溪举行。

为顺利开展受降工作，第三战区司令长官顾祝同和副司令长官、福建省政府主席刘建绪于日本宣布投降的当日即组成"接收厦门委员会",任命福建省保安处处长、保安纵队司令严泽元少将为接收金厦的主任委员,并担任受降主官。严泽元授任后,率上校参谋丁维禧、秘书任仲泉、警卫大队大队长邬学义中校、英语翻译官陈振福及副官、译电员等多人,抵达龙溪,租用龙溪九龙饭店办公,展开接受日军投降的准备工作。第三战区副司令长官部也派参谋处长唐精武到漳州协助。与此同时,福建省政府委派省政府委员黄天爵兼任厦门市政府市长。黄天爵亦带领市政府一批人马来到龙溪待命,准备接收厦门。此外,漳厦党务督察专员黄谦若、厦门市党部书记长谢联奎、厦门市政府代理主任秘书吴春熙、厦门市商会理事长严焰等也聚集龙溪,等待进入厦门。一时间,龙溪县城将星闪烁,要员云集,忙煞了龙溪县县长。

经过一系列的准备工作,当第三战区任命的受降主官严泽元认为一切准备就绪,将要举行接受日军投降仪式时,却发生了一系列混乱事件,让"受降"和"接收"成了一场闹剧。

国民党政权内部派系林立,各系统各方面为争权夺利而钩心斗角、相互倾轧,在以谁为主接受日军投降问题上产生了严重的矛盾。国民政府中央方面,以何应钦为首的陆军主张台闽应按战区序列接收;而以陈绍宽为首的海军则主张台、澎、厦门作为重要港口应归海军接收,理由是厦门历来是海军的驻防要港,且占领厦门的是日本海军,因此应由海军总司令派员来厦主持受降仪式。为此,海军方面以总司令陈绍宽的名义,电令海军第二舰队司令李世甲少将,以接收厦门日本海军专员的身份,赶来厦门办理接收事宜。[①] 李世甲奉命后,即率领海军陆战队第四团第一营300多人,于8月20日由福州马尾出发,8月26日抵达集美,准备进入厦门受降。当李世甲率领的海军陆战队到达集美时,遭到集结在此的保安团团长陈重所带领的1000多人部队的阻止,双方互不相让,气氛十分紧张。因双方各有背景,严泽元只好急电第三战区正副司令长官部,请示办理办法。于是,自日军投降之日起,双方通过文电往来僵持了半个多月,仍无法达成协调。

[①] 参见厦门市政协文史资料委员会编《抗战时期的厦门》,鹭江出版社,1995,第165页。

第八章
抗战胜利　厦门重光

由于接管工作多方插手、互相掣肘，情况相当复杂。最终，第三战区副司令长官、福建省政府主席刘建绪亲自坐镇漳州，与各方磋商，但在以谁为主接收厦门日军投降的问题上，各方互不让步，始终未能达成共识。厦门人民对政府入厦接管翘首以盼，国民党海、陆军却在集美陈兵对峙，谁都难以渡海进城。

由于厦门地区的受降仪式一拖再拖，厦门岛上出现权力真空，各种帮派、势力乘机捣乱，就连曾经野蛮残暴、飞扬跋扈的日军也无法忍受。日本驻厦海军司令原田清一、日本驻厦总领事永岩弥生迫于责任与自身安全，急于请降，以便日侨、日俘能早日遣返回国，于是派人至龙溪请求受降官早日莅厦受降、接收。国民政府海、陆军双方也觉得争执一时不会有结果，便临时推举严泽元出面接见日本请降使者，并主持受降仪式，同时指定石码商会作为接见地点，命令日方请降代表于8月28日到石码洽谈投降事宜。8月28日，驻厦日军派出海军少佐驹林力和日本驻厦总领事永岩弥生为代表，到石码请降。驹林力一行到达后，严泽元以日方代表官衔级别过低，不符合代表资格，且未携带代表身份证明文件为由，要求日方另行派人。[①] 8月29日下午，驻厦日本海军司令部司令原田清一再次派遣日本海军大佐松本和日本驻厦领事馆书记官林乃恭及随员6人，乘"烟台山"号电船到石码请降。当天下午1时30分，松本一行抵达石码。日军要来投降的消息传开后，对日本侵略者充满愤怒的石码民众都想要看看日本侵略者的下场。为保证受降过程的安全有序，保安队对日本请降代表经过的路段进行了严密的警戒。但是，得到消息的群众依然从四面八方赶来，从码头到石码商会沿途人山人海。"日军降使上码头后，手持降书齐举胸前，腰佩指挥刀，刀把挂白布，从码头开始，以受检阅的正步步伐行进，至商会受降处，进入正厅。"[②] 下午3时30分，日军请降仪式开始，"该少佐身着海军礼服，除去佩剑，步入礼堂，态度甚为恭谨"。仪式上，先由松本呈验身份证明，再呈献请降书。随后，由福建省保安纵队司令

[①] 参见厦门市地方志办公室、厦门市档案馆编《厦门抗日战争时期资料选编》（下），1986，第757页。

[②] 厦门市地方志办公室、厦门市档案馆编《厦门抗日战争时期资料选编》（下），1986，第758页。

部副司令阙渊少将宣读中国第三战区司令给厦门日本海军司令原田清一的备忘录和闽字第一号备忘录。备忘录要求日方"一、限其于接收前两日内肃清厦门区海陆所布水雷及地雷；二、速即恢复厦门、金门及漳州间交通，并于我接收人员及部队在厦登陆时妥为迎接"。最后，由松本签字。日军的请降仪式持续了约40分钟。

日军请降仪式虽一波三折，但总算完成了，受降和接收厦门的工作也提上了日程。

1945年8月31日，严泽元在龙溪县政府以福建省保安纵队司令部名义，召开接收厦门工作座谈会。参会者包括中美合作所华安班陈达元、雷镇钟，国民党漳厦区党务督导专员黄谦若，国民党厦门市党部书记长谢联奎，市商会严焰、庄金章，福建省高等法院高一分院院长李襄宇，宪兵第四团第一营副营长郎文光、三连连长钱瑾，《中央日报》驻厦特派员吴邕，《中央日报》厦门分社社长郑善政（吴邕代），"中央社"特派员冯文质，国民党中宣部闽粤区厦门分处指导员叶英，海军陆战队方馥藩，邮政储金局方建标，厦门电信局陈兆荣，以及福建省银行、中国农民银行、交通银行、中央银行、集友银行等机构负责人20多人。经过讨论，会议作出八项决议[①]：

1. 接收初期出入厦市人口应如何管制案

议决：出入均应请求许可，由市政府负责办理。

2. 交通船只应如何管制案

议决：设管制委员会，由保安纵队司令部、闽南区指挥部、市政府、市党部、青年团厦分团、海军陆战队、水警队、厦市警局、宪兵连等9个机关组成之，并以纵队司令部为主任委员，其他各机关为委员，办理登记事项。

3. 禁止民间私藏军火及便衣携带武器，以维地方治安案

议决：①由纵队司令部、闽南区指挥部、市政府等机关会衔布告，对未曾领照枪支，限期缴呈警察机关保管；②前项布告同时请军风纪巡察团揭示民众遵照；

[①] 洪卜仁主编《厦门抗战岁月》，厦门大学出版社，2015，第232—233页。

③各机关公务人员因公携带武器者，应报请纵队司令部发给临时枪照。

4. 汉奸案件应如何统一处理案

议决：①设立"敌奸罪行调查委员会"，由下列机关组成：市政府、市党部、三青团、保安纵队司令部、闽南区指挥部；②检举汉奸应向"敌奸罪行调查委员会"检举，经初步侦查认有确证时，由宪警予以逮捕，移送司法机关办理；③委员会组织规程由市政府草拟。

5. 逆产应如何处理案

议决：汉奸经敌奸罪行调查委员会拘捕时，应同时标封其财产，并通知市政府管理之。

6. 关于善后救济、柴米供应问题案

议决：柴、米、医药除由市政府准备外，鼓励商民自由营运，但交通工具须经管制委员会允许。

7. 机关人员迁入厦门市，应如何予以规定案

议决：①机关进入厦门市，应事先将人数通知保安纵队司令部；②各机关入厦先后由保安纵队司令部定之；③各机关进入厦门市以驻旧址为原则，其无旧址者，由市政府设法调整；④应迁入市区各机关，以石码为集中地点，候船输送。

8. 禁止非法团体活动案

议决：①党部、政府认为健全者当然存在；②凡不健全者，由党部、政府派员处理；③非法团体，禁止活动。

此后，关于接收厦门工作的会议多次召开。然而，接收工作一直没有展开，不仅厦门市民着急，日本方面也着急。请降仪式后，日本驻厦总领事永岩弥生到龙溪，请求尽快派员接收。9月12日，驻厦日本海军司令原田清一对第三战区备忘录令其遵办之事项，向严泽元作出答复，提交调查清册，并报告扫雷情形。原田清一在报告中称，金门、厦门、鼓浪屿间的航线已安全畅通，其他区域尚待继续清除；对严泽元所要求的交通工具及防卫措施，均已准备妥当，并表示在中方前进指挥所进入厦门前，将派驻厦总领事永岩弥生前来接洽关于行政方面的接收问题。9月17日，原田清一再派永岩弥生和副领事魏根宣乘轮到龙溪福建省保

安纵队司令部联络，严泽元少将、黄天爵市长接见了永岩。在接见过程中，永岩弥生代表原田清一司令官向严泽元少将请求派遣民政专家商讨行政方面的接收问题，并盼国军早日入厦接收。其间，严泽元询问永岩："（1）治安问题是否办妥？（2）据闻日军有出售枪支及将物资投海情事发生，果否？（3）厦市最近状态若何？"永岩弥生当场答复："（1）治安问题，原田司令官已负责办妥。（2）否认有此情事发生。（3）厦市最近情形尚良好。"随后，黄天爵询问厦市户口册及行政各机关财产册是否造好，永岩答称已完成，可交李参谋带上。当晚8时，严泽元召集厦门市负责接收工作的各机关负责人员开会，讨论厦门市行政接收问题。9月25日，原田清一又派员到龙溪呈送财产清册，再次表示急盼中国政府早日来厦接收。[①]

长期受侵略者奴役的厦门人民更是望穿秋水，盼望着政府早日前来接收厦门。为迎接国军到来，厦门民众在街头巷尾满悬国旗，码头及交通路口也高搭巨架，结彩欢迎。然而，由于接管工作迟迟没有进行，厦门社会秩序陷入混乱。日军趁机变卖汽艇上的帆布、棕索、铁锭及短枪等可售物品，所得的钱财用于大吃大喝，尽情醉饱。除变卖军械外，日军对各处重要工事、武器及交通器材或肆意破坏，或抛沉海底，直至9月4日还没有停止。据估计，日军毁坏的武器超过百分之四十，物资也多被抢夺、烧毁。伪厦门特别市政府职员及伪警早已逃散，全市陷于无政府状态。

和之前争夺谁主持受降仪式一样，云集漳州龙溪的各方接收大员，又为谁接受驻厦日军投降和主持厦门的接收工作发生了争执。为在接收过程中捞取更多好处，国民党陆海军和政府各级部门都在争夺"受降"和"接收"工作的主导权。

当受第三战区司令长官顾祝同和副司令长官、福建省政府主席刘建绪指派的严泽元准备进入厦门接收时，国民政府财政部来电称"奉总裁手谕：凡全国敌产，应由财政部统一接收处理。现派李致中少将兼厦门市接收组组长"，并要求"在

---

① 参见厦门市政协文史资料委员会编《抗战时期的厦门》，鹭江出版社，1995，第168页。

李未莅任前,不得擅自接收"①。严泽元接令后,急电敦促李致中到龙溪磋商接收事宜。但当时李致中尚在广州接收,一时无法前来。与此同时,原设在华安县的中美合作所第六特种技术训练班提出,厦门的接收工作应由他们来主持。早在8月20日,该训练班副主任陈达元便率领4个营(约3000人)移防厦门附近,分别驻扎在海沧、嵩屿、石码、海澄等地,随时准备过海接收厦门。

9月下旬,海军方面主持接收日伪海军任务的中将参谋长曾以鼎委派刘德浦少将为厦门要港司令,协助海军第二舰队司令李世甲少将办理接收事宜。何应钦同时命令第三战区,厦门受降改由海军主持。刘建绪不得已命令严泽元将各项清册图表移交刘德浦,并派保安团协助海军搞好接收工作。刘德浦奉命后,于9月24日由沪乘专机抵厦,然后转往龙溪与李世甲会面商谈。刘德浦以接收厦门日本海军前进指挥所的名义,向日本海军司令原田清一发布命令,接受其投降。李世甲以电话向刘建绪报告,准备与刘德浦率海军陆战队渡海接受日军投降,并告知其接收范围仅限海军所属单位,其他地方行政单位,如金融、海关、税务、司法、邮电等机构,请政府另行派员接收。刘德浦返厦后,立即命令原田清一编造投降官兵名册及舰艇、军械、弹药、物资等清册,并规定9月28日为受降日期。②

9月27日,海军以厦门要港司令刘德浦少将的名义,向驻厦日军发布"第一号命令",决定是日午后2时半开始,接收金门、厦门、鼓浪屿日军所有舰艇及造船所,并令金厦区日本海军舰艇,包括千吨以下兵舰、浅水汽艇、高速艇共170余艘,于27日下午集中厦门海域。刘德浦司令派参谋长郑沅及海军总部航空处处长陈文麟负责接收。

9月27日晨,海军第二舰队司令李世甲、厦门要港司令刘德浦率要港司令部官兵及布雷队百余人作为先头部队,分乘2艘汽轮,从漳州出发前往厦门。12时,刘德浦、李世甲等乘坐的汽轮抵达厦门港;下午2时半,汽轮进入厦门第五码头,闻讯而来的厦门市民涌向海岸,争睹阔别已久的国军风采。一时,鞭炮声与欢呼声大作。刘德浦与译员一行在海军码头登岸。沦陷七年多后,中国军队再次登上

---
① 洪卜仁主编《厦门抗战岁月》,厦门大学出版社,2015,第234页。
② 洪卜仁主编《厦门抗战岁月》,厦门大学出版社,2015,第235页。

厦门岛。在海边巡逻的日本兵均持枪肃立。前往厦门市区的路上，沿途牌楼结彩，国旗飘扬。4 时，刘德浦一行抵达厦门海军要港司令部临时办公地址——柏原旅社。

9 月 28 日，国民党海军在鼓浪屿海滨饭店（现鹿礁路 2 号）举行受降仪式。参加仪式的中方官员有国民党海军第二舰队司令兼接收厦门海军专员李世甲少将、厦门要港司令刘德浦少将、参谋长郑沅上校及副官等人，李择一（福建省政府顾问）任翻译。日本方面的人员有日本驻厦海军司令原田清一中将及参谋长等 5 人。受降仪式上，原田清一中将向中方海军将领献上请降书，低声下气，状极狼狈。这是厦门地区最高将领参加的接受日军投降仪式。[1]

1945 年 9 月 28 日，日军投降仪式的举行，标志着厦门人民经过七年多的艰苦抗战，终于打败了日本侵略者，取得了最后的胜利。

受降仪式后，海军分别接收各驻厦日本海军机构，包括日本海军舰艇 4 艘、投降官兵 2797 名，以及步枪、轻重机关枪、机关炮和山炮等武器。清点接收后，武器被装上 2 艘机帆船，由布雷队官兵押送运往福州，交海军马尾要港司令部点收归库。空军方面，有飞机 4 架、飞机用油 711 桶、大小炸弹 290 枚、车辆 5 部，由空军部派空军上尉肖棣信前来厦门接收。[2]

李世甲在厦主持受降仪式后，于 9 月 29 日午后乘专轮返回漳州，电告刘建绪厦门受降经过，并与严泽元、黄天爵洽商如何接收行政事宜，傍晚再次返厦。

当晚，严泽元、黄天爵召开"接收厦门委员会"紧急会议，决定所属各单位人员于 9 月 30 日上午 10 时从漳州赶赴石码集中，待命入厦接收。严泽元、黄天爵及机关高级官员定于 10 月 1 日乘坐专轮抵厦。但由于当晚强台风袭击闽南，连续多日狂风暴雨，船只无法起航，进入厦门的计划不得已延迟。

10 月 3 日凌晨，福建省保安纵队先遣队指挥官阙渊（新任厦门警备司令部副司令）率领前进指挥所宪警 300 多人，由海澄乘轮出发。上午 10 时，宪警抵达厦

---

[1] 厦门市政协文史资料委员会编《抗战时期的厦门》，鹭江出版社，1995，第 169 页。
[2] 参见厦门市政协文史资料委员会编《抗战时期的厦门》，鹭江出版社，1995，第 169 页。

门第五码头登岸，分乘 2 辆大卡车、5 辆小汽车，绕市区一周。厦门市民见到自己的部队，激动无比，沿途欢呼雀跃，鞭炮声不绝于耳。日军官兵及日本驻厦总领事馆全体人员在码头上弯腰致敬，列队欢迎。午后 3 时，前进指挥所命令日军撤岗。10 分钟后，市区各大街小巷，都换上了中国的保安团队及警察岗哨，全市人民欣喜若狂，争相上街，观看接管盛况。①

下午 3 时许，福建省保安纵队司令严泽元少将、厦门市政府市长黄天爵、厦门市接收组组长李致中与市政府各科室主要人员 100 余人乘坐的专轮抵达厦门。此时，鹭江道上人流拥挤，万头攒动。严泽元、黄天爵等步上码头，日军善后联络部部长原田清一、日本驻厦总领事永岩弥生等恭立码头，躬身致敬。严泽元、黄天爵等在大批军警保护下，由中山路步行进入市区，沿途市民夹道欢呼，鞭炮齐鸣，盛况空前。当他们进入设在思明西路柏原旅社的招待所休息时，门外围观群众久久不愿离去。严泽元、黄天爵等又登上 5 楼阳台，向市民挥手致意。

10 月 4 日早，厦门市政府所属机关职员、队警 100 余人，在厦大旅社前集合队伍前往接收伪厦门特别市政府。黄天爵及各科室职员分乘 4 辆小汽车，跟随队警之后，徐徐驶入公园南路的伪厦门市政府，日本驻厦总领事永岩弥生、伪厦门特别市政府秘书长陈见园均在车前弯腰敬礼。厦门市政府全体人员齐集升旗台，举行光复后的首次升旗仪式。

升旗仪式后，黄天爵向全体职员训话，大致说道：厦门沦陷七年多，人民深陷水深火热；如今日本战败投降，国土得以收复，希望全体同仁和衷共济、奋发奉公，秉承国策与省府命令，建设三民主义的新厦门。之后，黄天爵即率领全体职员进入市政府，正式启动接收工作。伪厦门市政府的各项表册，由日本驻厦总领事永岩弥生呈交黄天爵，并由原伪市政府秘书长陈见园引导至各科室点收。各科室人员分开办公，有序开展接收工作。

与此同时，入驻厦门的还有另一支武装力量——中美合作所第六特种技术训练班，简称华安班。华安班是中美合作所下属机构，不是一个独立机构，无资

---

① 参见厦门市政协文史资料委员会编《抗战时期的厦门》，鹭江出版社，1995，第 169 页。

格开展战后接收工作。但是，由于华安班隶属国民党军统局，人员虽不多，能量却不可小觑。因此，当局特地划出鼓浪屿为其受降范围，并为其安排了一场受降仪式。10月5日，华安班受降仪式在鼓浪屿菽庄花园前的海滩上举行。日军约一个营的官兵向华安班投降。受降仪式上，除日军指挥官外，日本驻厦总领事馆武官松元大佐也到场。受降仪式筹办得庄重而严肃：全体日军先立正敬礼表示投降，随后，由华安班受降官检阅日军投降部队，表示接受日军的投降。至此，在厦门的受降仪式全部结束。

驻厦日军投降后，中国军队接管了厦门、金门、鼓浪屿光复区的防务，由福建省保安纵队司令严泽元重新部署防务：厦门由福建省保安纵队第二团陈言廉部和华安班驻守；金门由保安第九团朱应波驻守；鼓浪屿由华安班驻守，宪兵第四团的一个营协助维持治安。

随后，福建省政府、厦门市政府开展了全面接管和抗战损失调查工作。事实上，福建省政府对厦门抗战损失调查工作在厦门受降仪式之前就已经展开。1945年9月3日，福建省政府主席刘建绪签发手令，向厦门市派出抗战损失调查团，对厦门抗战期间的损失进行调查，要求一个月内完成调查工作。该调查团由6人组成，张直任团长。10月4日，厦门市政府进入厦门开始接收工作。10月24日，厦门市敌伪财产清查委员会成立，负责敌伪财产清查接收工作。接收工作初步告一段落后，厦门市政府才开始配合福建省调查团开展抗战损失调查。1945年11月2日，厦门市政府发出开展抗战损失调查的通告，要求各机关、团体、学校及各公私营事业机关对抗战期间直接、间接损失开展翔实调查，并要求于11月25日前完成。

抗战损失调查工作采取机构和个人申报的方式开展。由于厦门市政府各机关刚恢复办公，掌握的资料有限，且流亡在外的市民大多还未返回厦门，按照福建省政府调查团一个月完成调查工作的要求，难度极大。经过两个多月的调查，直到1945年11月底，福建省政府调查团完成了厦门市抗战期间损失的初步调查并形成报告，后续调查工作由厦门市政府接续开展。到1946年6月底，社会机构和个人向厦门市政府申报抗战损失的人数逐渐减少，厦门市政府据此结束抗战财产损失调查工作。

在福建省政府和厦门市政府开展抗战损失调查的同时，国民政府救济总署为实施救济工作，也对沦陷区开展了抗战损失调查。救济总署在厦门沦陷区的抗战损失调查工作，同样由厦门市政府组织开展，并于 1945 年 11 月完成。

根据当时的调查结果，从 1938 年 5 月 13 日日军攻陷厦门，到 1945 年 10 月 3 日光复，厦门沦陷共计 2600 多天。在此期间，厦门民众伤亡 1125 人，其中死亡 1000 人（此数据仅包含直接被日寇枪杀或迫害致死者，被秘密杀害者未计入——如血魂团案件中一次被害的 39 人；同时，部队、警察、保安队及壮丁队的伤亡也未包括在内），死亡人员中男性 744 人、女性 256 人；受伤 125 人，其中男性 72 人，女性 53 人。① 财产损失方面，7 年多时间里，厦门直接财产损失达到 221635400244 元（按 1945 年币值计算）；市内房屋损毁 7651 座，损失数量占全市房屋总数的 35%。在日军进攻厦门及日伪对厦门实施殖民统治的 7 年多时间里，厦门城市与人民遭受了深重灾难，生命与财产遭受巨大损失。

中华民国国旗在鹭岛上空升起，标志着日本帝国主义在厦门的殖民统治彻底终结。

第二节　追悼英烈　惩治汉奸

七七事变后，举国上下地无分东西南北，人无分男女老幼，同仇敌忾，共赴国难。在七年多的全面抗战时期，厦门军民以不同的方式，同日寇展开了不屈不挠的顽强斗争。他们中，有 12 岁便要求参加厦门抗敌后援会工作的少年丁心如，有团员平均年龄 20 岁的厦门青年战时服务团，有由最小年龄 7 岁、多数十二三

---

① 厦门市档案馆馆藏档案，A008-001-0227-0111。

岁的儿童组成、辗转万里抗日救亡的厦门儿童救亡剧团，有投笔从戎的中学生；有忠贞爱国、面对日寇屡次威胁利诱坚决拒绝出任伪职的志士；有向抗战捐献零花钱的中小学生，有向抗战捐献房屋的普通市民，有向抗战捐献结婚首饰的爱国华侨；有在前线英勇抗战的第七十五师将士，有在后方杀敌锄奸的爱国志士……一寸山河一寸血，为抵抗日本侵略者，无数爱国志士在厦门这片土地上献出了宝贵的生命，他们永远值得厦门人民铭记。

抗战胜利后，国民党厦门市政府在完成接管和抗战损失调查工作后，开展了褒扬英雄、追悼英烈的工作。1946年5月11日，厦门市政府在中山公园举行追悼厦门抗日阵亡将士及殉难同胞大会，全市70多个单位、组织的代表参加。追悼大会上，厦门市政府市长黄天爵担任主祭，李禧宣读祭文，全体人员向抗敌阵亡将士暨殉难同胞默哀3分钟，以示哀悼和敬意。

褒扬英烈方面，厦门市政府开展了抗战烈士和受伤义勇队员、壮丁抚恤工作，殉难同胞的家属也得到适当的救济。1946年10月14日，在海外辗转多年的洪晓春回到了厦门，受到厦门各界的热烈欢迎。洪晓春当年忠贞爱国，面对日寇的威逼利诱，屡次拒绝出任伪职；为躲避日本特务的追捕，最终不得不逃离厦门。1946年10月23日，厦门市各界联合向国民政府行政院申请褒奖洪晓春。1947年2月，国民政府特颁发"忠贞爱国"匾额，以示对他的嘉奖。1947年8月，厦门市政府经福建省政府批准，将洪本部街改名为晓春街，以作纪念。

抗敌英雄当受褒扬，沦为汉奸的民族败类也必须得到惩处。厦门沦陷期间，汉奸们狐假虎威，助纣为虐，残害同胞，心甘情愿充当人民的公敌，死心塌地为日寇效命。其倒行逆施、为非作歹的行径，让厦门人民的处境雪上加霜，更激起了广大爱国同胞的愤怒和仇恨。在七年多的全面抗战时间里，厦门人民在与日寇进行不屈斗争的同时，也纷纷以各种手段惩治汉奸。洪立勋、黄莲舫两名汉奸被枪击身亡；殷雪圃、黄仲康等汉奸中弹受伤，因未被击中要害，侥幸苟活了几年。

1945年8月15日，日本帝国主义无条件投降，厦门人民最终摆脱了日本侵略者铁蹄的践踏和汉奸的魔掌。投敌附逆、唯日寇之命是从、与人民为敌的汉奸，

第八章
抗战胜利　厦门重光

迎来了他们的末日，终于被人民送上了历史的审判台。

日寇投降后，汉奸集团树倒猢狲散。顿失靠山的汉奸们有如丧家之犬，自知罪孽深重：有的相继潜逃离厦；没能逃出厦门的，则丑态百出——或隐匿家中、深居简出；或四处寻访被害人私下求和，企图免于被检举控告；或威胁被害人及民众不得揭发其汉奸罪行，妄图逃避法律制裁。而更有甚者恬不知耻，竟如无事人一般依旧招摇过市。如原伪厦门特别市政府秘书长陈见园，竟以沦陷前厦门要港司令部秘书名义刊印名片，大肆分发。市民对汉奸的愤恨之情溢于言表。当时，一位女店员说："我们要向日本人清算，也要向汉奸清算。"[①] 她的话道出了广大市民要求惩治汉奸的共同心声。

然而由于国民党内部争权夺利，海、陆军一直无法就谁为主导接收厦门达成一致，导致厦门的接收一直拖延到日寇投降一个多月后的9月28日，才在鼓浪屿海滨饭店举行正式受降仪式。直到10月3日，厦门市政府市长黄天爵才率员接收伪市政府，厦、鼓人民在日寇投降后又在煎熬与苦盼中等待了一个多月，才盼来自己的部队和政府。在此期间，汉奸得以有充足的时间销毁罪证、转移财产，甚至从容逃遁，这也是在随后查封汉奸财产时只有不动产而无动产的原因之一。

惩处汉奸是抗战胜利后厦门市政府面对的一项重要工作，也是广大民众急于要求政府处理的问题。在接收厦门之前的1945年8月31日，福建省保安纵队司令部在龙溪县政府召开接收厦门座谈会时，对如何处理汉奸一案作出了如下决议：（1）设立汉奸罪行调查委员会，由市政府、市党部、三青团、保安纵队司令部、闽南区指挥部等五个机关组成。（2）检举汉奸应向敌奸罪行调查委员会检举，经初步侦查且有确证时，由宪警予以逮捕，移送司法机关办理。（3）委员会组织规程由市政府草拟。对于汉奸逆产的处理，会议也作出了决议：汉奸经敌奸罪行调查委员会拘捕时，应同时标封其财产，并通知市政府管理之。

1945年10月8日，福建省保安处处长、保安纵队司令严泽元奉命缉获厦门

[①] 厦门市地方志办公室、厦门市档案馆编《厦门抗日战争时期资料选编》（下），1986，第760页。

头号汉奸、伪厦门特别市政府市长李思贤，同时被拘者有伪市经济局局长卢用川、伪市财政局局长金馥生、伪市禁烟局局长林济川、伪市教育局局长叶则庵、伪特别市政府秘书长陈见园、秘书张修荣以及伪金门特别区公署署长王廷植、伪金门特别区公署科长王天和、伪开发公司董事蔡文篇、伪稽征所主任陈刚池、伪法院书记长郭光斗、伪警长傅炳宽等金厦汉奸19人，被拘汉奸的财产也被查封。抗战后，厦门肃清汉奸的工作从此开始。

1945年10月22日，为有效开展汉奸处理工作，根据军统局的命令设立第三战区金厦肃清汉奸委员会（简称肃奸会），专责汉奸的搜捕工作。肃清会设在厦门市公园西路全民小学内，厦门市警察局局长沈觐康（曾任军统局闽南站站长）任主任委员，下设调查组、侦讯室、督察室、秘书室、执行队、总务组、拘留所、汉奸逆产清查保管委员会。自10月22日起，肃奸会开始接收各军政机关移解汉奸案件，并同步开展调查侦讯、逮捕汉奸等工作。1946年2月，厦门市临时参议会第一届第一次会议召开，会议通过《关于肃清汉奸的决议案》，要求"调查奸伪罪迹，以便向肃奸机关告发法办，俾伸国法"。《决议案》指出："本会为代表民意机关，告发奸伪，责无旁贷，自应积极进行而伸法纪。办法：一、本会各参议员应负访查告发奸伪之责，如访得实情，当密报驻会委员会报请肃奸机关办理，惟驻会委员会须为保守秘密。二、本会应置意见箱，接受民众意见。"临时参议会据此开展汉奸调查、检举等工作。

汉奸案件在当时按规定由福建省高等法院厦门第一分院（简称厦门高一分院）检察处受理。从1945年10月到1946年10月，肃奸会在一年的时间里，共逮捕可疑人犯245名，以汉奸罪嫌解送厦门高一分院检察处226名（包括31名有卷无犯者在内，只移送案卷而无人犯，实际人犯195名），其中台湾人125名。此外，尚有385人由肃奸会将汉奸罪行调查材料函送厦门高一分院及该院检察处缉办，但未予公布名单，这一部分案件后续也没有下文。

厦门高一分院检察处受理汉奸案件后，对案犯作出如下处理：向厦门高一分院起诉78起、不起诉74起，发厦门地方法院检察处审理73起。

由厦门高一分院审理的78起汉奸案件中，60名案犯被宣判汉奸罪名成立并判处有期徒刑，15名被判无罪，审理期间死亡1人，2名人犯未到案。

在被判刑的人犯中，只有林光明被判处死刑。林光明在抗战前是国民党军统局受训人员，于1939年4月奉命来厦门，在军统局行动组任职。但林光明心怀叵测，暗中投靠敌人并向敌人告密，造成"兆和惨案"，被判处死刑，可谓罪有应得。厦门第一号汉奸、伪厦门特别市政府市长李思贤经厦门高一分院审理，也被判处死刑。李思贤不服，上诉至最高法院浙赣分院。该分院有意为李思贤开脱，将案件发回重审，厦门高一分院遂改判其有期徒刑15年。伪华南新日报社社长、保卫团团长林谷，不仅担任伪职，还利用报刊刊登荒谬言论为敌宣传，组训壮丁为敌效命，替敌人出谋划策，以物资敌，诈取民众财富，被判处有期徒刑8年。伪厦门市财政局局长金馥生，因担任伪职，利用其职权地位把持全市金融、滥发伪币、操纵物价、开办娼赌、贩运烟毒等，被判处有期徒刑7年。伪厦门市经济局局长卢用川，参与筹组伪组织并担任要职，施行计口授粮制，限制民众日用必需品，与伪警署合力拆毁民房，征募夫役为敌效力，被判处有期徒刑6年。原为流氓、沦陷期间任伪警察局便衣侦探的吴兆利，利用职权侵害同胞，大搞刑讯逼供，迫害地下抗日工作人员，被判处有期徒刑5年。王志水，担任敌人情报人员，侵害同胞，被判处有期徒刑5年。由于国民党政权的纵奸政策，大多数汉奸没有得到应有的惩罚，普遍存在重罪轻判的现象。

除上述汉奸外，其他汉奸的量刑幅度更轻。例如，伪厦门高等检察署检察长杨廷枢只被判3年6个月，伪厦门特别市政府秘书长陈见园只被判2年8个月，伪厦门市侨务局局长谭培棪及一批伪区警察署署长均只被判2年6个月。而伪厦门治安维持会司法处主任审判官、地方法院检察官谢若濂只被判刑1年3个月，该犯仍不服而上诉，最高法院浙赣分院竟撤销原判，改判徒刑1年3个月，缓刑3年。

厦门高一分院检察处发往厦门地方法院检察处办理的73起汉奸案都是日籍台湾人案件。根据1946年3月司法行政部规定："台湾光复以前取得日本国籍者，如在抗战期内，基于其为敌国人民之地位，被迫应征随敌作战或供职各地敌伪组织，受国际法处置，不适用惩治汉奸条例。"因此，厦门高一分院决定对这些人的汉奸罪部分不起诉，只将普通刑事犯罪部分移送厦门地方法院检察处侦办。厦门地方法院检察处经过侦讯后，只向地方法院起诉39名人犯，其余34名不予起诉。在被起诉的39名案犯中，吴芙卿因杀人、抢夺、欺诈，洪寿仔因诬告，邱裕因杀人，曹赐福因杀人、妨害自由，简仔旺因杀人、妨害自由，王金水因抢夺诬告，郑振玉因烟毒，林济川因烟毒被移送上海战犯军事法庭审判。由厦门地方法院审理判刑的仅有8名，除福裕公司常务董事蔡培元因烟毒罪被判处有期徒刑12年外，其余案犯量刑均极轻。原籍台湾、出生厦门的洪文忠，在厦门沦陷期间担任敌领事馆密探，率敌奸搜查兆和酱油厂，制造"兆和惨案"，致使我方地下抗日工作人员多人被敌人拘捕，陈清保等人被敌处死，陈锡昌等人被刑毙狱中，另有20余人惨遭重刑。除此之外，洪文忠还有其他助纣为虐之罪行。但对如此罪大恶极之汉奸，厦门地方法院仅对其判处有期徒刑2年6个月。日籍浪人、大千娱乐场主要股东蔡沧州仅以赌博罪被判有期徒刑8个月。敌伪禾山警防团副团长李恭以抢夺杀人罪审理，却只判刑3个月，且这3个月徒刑也没有执行。其余日籍浪人中，1人被免诉，即臭名远扬的"十八大哥"之一、罪行累累的林滚；1人被判处罚金，即以重利剥削市民的王飞龙；8人案件未被受理，1人因未到案被通缉。

　　厦门肃奸会和司法机关从1945年到1947年开展的肃奸工作，是对日伪侵占厦门期间汉奸犯下罪行的清算，是对深受汉奸祸害的厦门人民的交代，也是对为抵抗日本侵略而牺牲的许许多多抗日将士和受迫害的爱国志士的交代。这些汉奸在日本侵略者侵略和占领厦门期间数典忘祖、认贼作父，甘当敌人的走狗，迫害自己的同胞，其罪孽不在日本侵略者之下。抗战胜利后，他们本该受到应有的制裁。但是，由于国民党司法部门的纵奸政策和各级政府、司法部门的腐败及官员的贪赃枉法，多数汉奸得以重罪轻判、轻罪不判，有的甚至逃脱了法律的制裁。当时，在肃奸会侦办汉奸的过程中，肃奸会的官员们各自利用手中掌握的权力，一边纵奸，一边侵占汉奸财产，从中大发横财。如肃奸会主任沈觐康，把日伪禾山联保主任、警防团分团长林身坐落在虎园路的一座洋楼,连同其老婆与名下财产全部据为己有,而林身也因此逃回台湾[①]。汉奸们为逃避制裁四处活动,大肆向肃奸会官员行贿,官员受贿后以种种理由将汉奸交保开释。有些汉奸通过种种关系求得"奉派"证明书,以所谓的军统局地下工作关系申请开释并得逞;有的汉奸在抗战期间为非作歹、祸国殃民,司法部门却以"保护地下工作人员"有功为由而减轻其罪行。肃奸会在侦办汉奸的过程中,有 23 人以所谓罪行不足为由交保释放;有 31 人虽向厦门高一分院检察处移送,却有卷无人,其中部分人早已被交保开释。而厦门高一分院检察处收到肃奸会移送来的案件后,又将 100 名人犯交保释放,最终对 74 名人犯不予起诉结案。由厦门高一分院检察处以普通刑事案件移送地方法院检察处的 73 起日籍浪人案中,有 34 起作出不起诉处理。

在对汉奸的审理过程中,几起大案在当时引起社会的强烈关注。

第一起是李思贤汉奸案。在厦门沦陷期间,李思贤认贼作父、祸国殃民,在当时被称为厦门第一号汉奸。抗战胜利后,李思贤被捕入狱,经厦门高一分院检察处立案侦查后,于 1946 年 5 月初向厦门高一分院刑庭起诉。该院受理此案后,由院长李襄宇担任审判长,该院检察处首席检察官张慎微出庭支持公诉,5 月 18 日公开开庭审理。起诉书指控李思贤犯有如下主要罪行:(1)丧失民族气节,甘受敌人豢养,在伪司法处任内滥用职权,审理民刑案件,破坏我国家司法权;(2)在伪维持会会长及伪市长任内,利用职权,征集粮食,配给伪警;(3)践踏民族文化,强迫伪政府职员及各校师生学习日语,施行奴化教育;(4)开办统税,开设烟馆、赌场、妓院,搜刮民脂民膏;(5)印发伪辅币券,破坏国家金融;(6)擅制伪国旗,破坏国体;(7)违背民意,篡改公共设施之传统称谓;(8)赴日受训,为敌卖命;(9)接受汪伪政权命令,与日寇订立处分美英财产须日方同意的协定。在审判过程中,李思贤的律师对其罪行进行了狡辩,说李思贤名义上参加伪组织,心里并没有忘记中华民国;在担任伪职期间对地方民众无恶感,且屡次接到地下

---

① 厦门市《政法志》编委会编《厦门政法史实(晚清民国部分)》,鹭江出版社,1989,第 230 页。

抗日工作人员到厦的报告都没有发表过，于抗战是有功的。经过法庭审理，厦门高一分院于1946年6月1日一审以李思贤犯汉奸罪，判处其死刑。消息一传出，市民莫不拍手称快。宣判后，李思贤在10天上诉期限内并没有上诉，而是在上诉期满后一天才表示要上诉，厦门高一分院竟然同意，准其上诉到最高法院浙赣分院。李思贤违规上诉获准的消息传开后，厦门社会舆论为之哗然。最高法院浙赣分院受理了李思贤的上诉。该院二审认为：申请人李思贤在原审侦查中一再述称，在伪市长任内，始终没有杀过一个爱国分子，虽然屡次接到地下工作人员来厦活动踪迹之报告，但从来没有发表过，且鼓浪屿抗敌分子30余人均由他"设法保护"，一审对此未予注意，发回重审。厦门高一分院据此进行重审，1947年1月16日，将李思贤改判为有期徒刑15年。厦门第一号大汉奸案就如此草草了结。厦门解放前夕，李思贤买通官吏，申请保释外逃。厦门解放后，李思贤被人民公安机关捕获，并于1951年1月19日被人民法院判处死刑。

　　第二起是金馥生汉奸案。金馥生，抗战前历任福建各县承审员、科长及漳泉厦各地税契局局长、印花税局局长、财政局局长、财政局税务科科长等职。1938年5月厦门沦陷时，他携眷避居鼓浪屿。厦门沦陷后，金馥生便应日本驻厦副领事的邀请，出任伪厦门治安维持会财政科科长。1938年7月，伪厦门特别市政府成立后，他改任伪市财政局局长。1944年3月，金馥生接受南京汪伪国民政府任命，续任伪厦门特别市政府财政局局长。他出任伪职长达7年多，直至抗战胜利后厦门光复。1945年10月8日，金馥生被逮捕。在厦门高一分院审理期间，起诉机关指控其犯有以下罪行：（1）身为国家公务人员，在厦门沦陷之时逗留不去，应敌之邀出任伪职，认贼作父，叛国求荣，任职时间与厦门沦陷相始终；（2）担任伪职期间，除任伪财政局局长之外，还兼任伪厦门海外华侨公会监事、日华同志会参议员、厦门水产会监事、共荣会理事、厦门地方福利会理事、艺林社社长、厦门水电公司董事、厦门电气公司监察人、厦门建设公司董事、劝业银行董事、家屋部管理委员会常务委员等十余要职；（3）利用政治上及金融商业机关之地位职权，把持全市金融，滥发伪辅币；（4）操纵物价，从中牟利；（5）开办娼赌，

第八章 抗战胜利　厦门重光

贩卖烟毒，搜刮民脂民膏，使厦、金两地民众如处水火之中，造成饿殍载道、白骨撑天等惨象；（6）利欲熏心，投机榨取钱财，该奸在前往南京伪中央述职时，由伪劝业银行汇款数千万元供其使用，且派其亲信携巨款前往上海购置产业，同时还组织厦榕线汽船公司，经营上海福州间船运业，统制货运，牟取暴利；（7）以厦门虎头山屋地献给敌海军司令部，为向敌邀宠，同意由日寇规定厦鼓土地房屋价格。金馥生叛国投敌，罪大恶极，然经厦门高一分院审理后，以其曾"秘密协助我方地下工作人员，不无裨益抗战之处"为由，于 1946 年 1 月 6 日判处其有期徒刑 7 年。这一判决在当时引发社会广泛不满。

第三起是卢用川汉奸案。卢用川，日本政法大学速成科肄业；抗战前曾任厦门烟酒印花税局课长；1938 年 5 月厦门沦陷后，即与日本驻厦副领事牟田接触，投向敌人怀抱，应邀加入伪组织，出任伪厦门治安维持会秘书长。同年 10 月，伪会长洪月楷因各方压力，被迫辞去伪职逃回内地，卢用川受命日敌代行伪会长职务；后与汉奸李思贤角逐伪会长职务失败，仍旧重操伪秘书长职。1939 年 7 月，伪厦门特别市政府成立后，卢用川被任命为伪市建设局局长，并兼任自来水公司及电气通讯、水产各公司董事；1943 年 6 月，被南京汪伪政府任命为伪厦门特别市政府经济局局长。1945 年 10 月 8 日，卢用川被逮捕。在厦门高一分院对卢用川进行审理期间，检察机关指控其犯有如下罪行：（1）担任伪职；（2）在其任内实行计口授粮，每人每月给食米由 11 斤减至 2 斤，限制人民日用必需品，致使民不聊生，怨声载道；（3）与伪市警察局、家屋部管理委员会合力拆毁民房，致民众流离失所；（4）延聘日籍工程师，征募夫役，为敌效力；（5）发表荒谬言论，诋毁国家，破坏抗战；（6）剥削民众，发不义之财。1946 年 6 月 27 日，厦门高一分院以其犯通敌叛国罪，且罪恶显著，判处其有期徒刑 6 年。

在惩处汉奸过程中，金厦肃奸委员会官员及司法人员，有的包庇汉奸，有的掩护汉奸，有的为汉奸奔走活动，而应受到惩治的汉奸，或纵而未捕，或随捕随放，或先捕后放，或久押而不审，或一经审查即准予保外，或大奸判小罪、重罪轻判，乱象丛生。肃奸会和司法部门的贪污腐败及推行的纵奸政策，引起了厦门各界的强烈不满和抗议，而对于民众严办汉奸的呼声，肃奸会及司法部门却置若罔闻。

1946年5月15日，厦门《江声报》以《办汉奸厦门也特殊》为题发表长篇评论，指出：全国到处都严惩汉奸，独厦门特殊，对汉奸宽宏大量，"汉奸认贼作父，倒戈自贼"，"其心之可诛，其行之绝无可恕，未有甚于此者"。同日，厦门市参议会为此召集全体参议员会议，作出如下决议：（1）组织厦门市奸逆处理研究会，推举党、团、农、工、商、教、妇等首长及记者、律师、专家21人为委员；（2）督促严缉究办漏网奸逆；（3）务请将保外奸逆还押；（4）对久押未侦查者，督促迅速办理；（5）对已侦查终结起诉者汇案研究；（6）对确无奸逆罪证之在押疑犯，督促迅予查明开释；（7）对捕后释放之奸逆，予以发动检举，查实罪状，督促仍予拘押法办。同时，厦门市参议会致函厦门高一分院检察处，要求该处将受理汉奸案件经过及保外汉奸、保外理由、法律根据公布于报端。厦门高一分院检察处则以被保外汉奸多属年老患病及罪行轻微，且因看守所房屋狭隘、卫生防护困难等理由予以敷衍。但经厦门市参议会调查，被保外汉奸不但壮健无病，且多属担任敌伪要职、罪行重大之人。同年6月24日，厦门市参议会以厦门高一分院检察处借辞纵奸、激起公愤，致电国民政府司法行政部，要求将保释奸逆还押，并究查承办人员贪污舞弊情形，将矛头直接指向当时担任厦门高一分院检察处首席检察官的张慎微。司法部迫于压力，不得已派员来厦门调查。调查结果认为，张慎微在汉奸处理中确有"违法失职""行为不检"等情事，由监察院闽台监察使杨亮功提起弹劾。监察院将该案移送公务员惩戒委员会处理。1947年8月12日，该委员会作出对张慎微降一级改叙的处分决定。但是，张慎微早在1946年10月8日就由司法部调往江苏高等法院淮阴第一分院检察处任首席检察官，处分决定成了一纸空文。

由于金厦肃奸会、厦门高一分院、地方法院及其高检处、地检处的纵奸、舞弊行为，使得抗战后厦门的肃奸工作成为一笔历史的糊涂账。

抗日战争是近代中国人民反抗日本帝国主义侵略的民族解放战争，也是全世界人民反法西斯正义战争的重要组成部分。在国家民族危难之际，厦门人民义无反顾地投身抗战，给日本侵略者和附逆的汉奸以沉重的打击，在近代反帝反侵略史上写下了悲壮的篇章。

　　前事不忘，后事之师。虽然时间已过去八十年，但是，厦门这段悲壮的历史不应被忘记。在中华民族日益兴旺、国家日益富强的今天，我们唯有铭记民族的不幸、国家的耻辱、历史的教训，才能更深切地体会和平的可贵，满怀对更美好生活的向往，坚定地走向未来。

后　记

在中国人民抗日战争暨世界反法西斯战争胜利 80 周年之际，厦门市档案馆编辑出版了《厦门抗日战争简史》。

近代以来，厦门长期遭受日本帝国主义侵略，被日本殖民统治长达 7 年多。日本为何侵略厦门？日本如何侵略厦门？厦门人民怎样反抗？对于这些问题，在过去几十年中，许多专家学者进行了广泛深入的研究，相关著作和学术成果也有许多。本书立足前人的研究成果，并通过挖掘相关的档案、史料，力图较为完整、系统和全面地揭示近代日本帝国主义对厦门的侵略历史，还原厦门人民抗日斗争的历史脉络，展现那段悲壮的历史岁月和那些动人的英雄事迹，弘扬伟大的民族精神。这也是本书编写的主要目的。

由于时间仓促、能力所限，不足之处在所难免，望方家批评指正。

本书的编写和出版，得到中共厦门市委办公厅厅务会成员、厦门市档案局局长、厦门市档案馆馆长赖朝晖全程关心指导；得到中共厦门市委党史和地方志研究室的大力支持，朱黎明处长和姚冰同志对书稿进行了认真审读，提出了重要的修改意见；得到厦门市档案馆保管利用处、编研开发处、信息技术处、征收鉴定处、办公室等部门同志的大力支持和帮助。

文史专家何丙仲先生为本书提供了大量历史资料并提出了重要建议；薛鹏志先生、叶胜伟先生对本书的编写提出了宝贵建议；李向群先生、叶胜伟先生、白

后 记

桦先生为本书的编写提供了宝贵的历史资料；厦门市图书馆的张元基先生、李跃忠先生等为我们查阅资料提供了便利条件；鹭江出版社为本书的出版付出了辛勤的劳动。

此外，我们还要感谢地方文史先辈洪卜仁以及众多专家学者，他们的研究成果和方法为我们编写本书提供了重要的参考和借鉴，给我们的写作思路以重要的启发！

谨向各位专家、学者、收藏家及所有支持者致以最诚挚的感谢！

吴仰荣　叶舒雯

2025 年 3 月

图书在版编目（CIP）数据

厦门抗日战争简史 / 厦门市档案馆编；吴仰荣, 叶舒雯著. -- 厦门：鹭江出版社, 2025.8. -- ISBN 978-7-5459-2590-6

Ⅰ.K265

中国国家版本馆CIP数据核字第2025RW8776号

出 版 人	雷　戎
责任编辑	高　晗
美术编辑	朱　懿
装帧设计	郑　晗

XIAMEN KANGRI ZHANZHENG JIANSHI
厦门抗日战争简史
厦门市档案馆　编
吴仰荣　叶舒雯　著

出版发行	鹭江出版社
地　　址	厦门市湖明路 22 号　　邮政编码：361004
印　　刷	福州印团网印刷有限公司
地　　址	福州市仓山区建新镇十字亭路 4 号　　联系电话：0591-87881810
开　　本	787mm×1092mm　1/16
插　　页	4
印　　张	20
字　　数	311 千字
版　　次	2025 年 8 月第 1 版　　2025 年 8 月第 1 次印刷
书　　号	ISBN 978-7-5459-2590-6
定　　价	150.00 元

如发现印装质量问题，请寄承印厂调换。